Joachim von Schwarzkopf

Über Staats- und Adress-Calender

Ein Beytrag zur Staatenkunde

Joachim von Schwarzkopf

Über Staats- und Adress-Calender
Ein Beytrag zur Staatenkunde

ISBN/EAN: 9783744691383

Hergestellt in Europa, USA, Kanada, Australien, Japan

Cover: Foto ©Suzi / pixelio.de

Weitere Bücher finden Sie auf **www.hansebooks.com**

ÜBER

STAATS-

UND

ADRESS - CALENDER.

Ein

Beytrag zur Staatenkunde.

Vom

Königlich- Großbritannisch- Churbraunschweigischen Geheimen
Canzley- und Gesandschafts - Secretär

SCHWARZKOPF.

BERLIN, 1792.
BEY HEINRICH AUGUST ROTTMANN,
Königl. Hofbuchhandler.

VORERINNERUNG.

Oft verbreiten Vorreden, wenn fie nicht
etwa ganz ungelefen bleiben, ein falfches
Licht über den Inhalt und Werth eines
Buchs; bisweilen berichtigen fie aber mit
Nutzen die Vorftellungen, welche der Titel davon giebt, und in diefer Hinficht
fcheint es mir nicht überflüfsig, folgendes
zu bemerken.

Der Gegenftand diefer Schrift hat bis
itzt in der Anficht des Publicums fo viel
kleinliches, dafs ich von vielen das ungün-

ftige Urtheil einer zeitverderbenden Ver-
irrung aufser meiner Sphäre befürchten
muſs. Vielleicht würde die Auswahl eines
literariſch und kaufmänniſch gil-
tigern Titels dieſen widrigen Eindruck
geſchwächt haben, und ſelbſt ohne die
Verbindung mit den tabellariſchen
Ueberſichten des Zahlverhältniſſes der Beamten, welche ich für itzt
noch im Manuſcript einer genauern Feile
vorbehalte, hätte ſich die Benennung
einer: Staatenkunde aus Staatscalendern, allenfalls rechtfertigen laſſen.
Allein wer weiſs, ob dieſer Bücherclaſſe
noch lange die gebührende Achtung wird
vorenthalten werden? Wie eine ergiebige
Quelle der Staatenkunde betrachtet, gehört ſie unſtreitig zu dem Studium der Ge-
ſandſchaftsfecretäre, welche des Herrn
Oberrechnungsraths Canzler Beyſpiel in
Benutzung der diplomatiſchen Verhältniſſe

nur zu wenig befolgen; und aus diefem Geſichtspuncte wird man wohl einen unge-künftelten Titel für den zweckmäſsigſten halten.

Damit wäre nun meine ganze Vorrede zu Ende. Als Neuling in der Schriftſtelle-rey über Statiſtik würde ich etwa noch den kunſtrichterlichen Beyfall nach Hand-werksbrauch zu ertrotzen ſuchen, wenn mir nicht durch eigene collegialiſche Praxis der Beruf der Recenſenten zu ehrwürdig geworden wäre, als daſs ich ihnen irgend eine Rückſicht auf Vorreden zumuthen könnte. Wer ſich eine Stelle in Meuſel's ge-lehrtem Deutſchland erwerben will, ſtellt ſich der öffentlichen Prüfung dar, mit ſtillſchweigender Entſagung auf alle Ent-ſchuldigungsgründe, welche ſich auf ſeine perſönlichen Verhältniſſe beziehen. Nichts giebt daher, der Strenge nach, gerechten Anſpruch auf Nachſicht, als die Eigenthüm-

lichkeit des Gegenſtandes. Da nun deſſen
gründliche Kenntniſs bey jedem Kunſtrich-
ter vorauszuſetzen iſt, ſo bedarf es auch
nicht der Vorerinnerung, daſs derſelbe,
wie hier der Fall iſt, vorher ſo wenig ſtück-
weiſe in Zeitſchriften als ſyſtematiſch bearbeitet worden. Man wird alſo von ſelbſt
einſehen, daſs der ſtatiſtiſche Theil dieſes
erſten Verſuchs auf der Zuſammentra-
gung aus allen Europäiſchen Sprachen,
der hiſtoriſche aber auf mühſamen ſchriftlichen und mündlichen Erkundigungen beruhet, bey deren Benutzung die ſtrenge
Wahrheit nur zu leicht verſtellt wird. Ich
ſelbſt fühle dieſe Unvollkommenheiten auf
das lebhafteſte, und würde daher gern die
mir aus London, Parma, Mailand, Co-
burg, Hildburghauſen u. ſ. w. verſproche-
nen Nachrichten noch erwartet haben,
wenn nicht die jährliche Wiedergeburt dieſer Bücherclaſſe meine Sammlung ſo bald

zur Antiquität gemacht hätte. Vielleicht
würde ich fchon itzt mit weniger Schüch-
ternheit meine Manufcripte von der **Literatur des Vicariatsftaatsrechts**
und von einem *Recueil raifonné de Traités*
herausgeben, deren Plan und Geift bereits unter andern Formen bekannt geworden. Je lebhafter indeffen die Erkennt-
nifs jener Unvollkommenheiten ift; mit
defto gröfserer Selbftverleugnung erwarte
ich alle **belehrende** Beurtheilungen und
Beyträge unter dem Verfprechen, fie allenfalls in Nachträgen, wenn etwa eine günf-
ftige Aufnahme mich dazu ermuntert, beft-
möglich zu benutzen.

Sollte indefs diefem Verfuch ein gröfse-
res Verdienft zuerkannt werden, als ich
felbft darin fetze, fo fällt davon ein grofser
Theil auf diejenigen zurück, welche mit
eben fo vieler Sachkenntnifs als Bereitwil-
ligkeit meine Sammlung bereichert haben.

Aufser dem itzigen *Corps diplomatique* in Berlin, deffen fünfjähriger Umgang für mich in fo mannichfaltiger Rückficht lehrreich war, haben der Churbraunfchweigifche Comitialgefandte Freyherr von Ompteda und der Herr Legationsfecretär Kruckenberg in Regensburg, der Churbraunfchweigifche Herr Gefandte von Mühl in Wien, der Herr Oberftlieutenant und Generaladjudant von dem Buffche in Darmftadt, der Herr Oberbergrath Rofenftiel und der Herr Bibliothekar Biefter in Berlin, der Herr Hof- und Canzleyrath Rudloff in Hannover und der Herr Archivrath Kracker in Anfpach die gerechteften Anfprüche auf meine Dankbarkeit.

Berlin, im März 1792.

INHALTS - ANZEIGE.

DRITTE ABTHEILUNG.

VIERTE ABTHEILUNG.

FÜNFTE ABTHEILUNG.

SECHSTE ABTHEILUNG.

Specialgefchichte und Bibliographie der Staatsca-
lender in Deutfchland. S. 294-391.

SIEBENTE ABTHEILUNG.

Nahmenzeiger.

ERSTE

ERSTE ABTHEILUNG.

Hiſtoriſch - litterariſche Ueberſicht der Staatscalender.

Eintheilung.

In allen cultivirten Staaten von nicht zu geringem politiſchen Gewichte werden zu gewiſſen Zeiten Nahmenverzeichniſſe von Staatsbeamten gedruckt, welche man in Deutſchland mit dem allgemeinen Nahmen von Staats- oder Adreſs-Calendern zu bezeichnen pflegt. Es giebt davon zwey Hauptclaſſen, von welchen die eine mehrere Staaten ſummariſch umfaſst, entweder in Rückſicht auf eine nähere politiſche Verbindung (wie der *Weſtphäliſche* und *Schwäbiſche Kreiscalender*) oder ohne dieſelbe (wie *Krebels Handbuch*, *Roche Tilhac État des cours de l'Europe* u. ſ. w.) Die andere Hauptclaſſe beſchränkt ſich auf einen einzelnen Staat, und hat eine doppelte Unterabtheilung a) in Anſehung des Staatsgebiets, je nachdem es darin ganz oder theilweiſe — eine Provinz, eine Stadt oder ein Amt — enthalten iſt, welchen die Anzeige der Wohnungen den auszeichnenden Nahmen von Adreſscalendern,

Adrefshandbüchern oder Adrefsverzeich-
niffen giebt; b) in Anfehung der Perfonen.
Der Inhalt kann alle Staaten eines Reichs, aber nur
gewiffe Claffen von Beamten umfaffen; die Geiftlichkeit, (ein Ehrwürdiges Miniflerium in Schafhaufen)
oder die weltlichen Beamten, und unter diefen
wieder den Civilftaat nach feinen verfchiedenen
Abtheilungen (Oranien - Naffauifcher Bergwerkscalen-
der, Tableau général du commerce de France, Pfälzifcher Damencalender, Pfalzifcher Lotteriecalender) oder
das Militär, die Seemacht, Landmacht. (Stamm-
und Ranglifte der Preufsifchen Armee, Eflado Militar de Efpanna, das Holländifche Militarboekje,
der Oeflerreichifche Milizalmanach, die Englifche Lift
of Marines, der Ruffifche Spifok Woinskomu Departamentu.)

Benennungen.

Diefe verfchiedenen Gattungen haben mancherley Benennungen.   Einige davon beziehen
fich auf den Inhalt und find daher die angemeffen-
ften, z. B. Regierungs - Etat, Staatshand-
buch, Regimentsbüchlein, Perfonale, Fa-
milienhandbuch, Inftanziennotiz, Titu-
larbuch, Notiziario, Manual, Naamboekje,
Naamregifter, Naamwyzer, Bericht wegens
de Gefleltniffe, Court - and City - Regifter,
Repofitory, Titulare, Fafti, Schematifmus.
Andere find willkührlich, oder vom Zufall endehnt:

a) Von der Verbindung mit dem Zeitcalender: ein Oldenburgifcher Calender, ein Franzöfifcher *Calendrier*, ein Englifcher *Kalendar*, ein Portugiefifches *Diario*, ein Italiänifcher *Kalendario* und *Lunario* find vorzugsweife alfo genannte Staatscalender. Die übrigen führen allerley Beywörter; (im Deutfchen) Schreib- Haus- Pflanz- Hiftorien- Standes- Special- Hof- Arzney- Sack- Titular- Regiments- Ehren- Staats- Adrefs- Calender, (französifch) *Royal, National, Politique,* (Englifch) *Royal,* (Pohlnifch) *Politiczny,* (Schwedifch) *Hof-Calender, Stads-Calender,* (Ruffififch) *Mefäzoslow s' Rofpiju.*

b) Von der gewöhnlichen Zeit ihrer Herausgabe auf Neujahr: (deutfch) Neujahrsbuch; das Jahr 1791 ... Neuer, Neuefter, Allerneuefter, StC. (Französifch) *Étrennes, Almanac,* (Italiänifch) *Annuale Veneto, l'anno di Genova, Almanaco,* (Englifch) *Pocket-Almanack,* (Schwedifch) *Hiftorisk Almanac.*

c) Von dem Nahmen des Verlegers, wie der bekannte *Cracas* in Rom.

d) Von der Farbe des gewöhnlichen Bandes, *red book* in England, wie in andern Bücherclaffen das *livre rouge,* oder das alte *Stadt- und Landregifter.*

e) Von einem willkührlichen Nebenzweck: (deutfch) Tafchenbuch für Reifende,

Politifches, ökonomifches, genealogifches Handbuch, (Englifch) *Pocket-
Companion*, (Dänifch) *Lommebog*, (Pohlnifch) *Politisk* u. f. w.

Nur bey fehr wenigen hat man fich mit der
einfachen Benennung des Staats begnüget, z. B.
das itztlebende Frankfurt, der Bremifche
Staat, *Eftado de Efpanna*, *Etat de Neufchatel*,
Swea-Rikes Stat. Freylich ift diefer Titel fehr allgemein; allein im Deutfchen fehlt es, fo wie in
mehrern Sprachen, an einem beffern Worte, welches den Inhalt eines Staatscalenders ohne Um-
fchreibung umfafst. Unter Beamten ftellt man
fich blofs befoldete und dienftthuende Perfonen
vor, und die weniger eingefchränkte Benennung
der Dienerfchaft führt zu fchiefen und widrigen Begriffen. Sonft würde Nahmenverzeichnifs der Beamten — in den deutfchen Staaten Sr. Maj. v. Grosbritannien — den Inhalt
am genaueften beftimmen. Der Titel: Königl.
Grosbrit. und Churf. Braunfchweig-Lü-
neburgifches Nahmenverzeichnifs fafst
auch die Kronlande in fich, und: Nahmenverzeichnifs für die Churlande, fagt zu wenig,
weil nicht auf allen deutfchen Provinzen die Chur
ruhet.

Verwandte Nahmenverzeichniffe.

Neben den Adrefs- und Staatscalendern kommen itzt in mehrern Staaten Nahmenverzeichniffe

gewiſſer Claſſen von Einwohnern ohne Rückſicht auf den Dienſt im Staate heraus, welche daher auſſer den Grenzen dieſes litterariſchen
Verſuchs liegen. Sie unterſcheiden ſich auch auſ-
ſerdem ſo weſentlich von jenen, daſs die Verwech-
ſelung der Begriffe faſt nicht möglich iſt, indem ſie
nur ſelten eine beſtimmte Zeit der Herausgabe haben, nie unter einer öffentlichen Aufſicht ſtehen,
und auch nicht erneuert ſondern nur bisweilen
fortgeſetzt zu werden pflegen.

Eine vorzüglich ausgebreitete Claſſe dieſer
Nahmenverzeichniſſe, deren Alter zugleich die
Staatscalender weit übertrift, betrift den A d e l
und insbeſondere die inländiſchen Rittergutsbeſi-
tzer. Faſt von jedem gröſsern Staat hat man darüber
Nahmen- und Geſchlechtsliſten; in Portugal die
Memorias genealogicas von D. S o u ſ a (1734. 4.) in
Spanien das *Nobiliario genealogico de los Reges y ti-
tulos* von *de H a r o* (1622 fol.) in Frankreich das *Tableau généalogique de la nobleſſe* von *de C o m b l e s* (1783.
12.) und nach der Revolution *la liſte des noms des ci-
devant nobles*: (3 *Parties.* 1792.) in England die bekannten Werke über *Peerage* und *Baronetage*, welche gröſtentheils Artikel aus den Staatscalendern
enthalten und regelmäſsig erneuert, auch wohl gar
mit den Adreſsbüchern verbunden werden; in Flo-
renz die *iſtoria delle Famiglie nobili* von *G a m u r r i n i*
(1668-1685.) in Neapel *G a ë t a n i della Sicilia nobile*
(1754-1759. fol.) in Sachſen das von U e c h t r i t z i-
ſche Werk; in der Schweiz das *Nobiliaire militaire*

A 3

Suiſſe vom Profeſſor **Girard** (1787. 8.), in Pohlen *Okolski orbis Polonus* (1641. fol.) in Schweden *Stierman öfver Sweä Rikes Ridderskap och Adel* (1754. 4.) in Oeſterreich *Leupolds Adelsarchiv* (1789. 8.) u. ſ. w.

Nächſt dem Adel ſind ſeit kurzem die Schriftſteller, Künſtler und Gelehrten am häufigſten und vollſtändigſten in Verzeichniſſe gebracht worden. *Hambergers gelehrtes Deutſchland* und *Meuſel's Künſtler-Lexicon,* erſtrecken ſich über das deutſche Reich; *La Pruſſe Littéraire* von *Denina, Streit's Verzeichniſs der Schriftſteller in Schleſien, Weitz Gelehrtes Sachſen,* haben einzelne Staaten deſſelben bearbeitet, und auſſer Deutſchland ſind *La France Littéraire* (1769. 8.) *Reuſs gelehrtes England* (1792), *Stählins Verzeichniſs der Künſtler in Ruſsland,* und *Jonotzkius Lexicon der itztlebenden gelehrten Pohlen* die bekannteſten.

Eine eben ſo neue und den handelnden Staaten eigene Erfindung ſind die Nahmenverzeichniſſe von Kaufleuten, Fabrikanten und Handwerkern, welche indeſs gewöhnlich auch einige davon unzertrennliche Liſten von Staatsbeamten; z. B. Commerzcollegien, privilegirte Handlungs-Geſellſchaften u. ſ. w. enthalten, und in dieſer Rückſicht einen Theil der Bibliographie von Staatscalendern ausmachen. Der *Almanach des Corps des Marchands en France,* der Engliſche *Gentlemen and Tradesmen Pocket-Ledger* und das *Naamregiſter van alle de Hee-*

ren Koplieden der Stad Amflerdam gehören in diefe Claffe.

Noch entfernter find die Nahmenverzeichniffe der zu öffentlichen oder zu geheimen Zwecken, mit und ohne Erreichung derfelben, vereinigten Privatgefellfchaften mit den Staatscalendern verwandt. In Frankreich ift diefe Zufammenftellung am häufigften gefchehen, aber in jeder gröfsern Stadt, wo Clubs, Lefegefellfchaften, Freimäurerlogen und ähnliche Verbindungen find, findet man folche Nahmenverzeichniffe mit Bezeichnung des Ranges und der Würde, welche einzelne Perfonen als Mitglieder diefer Affociationen bekleiden.

Einzelne Nahmenverzeichniffe von Staatsbeamten ohne Rückficht auf ihre Anftellung in einem beftimmten Staat, die fich oft in den Almanachen finden, erheben diefe ebenfalls noch nicht zu Staatscalendern. Z. B. der von *Wallenrodefche Calender für die Reitkunft* von 1792, enthält Nahmenliften von Stallmeiftern, Pferdezüchtern und Lehrern an Vieharzney - Schulen, das *Tafchenbuch für die Schaubühne* (1792) alle Schaufpieler u. f. w.

Entftehung der Staatscalender.

Wenn es einen Anftrich von Gründlichkeit giebt, bey jeder litterarifchen Nachforfchung zu den Griechen und Römern zurückzugehen, fo kann man fich diefen defto leichter bey Staatsca-

lendern geben, da beyde Völker wirklich mit öffentlichen Nahmenverzeichniſſen von Staatsbeamten nicht unbekannt waren. In Rom gaben die
Numaſchen Faſti dazu die Veranlaſſung, welche man ſeit ihrer Entweihung durch Cnejus Fla-
vius im Jahr der Stadt 450 zu chronologiſchen
Liſten von den Nahmen und Geburtstagen der
Magiſtratsperſonen, Conſuln, Dictatoren, Cenſo-
ren u. ſ. w. einrichtete; in Griechenland wurden
die Namen der Ephoren und Archonten auf ähnliche Weiſe der Nachwelt überliefert; und geht
man von dieſem Geſichtspunkt aus, ſo gehören auch
die deütſchen Chroniken mit in die Reihe, um ſo
mehr, da ſie in dieſer Rückſicht noch itzt oft prac-
tiſch benutzt werden.

Bey allen dreyen Bücherclaſſen war aber mehr
das hiſtoriſche Andenken als die Darſtellung der gegenwärtigen Staatsbeamten zum Gebrauch im bürgerlichen Leben der Zweck. Nach dem hier zum
Grunde liegenden Begriff des Worts ſind Staatscalender eine Erfindung neuerer Zeiten; und ob zwar ihre Geſchichte in jeder Rückſicht noch völlig unbear-
beitet iſt, ſo darf man doch nur auf das Ende des
vorigen Jahrhunderts in den Nachforſchungen ihres Urſprungs zurückgehen. Zwar hatte man ſchon
viel früher ähnliche ſtatiſtiſche Bücher in den Lan-
desſprachen, z. B. in Spanien die *Cronica de las
tres ordenes y Cavallerias* 1572, in Genua und
Lucca 1559, in Neapel 1586 u. ſ. w.; allein nur
eine flüchtige Anſicht dieſer Erſtlinge der Statiſtik

zeigt, dafs fie den zu Staatscalendern erforderlichen Grad von Cultur, Publicität und Organifation der Aemter keinesweges vorausfetzen.

Frankreich ihr Vaterland.

Wahrfcheinlich ift Frankreich ihr Vaterland, und der noch itzt fortwährende *Almanac Royal* der Urvater diefer zahlreichen Familie. Wenigftens rechtfertiget deffen Specialgefchichte diefe Hypothefe. *Laurent Houry* hiefs der Buchhändler, der zu Paris im Jahr 1679 zuerft den glücklichen Einfall hatte, feinen *Almanac* mit ftatiftifchen Zufätzen zu bereichern. Ein Königliches Privilegium vom 16. Merz 1679 ermunterte ihn noch mehr, und er brachte allmälig Poftzeiger, Hoffefte, Jahrmärkte, Meilenzeiger und fogar die Königliche Familie hinein. Diefe kaufmännifche Speculation belohnte fich reichlich, weil die Nation durch *Renaudot's Gazette de France*, durch Provincial - Intelligenzblätter, durch andere Almanachs und periodifche Schriften mit dem Nutzen eines folchen Handbuchs bald bekannt wurde. Der grofse Umfang des Reichs, die Organifation und die beftimmten Verhältniffe der Stände und Aemter, und auch die zugleich aufkeimende Eitelkeit und Etiquette veranlafsten bald den Gedanken, die Befriedigung eines wichtigen ftatiftifchen Bedürfniffes damit zu verbinden — die Nahmenkunde der höhern Staatsbeamten. Schon in frühern Zeiten war der Ge-

fchmack der Franzofen auf ähnliche Bücher ge-
leitet worden, z. B. feit 1555 durch den *Catalogue
des Connetables de France* mit gemahlten Kupfern
in Folio. Itzt war es ein *Marquis de Biffy*, Nach-
komme des bekannten Cardinals diefes Nahmens,
der davon einen Plan entwarf, welchen *Houry*
dem Konige überreichte. L u d w i g XIV. ergotzte
fich inniglich an einem Entwurfe, der feinem Stolz
und feiner Eitelkeit noch mehr fchmeichelte als
das von ihm gefchaffene Amt eines Hiftoriogra-
phen von Frankreich und die Befingung feiner Tha-
ten *ex officio.* Die lange Dauer feiner Regierung
machte ihm das zum wonnevollen Anblick, was
andern Regenten ein Aergernifs ift, welche den
vom Vorfahr a l l e r g n ä d i g ft ernannten Geheimenrath gern a l l e r u n g n ä d i g ft in das Vor-
zimmer zurückfchicken möchten. Jede Seite des
neuen *Almanac*, den er fchon im Geift vor fich fah,
war fein Werk, denn er hatte mit Rath und Bey-
ftand feiner frommen M a i n t e n o n alle diefe fchönen Würden und Titel gefchaffen, und freuete
fich fchon zum voraus der neuen Erfindungen
diefer Art, wozu ihm die Spanifche Erbfolge den
Vorwand geben würde. Neapel und Sicilien foll-
ten den zweyten Theil des prächtigen Werks oder
ein Quartformat füllen. — So war ungefähr die
Gemüthsftimmung, in welcher Ludewig mit lan-
desväterlicher Huld am 29. Januar 1699 das Privilegium erneuerte und felbft mit feiner Königswürde Gevatter zu dem Erftling ftand. Er hiefs

ihn deshalb *Almanac Royal*, aber Anfangs hatte diefer noch ganz das Gepräge der Kindheit; denn nur
allmählig kamen die Geiftlichkeit, der Kriegsftaat,
der Hof, die Finanzbeamten, die Juftiz, und viel
fpäter diejenigen ftatiftifchen Zufätze hinein, welche ihm ftets den Vorzug der Vollftändigkeit und
Brauchbarkeit gegeben haben. Nach *H o u r y's*
Tode fetzten ihn feine Wittwe und fein Enkel,
le B r e t o n, kraft des Privilegiums vom 15. December 1743 fort und erwarben, ungeachtet der
ftets erhöheten Pachtfummen, dabey ein anfehn-
liches Vermögen, welches noch itzt der Buchdrucker *Tefla* durch die Fortfetzung zu vermehren fucht.

Fortpflanzung in andere Länder.

Könnte ein Staat die Ehre diefer Erfindung
dem Mutterlande der Cultur und Etiquette ftreitig
machen, fo wären es England oder die vereinigten
Niederlande; und freylich hat fchon im erften Anfang diefes Jahrhunderts in jenem die Publicität,
und in diefem die kaufmännifche Speculation,
diefe Bücherclaffe vervielfältigt. Sehr bald ftrömte
fie aus Frankreich zugleich mit den franzöfifchen
Titeln und Amtsbenennungen vorzüglich durch
Auswandernde und Reifende aus, denn fchon im
Jahr 1704 kam im Preufsifchen ein Staatscalender,
und im folgenden Jahr fogleich eine franzöfifche
Ueberfetzung davon heraus. So wurden auch Spa-

nien, Italien und die Schweiz, und folche Länder, deren Statiftik bereits theilweife in der Landesfprache bearbeitet worden war, fpäter aber, fo
wie mit den Zeitungen und Intelligenzblättern,
Pohlen, Dännemark, Rufsland und die übrigen
andern eben fo neureife Staaten damit bekannt,
wie die beygefügte Stammtafel beweifet. Itzt ift
ihr Gebrauch in Europa fo allgemein, dafs Zwerg-
und Riefenftaaten, Lucca, Ragufa und Schafhaufen mit Rufsland, und die uralte Republik Venedig mit ihrer jüngften Schwefter in Nordamerica
ihn mit einander theilen. Ja felbft zu Conftantinopel
läfst der Grosvezier in feiner Kanzley ein ge-
fchriebenes Verzeichnifs der oberften Aemter
zu gewiffen Zeiten erneuern.

Man hat die Staatscalender nach Maafsgabe des
Bedürfniffes auf die mannichfaltigfte Weife verein-
zelt und erweitert, und ihre innere Einrichtung verbeffert; und in Deutfchland ift man itzt fo weit gediehen, dafs bis auf die Herzogthümer Zweybrück
und Braunfchweig, alle altweltfürftliche Häufer und
gröfsere Bisthümer, felbft die gröfseren Reichsftädte, die Reichsritterfchaft, mehrere Kreife, Diöcefen, Stifter, Orden, Stände und Gefchlechter, ja
felbft ein Fürft von Schwarzenburg und ein Graf
von Limburg-Styrum, Staatscalender haben. Die
weitere Ausführung diefer Skizze bleibt der Specialgefchichte und Bibliographie vorbehalten.

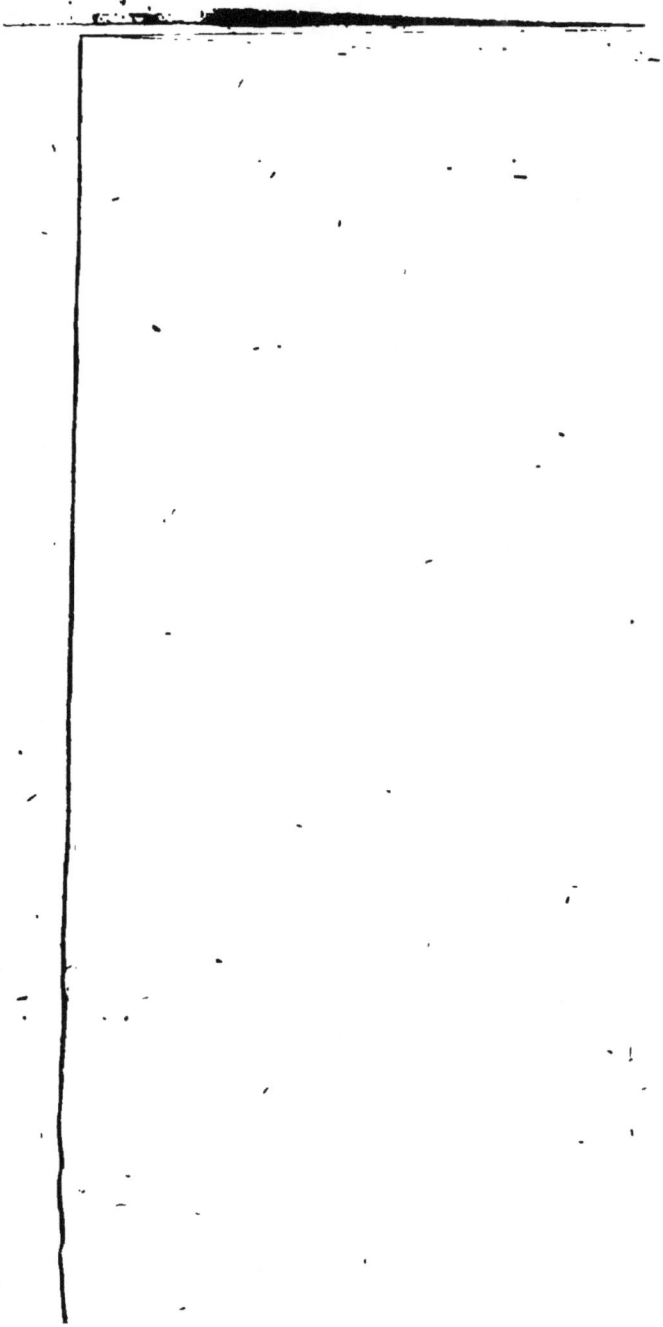

Begünftigung von Seiten der Regenten.

Neben den Fortfchritten in der Cultur, und folglich in der Theilnehmung an allen öffentlichen Angelegenheiten, wirkten hauptfächlich zwey Urfachen auf die gefchwinde Verbreitung diefer Bücherclaffe; Regentencharakter und Eitelkeit der
Beamten.

Die Fürften begünftigten durch ein folches öffentliches Nahmenverzeichnifs das Lieblingsvor-
urtheil, dafs von ihnen alle Ehre ausgehe, und
ftimmten allmählig ihre Unterthanen dahin hinab,
dafs jeder feine Ehre im Dienft fuchte. Nur wenige dachten und keiner fagte, wie Friedrich der
Einzige in feinem Teftament vom 8. Januar 1769,
qu'ils ont l'honneur de gouverner leur pays. Sie waren von jeher fo gnädig ihr Volk zu regieren,
und diefes hatte die Ehre, ihre Befehle zu voll-
ziehen. Bey diefer Denkungsart zieht noch itzt
in manchen Staaten der Federhut den Landjunker
an die Fahne, und die Herabfetzung des nicht
dienenden Standes den Kaufmannsfohn in den Ci-
vildienft.

Zu diefen Motiven gefellte fich fpäter eine fehr
verzeihliche Eitelkeit, oder auch eine fehr löbliche
Anhänglichkeit der Fürften an ihre Erblande, und
bisweilen auch die Kenntnifs des praktifchen Nutzens der Staatscalender. Von allen nur ein Beyfpiel. Die prachtliebenden Könige Friedrich der

Erste von Preusen und August der Erste von Pohlen begünstigten sehr die Entstehung der Staatscalender und liesen sorgfältig in selbige Verzeichnisse ihrer sämmtlichen Staaten, ihre Ansprüche auf
fremdes Gebiet und ihre Ritterorden einrücken. —
Des erstern grofser Enkel kannte ihren statistischen
Werth und benutzte sie bey manchen Vorfällen,
und Georg der Zweyte liebte seine deutschen Unterthanen zu sehr, um nicht ein so gutes Hilfsmittel zu ihrer Nahmenkunde zu befördern.

Bey den kleinern deutschen Fürsten hatte der
sonst so verderbliche Nacheiferungsgeist hier einen
nützlichen Einflufs, und dessen wirksamste Thätig-
keitsperiode im vierten und fünften Jahrzehend war
für diesen Theil der deutschen Litteratur sehr frucht-
bar. Die Nachahmung der steigenden Titel und
Aemter läuft mit der Verbreitung der Staatscalender parallel. In beyden wollte keiner seinem Nachbar nachstehen, wenn es auch ein Sedezformat
wurde, und wie der Marggraf von Bayreuth 1738.
einen Staatscalender drucken liefs, so zögerte sein
Vetter in Anspach kein einziges Jahr mehr. Mancher Fürst glaubte sich gröfser und mächtiger, je
dicker sein Staatscalender war; und noch überdem
des *Serenissimi* wohlgetroffenes Bildnifs mit Federhut und Orden, und die uralte Genealogie des
Hochfürstlichen gnädigst regierenden Hauses da-
vor — was schmeichelte mehr der Eigenliebe, und
welcher Verleger konnte gerechtern Anspruch auf
landesherrliche Belohnungen machen?

Des Landgrafen Friedrich II. von Heſſen-Caſ-
ſel Spielpuppe war bis an ſeinen Tod ſein Staatscalender. Er entwarf dazu ſelbſt den Plan und
lieſs ſein Exemplar mit Papier durchſchieſsen, um
die neuen Staatsbeamten mit eigner Hand nachzu-
tragen und die Abge enden auszuſtreichen. So
wurde es in die Druckerey gegeben, und während des Drucks lieſs ſich der Landgraf oft die einzelnen Bogen ſchicken, oder erkundigte ſich doch
ſorgfältig nach dem Fortgange und verzieh ungern den kleinſten Fehler. Bekanntlich wurde die
Anzahl der Diener ſtets vermehrt und bey der
Stiftung der Societät der Alterthümer gab die Aufnahme vieler auswärtigen Mitglieder eine erwünſch-
te Gelegenheit um n o c h m e h r franzöſiſche und
italieniſche Namen hineinzubringen.

Beförderung von Seiten der Un-
terthanen.

Dieſer Zuneigung der Regenten für die Staatscalender ging die Eitelkeit der Diener zur Seite,
ſie mochte ſich nun auf Rang- und Titelſucht,
oder auf Vaterlandsliebe und Ehrgeitz gründen.
Tous ceux qui ſe font jettés dans les routes de l'ambition,
ſagt Mercier, *étudient l'Almanac royal avec une atten-
tion ſérieuſe. Malheur à qui n'eſt pas dans ce livre. Il
n'a ni rang, ni charge, ni titre, ni emploi.* So dachte
man in Frankreich, ſo auch in andern Staaten. Ael-
tern und Lehrer pflanzten von jeher den Keim des

Beſtrebens, eine Stelle im Staatscalender zu haben,
in die Herzen der Jugend und führten das Ehren-
volle und Verdienſtliche eines Amts im Staate oft
gänzlich darauf zurück. Sie zeigten dem Junker
Ihro Excellenz den Onkel und Ihro Gnaden
den Vetter im Staatscalender und prägten ihm
tief ein, daſs ohne diefe werthe Nahmen an dieſen
Stellen die Familie herabgeſetzt feyn und der Staat
Gefahr leiden würde. Auf die geringern Stände
wirkten andere Motive. Es gefällt den Demokra-
ten, daſs der Miniſter hier, wie im Grabe, nicht
mehr Platz als der Schulmeiſter einnimmt, und
ſelbſt die Schönen in Paris gucken in den *Almanac
Royal* wenn ſich ein neuer Liebhaber findet, und
werden beynahe ſpröde wenn fie darin vergeblich
ſuchen. Eine Verfeinerung der neueſten Zeiten
iſt es, daſs Cajus vor dem Sempronius im Staatscalender ſtehen will und Madame Sempronia bey
Hofe zu inſinuiren weiſs, daſs der Gradus ihres
Mannes eine ſolche Zurückſetzung nicht verſtatte.

Sehr wenig haben kaufmänniſche und gelehrte
Speculationen zur Verbreitung der Staatscalender
beygetragen; noch weniger aber Finanzplane, denn
die cameraliſtiſche Benutzung iſt erſt ſeit kurzem
und nur in wenigen Ländern eingeführt.

Vernachläſsigung der Staatscalender.

Mit der Allgemeinheit des Gebrauchs der
Staatscalender, deren es in allen lebenden Sprachen,

chen, und fogar auch in der Lateinifchen giebt,
contraftirt der Mangel an Aufmerkfamkeit aufseror-
dentlich, welchen man bisher auf ihre Abfaffung
gewendet hat. Vernachläfsigung des Aeufsern, Unvollftändigkeit und Planlofigkeit im Inhalt, und Vermifchung des Hauptzwecks mit allerley Nebenfa-
chen — darauf concentriren fich ihre Hauptfehler.
Der Abftufungen giebt es hier eben fo viele als
Nüancen zwifchen Syftem und Chaos. Deutfchland allein kann diefe ganze Stufenleiter füllen, und
vorzüglich in den geiftlichen Staaten tragen die
Staatscalender noch fo ganz das Gepräge der Neuheit, dafs man fie mit ihren ältern Brüdern kaum
in eine Claffe ftellen kann, dahingegen die militärifchen Stamm- und Ranglisten faft den höchften
Grad der Vollkommenheit erreicht haben. Die Urfachen diefer Vernachläfsigung find mannichfaltig;
folgende find die vorzüglichern.

Urfachen der Vernachläfsigung.

a) Verhältniffe der Verfaffer.

Zuerft die Verhältniffe der Verfaffer und Herausgeber. In weltlichen und gröfsern Staaten find es
gewöhnlich die Subalternen der Regierungen und
des auswärtigen Departements, und in den geiftlichen die Hoffouriers, oft auch Perfonen ohne
Dienft. Manchem fehlt es an Fähigkeit und befonders an gründlicher ftatiftifcher Kenntnifs des Landes; ein folcher läfst ein Exemplar des vorjährigen

B

Calenders mit Papier durchfchiefsen, trägt aus Intelligenzblättern und Zeitungen die Veränderungen nach, ohne auf den Hauptzweck bedacht zu
feyn, und fchiebt lange Entfchuldigungen über die
Mühfamkeit des Sammlens auf das Titelblatt, um
fich von der Verantwortlichkeit zu befreyen. -Ge-
fetzt aber auch, dafs das Gefchäft mit Einficht betrieben wird, fo kann doch eine Privatperfon die
unendlichen damit verknüpften Schwierigkeiten
nicht überwinden, und nie völlige Zuverläfsigkeit
der Angaben erhalten. Gewöhnlich gefellt fich alsdann zu viel kaufmännifche Speculation dazu, und
zu diefer wiederum Uebereilung oder Nebenabfich-
ten. — Nur ein Beyfpiel bey der Herausgabe. Auffer der Verbindung mit dem Zeitcalender' ift es
gleichgiltig, ob der Staatscalender zu Neujahr oder
zu einer andern Zeit, wie in Nürnberg der Wahlzeit wegen um Oftern, herauskommt, obgleich
erfteres der gewöhnliche Fall ift. Statt nun den
Druck nach Ablauf des alten Jahres anzufangen
und alsdann fo zu befchleunigen, dafs der Blu-
menftraufs wenigftens dem Frühling zuvorkömmt;
ftatt den Tag, an welchem man die Berichügun-
gen gefchleffen, bemerklich zu machen, (wie in
den Englifchen *corrected: to the 6 May 1791*) oder
allenfalls monathliche Nachträge (wie bey der Chur-
fächfifchen Stamm- und Ranglifte) zu liefern —
ftatt deffen bringt der Heifshunger nach neuen
Calendern den Staatscalender fo früh ins Publicum, dafs die in der letzten Hälfte des Jahres vor-

gefallenen Veränderungen nicht eingetragen werden können.

. Der andere und beffere Weg ift der, wenn
die Abfaffung aus den Berichten der Collegien unter landesherrlicher Auffícht gefchieht; aber auch
hier erfchweren cameraliftifche Benutzung, Verhältnifs zwifchen dem Commiffär und Herausgeber
oder willkührliche Einfchränkungen wegen des
Ausdrucks fehr oft die Gemeinnützlichkeit.

b) Gleichgiltigkeit der Gelehrten.

In beyden Fällen ift bisher von Gelehrten
zu wenig Werth auf Staatscalender gelegt worden. Vergebens fucht man in den gröfsten Bücherverzeichniffen, in geographifch - ftatiftifchen
Handbüchern, in Reifebefchreibungen, oder in En-
cyclopädien die Nahmen der Staatscalender. In
der *Diderot*fchen ftehen blos einige Zeilen über
den *Almanac royal*; in der *Krünitz*fchen ift eine
161 Seiten lange Abhandlung von 26 verfchiedenen
andern Calendern, und in der neu angekündigten
*Lawätz*fchen *Bibliographie* werden fogar Stamm-
bücher, aber keine Staatscalender verzeichnet
werden. Hr. Hofrath *Meufel* nennt in feiner *Litteratur der Statiflik* (1790. 8.) des ausgedehnten Plans
ungeachtet, blos die Staatscalender von Spanien,
Frankreich, England, Dännemark und von der
Schweiz. Hr. Hofrath *Beckmann* hat feine fcharf-
finnigen Nachforfchungen der Erfindungen blos auf
Zeitcalender eingefchränkt. Noch weniger find fie

B 2

in philofophifcher Rückficht, und faft nur von belle-
triftifchen Schriftftellern *) benutzt worden.   In
Deutfchland hat zuerft Herr Hofrath *Schlözer*
durch die in den *Verfuch* feines *Briefwechfels* St. II.
S. 27. VIII. 122. X. 145. XII. 181. und in den
Briefwechfel felbft Heft I. S. 9. V. 300 u. f. w. ein-
gerückten Auszüge aus den Staatscalendern von
Preufsen, Sardinien, Frankreich und Spanien das
lefende Publicum und in feinen vortreflichen ftatiftifchen Vorlefungen die ftudirende Jugend auf-
merkfam gemacht.   Nächft ihm haben wenige, z. B.
Hr. *v.* *Schirach* im *politifchen Journal, Jan.* 1790.
u. f. w. Hr. Prof. *Haufen* im *hiftorifchen Porte-
feuille,* Herr Hofrath *Spittler* im *hiftorifchen Magazin* VIII. 3. Hr. Prof. *Normann* im *geographifch-
hiftorifchen Handbuch,* (bey Oldenburg, Lübeck und
Bremen).   Hr. Prof. *Kraufe* in den *Rubriken zu
einer fyftematifchen Statiftik der deutfchen Mächte* S. 4.
87. Hr. Prof. *Sprengel* u. m. fie angeführt. Aber
erft feitdem ein *Ehlers* in Kiel, ein *Rudloff* in
Schwerin, ein *Oberlin* in Strasburg fich felbft mit
ihrer Abfaffung befchäftigen, geht eine fchönere
Morgenröthe für fie auf.

c) Gleichgiltigkeit der Recenfenten.

Eben diefen Vorwurf kann man insbefondere,
den Recenfenten machen, welche die Staatscalender,

*) In des *Etatsrats von Schaafskopf hinterlaffenen
Papieren* (Breslau 1792. 8.)   Im Luftfpiel *der feltne Onkel,*
von *Ziegler* u. f. w.

vielleicht aus Furcht vor dem Palladium der landesherrlichen Aufsicht, ganz der litterarischen Kritik zu entziehen pflegen, obgleich deren Werth,
aller Gegengründe und Mifsbräuche ungeachtet,
hier besonders einleuchten würde. Selten haben
die *allgemeine Litteraturzeitung* und die *Deutsche Bibliothek* uns mit Beurtheilungen dieser Art be-
schenkt, wie die davon in der Bibliographie gehörigen Orts gemachten Anzeigen beweisen, und
andre Journale gönnen lieber diesen Raum der Zergliederung von poetischen Taschenbüchern, oder
Sammlungen von einzeln gedruckten Abhandlungen.

d) Ausschließung vom Buchhandel.

An diesem Mangel der litterarischen Kritik
sind unter andern die Buchhändler mit Schuld,
weil sie so wenig die Staatscalender in ihr Waaren-
lager aufnehmen, dafs selbst die geheimen Canzleyen an vielen deutschen Höfen sie mit der Poft
sich einander zuschicken müssen. In dem *allgemeinen Bücherverzeichnifs der Leipziger Oftermesse* 1791
ftehen nur drey Staatscalender, der Böhmische,
Schlesische und Darmftädtische, welche überdem
von wenigen Buchhändlern mit nach Hause gebracht worden. Ift es wegen der Schwierigkeit des
Bekommens? — aber man läfst sich doch die Mühe
bey andern ausländischen Werken nicht verdrief-
fen — oder wegen der in manchen Ländern ge-
bräuchlichen Stempelung? — als wenn sich diese

B 3

Auflage nicht anrechnen liefse. — Nein, aber wohl wegen der geringen Ausficht ćum Gewinn? — Freylich darf der auf dem Titelblatt anzuzeigende Preis, wie bey allen für das Volk zunächft beftimmten Büchern, nicht zu hoch feyn. Allein dafür beforgt man hier wegen der kurzen Lebenszeit der Staatscalender keinen Nachdruck, und bey der Gewohnheit des Einbindens keine Defekte und wird überdem baar bezahlt. Ein Gewinn von 150 pro Cent über die Koften des Papiers, des Satzes und des Rabats wäre daher unbillig, wenn auch der Abfatz hin und wieder bis itzt noch gering ift. Vom Berliner Staatscalender find 2000 Abdrücke für ·130,000 Einwohner und von den vierjährigen Provinzialcalendern 300 Abdrücke zu wenig; bey befferer Bearbeitung und mehrerm Eifer würde die Zahl der Käufer fich mehren.

e) Ausfchliefsung von Sammlungen.

Von öffentlichen Sammlungen ift diefe Bücherclaffe bis itzt ganz ausgefchloffen worden. Die grofse Göttingifche Univerfitätsbibliothek hatte im December 1791 nur 18 Hannöverfche, 13 Ruffifche und etwa fechs andere Staatscalender. Auf der Berlinifchen fehlt es felbft an den vaterländifchen, und in der Caffelfchen ift blofs eine Sammlung der Heffifchen befindlich. Noch weniger ift die Wahl von Privatperfonen darauf gefallen, fo fehr auch der Sinn für Syftem und Anfchaulichkeit der Erkenntniffe den Sammlungsgeift be-

fördert. Es ift bekannt, wie fehr diefer belonders
in Deutfchland fich ausgebreitet hat. Als Knabe
greift der Deutfche in das Gebiet der Natur, im
Jünglingsalter fteigt er fchon zu weniger finnlichen
Gegenftänden, und als Mann fetzt er das Spielwerk
wiffenfchaftlich fort. In diefem Alter ift unter allen Liebhabereyen die von Büchern die häufigfte,
weil fie eine zweckmäfsigere Richtung als die von
Cocarden und Pfeifenköpfen hat, und weniger
Aufwand als Zeichnungen, Kupferftiche und Ge-
mälde erfordert. Man fammelt aber lieber alte
Schriftfteller, Leichenpredigten, niederdeutfche Bi-
beln, verfchiedene Ausgaben der Claffiker, blaue
Bibliotheken, Mufenalmanache und Zeitcalender
als Staatscalender, höchftens findet man davon nur
Sammlungen für einzelne Staaten.

f) Gleichgiltigkeit der Reifenden.

Unverzeihlich ift es, wenn ein Reifender bey
Betretung einer Landesgrenze oder Stadtmauer fich
nicht fogleich den inländifchen Staatscalender zu
verfchaffen fucht. In Peking koftet ein Paar Chine-
fifcher Schuhe 4 Grofchen; in Deutfchland ftellt
man fie in Kunftcabinetten auf, und den Spanifchen
Kalendario manual, der in den deutfchen Hörfälen
der Statiftik, wie etwa ein Otaheitifches Naturpro-
duct in Kunftcabinetten, gezeigt wird, zerreifst in
Madrid der Bilder wegen fo mancher muthwillige
Knabe.

ZWEYTE ABTHEILUNG.

Verbefferung der Staatscalender.

Begriff eines wohleingerichteten Staatscalenders.

Allenthalben, befonders auch in Deutfchland, hat
die Einficht des Publicums auf die Vervollkomme-
nung der verfchiedenen Zweige der Litteratur entfchiedenen Einflufs gehabt. Wenn nur der aufge-
klärtere Theil deffelben richtige Begriffe und an-
fchauliche Kenntniffe von dem Nutzen irgend
einer litterarifchen Einrichtung durch Erfahrung
und Schriften bekommen hatte, fo trieb man fie mit
Eifer. So gab es eine Epoche der Gefangbücher,
der Zeitcalender, der Compendien der Philofo-
phie, und der neuefte Beweis deutfchen Fleifses
und Scharffinnes ift der Fortfchritt in der Statiftik.
Vielleicht ift eben deshalb an die Staatscalender
noch nicht die Reihe gekommen, weil man über
ihren Hauptzweck noch keinen deutlichen durch-
aus feft gehaltenen Begriff hatte.   Man ging bey
ihrer Abfaffung oft aus ganz verfchiedenen Ge-
fichtspuncten aus, und nur bey wenigen, nahmentlich beym *Almanac Royal*, beym *Almanac d'Alface*, und beym *Meklenburg - Schwerinfchen* Staatscalender, hat man das wahre Ideal vor Augen, und folglich die Abficht, ein mit k u r z e n

Anzeigen des Mechanifmus der Landesverwaltung verfehenes, fyftematifch
geordnetes Nahmenverzeichnifs von
Perfonen, welche gegen den Staat in befonderer Verpflichtung ftehen, unter
öffentlicher Auffficht abzufaffen. Die Richtigkeit diefes Begriffs ftellt fich am beften in deffen
Zergliederung dar.

Nahmen der Beamten und Aemter.

Die Nahmen der Aemter und der Perfonen machen Staatscalender, die Bezeichnung der dazu gehörigen Gegenftände und Collegien aber Staatsinventarien. Letzteres ift,
aufser den vielen Befchreibungen gröfserer Städte, der Fall mit einem Artikel in dem *Almanac
de Bruxelles*, der ftatt der Hofmufiker und Sänger blos die Zahl der Inftrumente und Stimmen
(*deux hautes-Contres*, *deux Tailles*, *un Alte-Viola*)
angiebt.

Bey den Aemtern und Collegien, und überhaupt bey der Anzeige des Verhältniffes gegen den
Staat, ift die einfachfte und deutlichfte Methode
die befte. Ein Erzhohes oder Infulirtes
Hohes Domcapitel, eine uralte Univerfität,
eine Gnädigft angeordnete Commiffion, ein
Hochedler Rath, ein vornehmes Finanz-
collegium, erhalten durch diefe Beywörter keinen
höhern Werth. Bey den Perfonen mufs die Be-

zeichnung der Tauf- und Familiennahmen vollftändig feyn, und alle angeerbte und perfönliche
Titel umfaffen, fie mögen aus der bekannten Stuf-
fenleiter vom Herzog bis zum Edlen, oder
von Befitzungen oder von der Obfervanz, wie die
Firma der Kaufleute, und (wie in Rufsland etwa Potemkin der Taurier) aus befonderen Veranlaf-
fungen genommen feyn; felbft das *ci-devant* nach
der Aufhebung des Adels in Frankreich ift nicht
entbehrlich. Davon ift aber die fogenannte *Courtoifie* wohl zu unterfcheiden, welche weitläuftig
und willkührlich ift, und zur Bezeichnung einer Perfon nichts beyträgt. Der *Reverendiffimus*
und *Celfiffimus princeps* im Ungarifchen Staatscalender, die *Excelentiffimos fennores officiales* im Spanifchen, Mein Hochgeachtet Gnädiger Herr
im Bernifchen, Ihro Gnaden, Hochwürden,
Hochgebohren, Ehrn, *Salv. Tit.* und
Tit. Tit. in den deutfchen Staatscalendern, gehören in diefe Rubrik. Sogar das Ehrenwort: Herr,
es fey als Herr Herr, HERR, Hln, Hl, *Mef-
fire, Monfieur* oder *Mons. Heer* oder *Meefter*,
(als worin ein grofser Unterfchied gelegt wird)
möchte in einem unter landesherrlicher Auffjcht
ftehenden Buche immerhin entbehrt, wenigftens
durch deffen allgemeine Vorausftellung im Plural
vor jeder Rubrik der Wohlftand, die Eitelkeit und
die Sparfamkeit mit Zeit und mit Papier in gleichem
Maafse befriedigt werden. Eine Ausnahme hier-
von macht allenfalls der vom Landesherrn beyge-

legte Titel der Excellenz wegen deſſen Gebrauchs im Geſchäftsſtyl.

Aus dieſem Nahmenverzeichniſſe leitet *Fonte-
nelle* den Vorzug der Staatscalender her, daſs ſie
unter allen Büchern die meiſten Wahrheiten enthalten, und es würde ſpitzfindig ſeyn, dagegen die bey
Standeserhöhungen beſonders üblichen ſogenannten Verfeinerungen der Nahmen (z. B. im Deut-
ſchen das *en* ſtatt *us*, das *u* ſtatt *o*, die ſo häufig in
fremde Sprachen übertragenen körperlichen oder
andere Bezeichnungen, *Melanchthon*, *Schwarzerd* u.
ſ. w.) zu widerlegen, weil dergleichen Veränderungen in eines jeden Willkühr ſtehen, und höchſtens
nur den Beweis des Stammbaums erſchweren. Eher
wird durch Druckfehler, durch Abbreviaturen oder
durch die Ausſprache dieſe Wahrheit verletzt. Dem
Fehler der Ausſprache kann nur eine Accentuation,
wie davon die Pohlniſche, Ungariſche und Franzöſiſche Sprache und des Herrn Profeſſors *Ram-
ler Mythologie* das Beyſpiel giebt, vorbeugen, da
man nicht mehr Tchitchàgow ſtatt Tchitcha-
gòw und Erythropel ſtatt Erythròpel aus-
ſprechen würde; eine nachahmungswerthe Methode, welche eben ſo, wie der allgemeine Gebrauch der lateiniſchen Lettern in Deutſchland,
jedem Ausländer zu ſtatten käme.

Beſondere Pflicht gegen den Staat.

Die beſondere Pflicht gegen den Staat
wird in obiger Definition der allgemeinen Ver-

pflichtung entgegen gefetzt, in welcher jeder
Eingebohrne gegen fein Vaterland ftehet, und fie
gründet fich auf eine fpecielle Verbindlichkeit,
welche entweder ausdrücklich durch Eid, Handfchlag, fchriftliche und mündliche Verficherung,
oder ftillfchweigend — durch Vererbung oder An-
nehmung eines Amts, Auftrags, Gehalts, Titels,
und Ehrenzeichens, einer Beftätigung oder Verforgung, eingegangen ift.

Sie kann unmittelbar oder mittelbar
feyn. In jenem Verhältniffe befinden fich die
Staatsbeamten im eigentlichen Sinne des Worts,
in diefem aber diejenigen, welche zunächft gegen
die Perfonen des Landesherrn oder feiner Familie,
gegen feine Mitregenten oder gegen die vom Staate
anerkannten Corps und Gefellfchaften in Pflichten
ftehen. Der Titular-Geheimerath, der Ordensritter, der Cammerherr, der Auffeher des Landesherrlichen Allodiums find zunächft Diener des Fürften.
Der Cammerdirector der Apanagen und übrigen
Befitzungen feines Bruders, der Stallmeifter feines
Neffen, werden unmittelbar von diefen beftellet.
Der Landfchaftliche Secretair oder Steuereinneh-
mer, die Diener der Englifch- und Holländifch-
Indifchen Handlungsgefellfchaften, der Volkstri-
bun in Bern, der Adliche Gerichtsverwalter, find
zunächft Diener ihrer Conftituenten, aber zugleich
Staatsverpflichtete.

Fortwährende und temporäre Aemter.

Die Form und Dauer der Verpflichtung entscheidet hier nichts. Das Mitglied einer vorübergehenden Schuldencaſſen - Geſetz - oder Reluitions-Commiſſion, der Predicant und Conrector in Batavia, welche neben ihren Buchhaltereygeſchäften ſich monathlich verdingen, die in einjährigen Sold genommenen fremden Truppen, gehören während ihrer Dienſtzeit in die Staatscalender. Macht indeſs ein ſolcher temporärer Auftrag ſchon an und für ſich einen Theil des Amtsberufs aus, oder ſind mehrere Stellen von einander ganz unzertrennlich, ſo iſt deren wiederholte beſondere Anzeige überflüſſig; z. B. die der Anführer gegen die Türken und Schweden im *Almanac de Petersbourg*, die Mitglieder des *engern* und *gröſsern Ausſchuſſes* und des *Schatzcollegiums* bey der Calenbergiſchen Landſchaft im Hannöveriſchen Staatscalender.

Aemter inner- und auſserhalb Landes.

Durch die Anſtellung auſserhalb Landes verliert Niemand das Recht auf ſeinen Platz im vaterländiſchen Staatscalender. Geſandte, Conſuls, Factoreyen, Agenten, die auswärtigen Beyſitzer der Rota zu Rom, die Hannöveriſche Canzley zu London, gehören weſentlich in das Nahmenverzeichnifs des abfendenden Staats, und nur der Bequemlichkeit wegen nimmt fie auch der Staatscalender des annehmenden auf. Der Kaiferliche Geheimerath, der zugleich Trierfcher Minifter ift, und jeder andere, der zweyen Herren dienen zu können glaubt, gehört zu der Beamtenlifte beyder Staaten.

Ohne Rückficht auf Gefchlecht, Alter, Religion oder Stand.

Aebtiffin und Hofdame find eben fowohl Candidaten zum Staatscalender, als der Abt oder der Cammerherr, und nur aus Höflichkeit macht man im Pfälzifchen für die Weiber einen eignen Staatscalender. Selbft der minderjährige Vafall oder der Hauptmann in der Wiege, den fich der Fürft auf den Handfchlag des Vormundes oder der Gouvernantin verpflichten läfst, gehört dahin. — So ift es mit Gefchlecht und Alter, fo auch mit dem Range. Feldmarfchall und Hofküchenknecht, die Räthe der *Haute cour nationale* zu Orleans und ihre Pförtner, der beeidigte Bifchoff und der Rabbiner der Schutzjudenfchaft, die Oberhofmeifterin und die Reifeweifszeugjungfer; felbft der Landesherr nebft feiner Familie, feinen Mitregenten und feinen Repräfentanten, ift der Erfte in der Reihe. — In den Venetianifchen gehört der Doge und der Senat, in den Franzöfifchen der König und die Nationalverfammlung, in den Englifchen beyde Parlamentshäufer, in den Pohlnifchen der Reichstag, in den Maynzifchen der Churfürſt und das Domcapitel.

Ohne Rückſicht auf die wirkliche Dienſtverrichtung.

Auch die wirkliche Amtsführung kommt hier nicht in Betracht. Der Erbpötker, deſſen Ahnen ſeit Jahrhunderten ihr Erbamt nicht auszuüben Gelegenheit gehabt haben; der Ordensritter, welcher aus den Staaten ſeines Durchlauchtigſten Grofsmeiſters nie etwas anders, als ſein farbigtes Band und einige Reiſende erblickt hat; der Titulare, welcher aus weiter Ferne ſich einen ſeinem Vermögen angemeſſenen Titel verſchrieben; der Präbendirte und der Penſionär, deren einzige Verrichtung für den Staat ſich auf das Quitungsſchreiben einſchränkt; der Invalide und Ausgediente vom Civilſtande, in ſo fern ſie ihrer Pflichten nicht ausdrücklich entlaſſen worden, — haben hier gleiche Rechte.

Ohne Rückſicht auf Beſoldung.

Noch weniger kommt es auf die Beſoldung an. Wer aus Vaterlandsliebe, zu ſeiner Ausbildung, mit beſtimmter oder unbeſtimmter Anwartſchaft, dem Staate ohne Bezahlung dient, es ſey als Auditor, Referendar, Aufcultator, als Supernumerär und Titular, oder als examinirter Candidat; wer blos den Ertrag einzelner Fundationen und Amts-

verrichtungen in Sporteln und Gebühren genießt,
wie der immatriculirte Notar, Procurator und
Advocat, der Prediger und Schullehrer,
ift Staatsbeamter.

Geographifche Gränzlinie.

Nur eine geographifche Gränzlinie läfst fich
hier ziehen. Der Staatscalender umfafst eigentlich
diejenige Maffe von Staaten, welche durch Real-
unionen gebildet wird, ohne Rückficht auf zufäl-
lige und vorübergehende Vereinigung, wie itzt
mit Bamberg und Würzburg, Trier und Augsburg, und gewiffermafsen felbft mit Lübeck und
Oldenburg der Fall ift. Indeffen giebt es eingefchränkte oder mittelbare Unterwürfigkeiten, welche das Verhältnifs der nachgebohrnen Herren,
getheilte Oberherrfchaft, fingirter Mitbefitz oder
abwechfelnde Regierung, Lehnsnexus, Landfäf-
figkeit, Verpfändung, Schutzgerechtigkeit oder
Erbvoigtey bildet, und wovon einige ausführlich,
andere aber fummarifch anzuzeigen find. Auf
fpeciellere Grundfätze läfst fich diefes nicht führen.
Die Beamten in der mit völliger Landeshoheit verpfändeten Reichsgraffchaft Bentheim ftehen fämtlich mit Recht im Hannöverfchen Staatscalender,
und das Verhältnifs der Graffchaft Sayn-Altenkirchen zum Churhaufe follte fummarifch darin aufgeführt werden. Der Heffen-Rotenburgifche Staat,
mufs dem Caffelfchen, der Homburgifche dem
Darmftädtfchen einverleibt werden. Das Hofgericht

und

und die Univerſität zu Jena gehören zugleich in
den Gothaiſchen und Weimariſchen; das Amt
Trefurt in den Maynziſchen, Heſſiſchen und Chur-
Sächſiſchen; die Hofmark Furth, ſo lange der Proceſs beym Reichshofrath noch nicht beendigt iſt, in
den Anſpachiſchen, Bambergiſchen und Nürnbergiſchen, die Stadt Camberg in den Trierſchen und
Naſſau-Oraniſchen Staatscalender. Die Deutſche Or-
densballey Lothringen ſollte in dem Franzöſiſchen
und das Herrenmeiſterthum in Sonnenburg und
die Abtey Quedlinburg in dem Brandenburgiſchen
ſtehen. Die Verhältniſſe der Fürſten zu Schwarzburg und Grafen von Schönburg zu Chur-Sachſen,
die der Grafen zu Stollberg zu Chur-Brandenburg,
der Prälatur Ebrach und 18 fürſtlicher Vaſallen zu
Würzburg, des Budjadinger Landes zu Chur-
Braunſchweig, verdienen wenigſtens eine ſummari-
ſche Anzeige, wenn man auch nicht die Beamtenliſte ganz aufnehmen will. Und endlich im Bambergiſchen Staatscalender müſſen ſich zwey mäch-
tige Könige und zwey Churfürſten als Erbbeamte
des Hochſtifts einen Platz unter der Dienerſchaft
gefallen laſſen.

Mit Rückſicht auf den Gebrauch im bürgerlichen Leben.

Bey dem Umfange dieſes Plans öffnet ſich ein ſo
groſses Feld für die Staatscalender, daſs die meiſten
davon ohne weitere Einſchränkungen zu Folianten
werden würden; denn 220,000 Mann Soldaten und

C

so viel tausend Schulmeister und Holzknechte im Preusssischen Staatscalender würden sich kaum in ein kleineres Format fassen lassen. Es bedarf hier daher einer nähern Bestimmung und diese giebt der Hauptzweck der Staatscalender, ihr Gebrauch in Geschäften des bürgerlichen Lebens. Dieser macht die Aufnahme aller derjenigen Diener entbehrlich, deren Nahmenkenntniss selten verlangt wird und im Nothfall sehr leicht und sicher auf andere Weise erhalten werden kann. Ist jemand an dem Nahmen eines Unterofficiers oder eines Soldaten, eines Hauswirths, eines Schulmeisters, eines Jägers gelegen, so erfrägt man ihm beym Regimentschef, beym Beamten, beym Prediger, beym Forstamt, kurz bey seinen allgemein bekannten Vorgesetzten. Die genauere Bezeichnungen dieser Grenzlinie hängen von den unveränderlichen Eigenthümlichkeiten jeder Staatsverfassung ab; der grössere Staat darf sie abkürzen, der kleinere ausdehnen. Der Umfang des Oesterreichischen allgemeinen Staatscalenders erlaubt nur die Aufnahme der Generalität beym Militär; der des Schwarzenbergischen gönnet sie selbst den Schultheissen und Apothekergesellen. Sind nur vier Hofküchenknechte da, so gönnt man ihnen wohl ein Plätzchen; wo aber hundert Hoflakeyen sind, da zeigt man oft deren Anzahl nur summarisch an. Gemeinnützlichkeit für obigen Gebrauch ist der Standpunct, von welchem man hier ausgehen muss, nicht persönliches Ver-

dienſt oder ſtatiſtiſcher Werth; denn ſonſt möchte
der Schulmeiſter dem *prim'uomo* in der Oper den
Platz ſtreitig machen.

Uebrigens erfordert der Hauptzweck, daſs der
Staatscalender in der Landesſprache abgefaſst werde.
Sind zwey oder drey Sprachen im Lande gleich allgemein, ſo veranſtaltet man in allen Abdrücke, wie
z. B. den Ruſſiſchen Hofcalender oder den Chur-
Cöllniſchen *Almanac de Cour* und Hofcalender,
und wenn einzelne Theile des Staatsgebiets eine andere Sprache haben, ſo wird in dieſer ihr Artikel im
Staatscalender verfaſst. So das *Pays de Vaud* im Berni-
ſchen, Montbeillard im Wirtenbergiſchen u. ſ. w.

Erläuterung der Landesverfaſſung.

So viel vom Weſen der Staatscalender. — Allein
eine leere Nomenclatur iſt ein Skelet ohne Körper
und gibt eine todte Erkenntniſs, die durch Notizen
über den Mechaniſmus der Landesadminiſtration
belebt werden muſs. Im allgemeinen reducirt ſich
das Mechaniſche in der hier angenommenen Bedeutung des Worts auf folgende Hauptpuncte:

1) auf die politiſchen Verhältniſſe der Collegien und der einzelnen Aemter gegen einander.
Ein Domänenamt ſteht in Cameralſachen unter
einem Cammercollegium, in Militäriſchen unter
einer Kriegscanzley, in Regierungsangelegenhei-
ten unter einem Miniſterium, in geiſtlichen Sachen
unter einem Conſiſtorium, in der Juſtiz unter einem
Hofgericht. — Von dieſem Hofgericht wird appel-

lirt an ein Tribunal mit einer Appellationsfumme·
von 300 Gulden. — Das Tribunal erkennt in letzter Inftanz; ausgenommen in Lehnsfachen, welche
an eine Lehncammer gehören — von diefer rele-
viren gewiffe Lehne in und aufserhalb Landes. —
Eine Pfarre liegt in einer Diöcefe, wird vifitirt von
einem Superintendenten, hat fo viel Pfarrdörfer
u. f. w. Auch das Rangverhältnifs der Stände gegen einander, in fo fern folches beftimmt ift, findet hier feinen Platz.

2) Auf die Organifation einer jeden Stelle. Hie-
·her gehört der Umfang des Gerichtsfprengels und
der Aufficht, das Local und die Zeit der Sitzungen, (bey den Münzbeamten, die Münzftädte) Ferien, Sporteltaxe, Vertheilung der Departements
zwifchen Räthen und Subalternen, Canton der Regimenter, Dienftalter und Anciennetätsdatum, Civil-
und Militäruniformen. Die Nordamericanifchen
Staatscalender befchämen aufser der Englifchen unfere Europäifche Publicität durch die Anzeige der
beftimmten Einkünfte bey mehrern Aemtern, davon
einige freylich nur in Biber- und Otterfellen beftehen. Die Nachahmung diefes Beyfpiels würde fehr
viel Anziehendes in diefe Lectüre bringen; allein
fie ift nur im allgemeinen thunlich, wie man auch
fchon mit den Einkünften von Bisthümern und Stiftern und mit Penfionen den Anfang gemacht hat.

3) Auf das Fundament einer jeden Verleihung — Eine Pfarre wird vom Landesherrn, vom
Patron oder von der Landfchaft verliehen. — Der

Landrath wird dem Fürſten präſentirt und von ihm
beſtätigt. Die Officiersſtelle iſt gekauft (*by purchaſe*,
by exchange, promoted, in den Engliſchen Staatscalendern) u. ſ. w.

Syſtematiſche Anordnung.

Selbſt mit dieſen Erläuterungen würde indeſs
ein ungeordnetes Nahmenverzeichniſs ein unnü-
tzes Chaos ſeyn und ſtatt deſſen die Nahmenkennt-
niſs in einzelnen Fällen beynahe auf bequemem
Wegen befriedigt werden können. Es wird alſo
dabey eine gewiſſe Ordnung erfordert, ſie ſey nun
aus dem Gebiet des allgemeinen Staatsrechts, aus
dem Alphabet oder aus den Eigenthümlichkeiten
der Staatsverfaſſung entlehnt. Jede von dieſen
dreyen Anordnungen hat einzeln ihre Unbequem-
lichkeiten und würde, ohne Auswahl gebraucht,
eben ſo mechaniſch ſeyn, als wenn man die Bücher
nach dem Format ſtellen wollte. Die alphabetiſche
iſt wegen des unbeſtimmten Gebrauchs mehrerer
Anfangsbuchſtaben und wegen der vielfachen Bedeutung mancher Worte unbequem. Noch un-
thunlicher und unzweckmäſſiger iſt aber eine lo-
giſch - ſchulgerechte Eintheilung, wie ſie allenfalls
der Nomenclator des Linneiſchen Naturſyſtems oder
der Theoretiker in einem Handbuch des Special-
Staatsrechts entwirft. Nach Subject und Object,
nach Haus - und Landrechten, nach den Verhältniſſen gegen Unterthanen und Auswärtige, nach
der Concurrenz der Landſtände — kurz nach allen

Gemeinplätzen der Logik und des Staatsrechts läfst
fich da keine Ordnung treffen, wo die heterogenften Departements und Aemter aus fo mannichfaltigen Urfachen in einander geworfen find. Auch
von dem Standpunct einer fyftematifchen Statiftik
und Notiz der Staatsmitglieder in Beziehung auf
Religion, auf Privatftand, Ordnungen, Claffen und
auf Bürgerrecht darf man nicht allein ausgehen.
Das Individuelle eines jeden Staats giebt hier die
ficherfte Richtfchnur, fo gar in Anfehung der Form,
wie nemlich die Erläuterungen mit beftmöglicher
Benutzung des Raums und ohne Wiederholungen
(im Text oder in Noten und Parenthefen, durch
Worte oder Zeichen) anzubringen find. Der folgende Verfuch trägt vielleicht etwas zu einer an-
fchaulichen Kenntnifs bey.

Skiagraphie eines Nahmenverzeichniffes

für die Staaten Sr. . . . .

*— auf das Jahr 1792 — nachgetragen bis zum
2 Jan. 1792. nebft einem Zeitcalender, einer genealogifchen Tabelle, und einem Sach- und Nahmenregifter. Herausgegeben unter Auffcht des Fürftlichen Commiffärs N. zu N. und im Verlage des
Buchhändlers . . . . Preifs gebunden 18 Bogen
Einen halben Thaler.*

Erfter Abfchnitt.

1) Der Fürft.

A. Sein Hofftaat (die beftimmten Hof- und Galatage.)

a) Obercammerherrn - Staab.

Georg Chriſtian von X. auf Y. Obercammer-
herr (hat die Vorſtellung der Reiſenden
beym Fürſten). 16 Jul. 1770.

b) Oberhofmarſchalls - Staab.

von Z. Oberhofmarſchall. (Stellt die Geſandten bey der Antrittsaudienz vor.)

c) Oberjägermeiſter - Staab.

d) Oberſtallmeiſter - Staab.

e) Uebrige Maitre - Chargen. (Haben den
Rang unmittelbar nach den Chefs der vier
benannten Stäbe.)

f) Ritter der Orden. (Kurze Nachricht von
den Statuten; Beſchreibung der Ehrenzeichen.)

g) Erblandesbeamte mit Anzeige ihrer Functionen.

h) Capelle, Hoftheater, Bibliothek, Cabinet,
Bildergalerie u. ſ. w.

i) Hofſtaats - Amt.

Hat die Gerichtsbarkeit in erſter und letzter
Inſtanz über alle zum Hofſtaat gehörigen
Perſonen.

k) Titularen.

a) im Lande.

b) auſserhalb Landes.

G. F. Y. Geheimer - Rath, 15 März 1769
(Penſion 2000 Rthlr.) Lebt in Hamburg.

C 4

2) **Familie des Fürften.** (Regierende Dynaftie.)

> Seine Gemahlin, Kinder, Seitenverwandte.

> Deren Hofhaltungen und Bediente bey den
> Apanagen.

3) **Theilnehmer an der Regierung oder
Repräfentanten.** Nationalverfammlung,
Reichstag, Parlamenter, Senat, Landftände,
Dom-Capitel.

Zweiter Abfchnitt.
Civil-Staat.

1) **Weltlichen Standes.**

> A. Allemeine Regierungs-Anftalten.

> Staats-Miniflerium oder Staats-Rath (ver-
> fammlet fich täglich . . . .)

> Johann Heinreich von X. auf Y. wirklicher
> Geheimer-Rath, Präfident der Cammer
> und des Confiftoriums, des . . . Or-
> dens Ritter, hat das Departement der
> Provinzen : . . und Caffen-Sachen.
> May 17 . .

> Subalterne.

> Haben den Rang von wirklichen Hof-
> räthen.

> Friedrich Auguft D. Geh. Secretär. Vor-
> trag in Lehns-Sachen. 8 May 1780.

> Heinrich . . . Expedition der abgehenden
> Depefchen.

> Regiftratur, Landes-Archiv.

B. Specielle Regierungs-Anftalten.

Provincial-Regierungen.

Cabinets-Minifterium. Geh. Canzley, Ca-
binets-Archiv, Dolmetfcher, Gefandfchaften, Confuls, Agenten, beglaubigt
vom Fürften und bey dem Fürften
oder beym Minifterium, mit der Anzeige
des Datums ihres Beglaubigungsfchrei-
bens.

C. Policeyverfaffung.

a) Allgemeine Landespolicey-Anftalten
in den Provinzen, in den Städten, Dörfern und Kirchfpielen. (Directorien,
Magiftrate, Commiffariate, Gefinde-
Mäkler.)

b) Befondere Zweige.

Bevölkerung: Medicinalwefen — Collegia
Medica — Hebammen — Lazarethe —
Contumaz-Anftalten.

Verforgung der Dürftigen: Wittwen —
Waifen — Armen — Pupillen.

Sicherheit: Deich- und Schleufen-Be-
amte — Feuerlöfchungs-Anftalten —
Affecuranzen.

Landwirthfchaft, Handwerker.

Manufacturen, Fabriken und Handel.

Litteratur: Academien — Schulen — Gelehrte Anftalten — Seminarien — Cenfur — Stipendiaten — Freytifche.

C 5

D. Lehnswefen.

Vafallen und Lehnsherren des Staats.

Lehn - Collegien nebft den verfchiedenen Arten der Lehne: Muthungs-Termine.

E. Cameral und Finanzwefen:

Collegien — Auffeher und Einheber der Staats-Einkünfte

a) aus Grundftücken;

b) aus Regalien: Bergwerke, Forft, Jagd, Ströhme und Waffer, Zoll und Geleit, Poften. Münzen u. f. w.

c) aus Staatsauflagen:

Grundfteuer, Contributionen, Auflagen auf Confumtion, Gewerbe und Perfonen.

F. Juftizwefen.

Juftizregierungs-Anftalten, Gefetzcommiffion u. f. w.

Gerichtsftellen.

a) Höhere.

Tribunal zu S.

Sitzungen täglich . . . Ferien viermal im Jahr . . . Erkennt in erfter Inftanz über . . . in letzter . . . und wird appellirt von den Canzleyen zu . . . Appellationsfumme . . .

Zuchthäufer, Gefängniffe u. f. w.

b) Provincialſtellen — Erſter und zwey·
ter Inſtanz.

c) Privilegirte: Patrimonialgerichte u. ſ. w.
bey jedem Gericht die immatriculirten Sach-
walter, Notarien und Procuratoren.

2) Geiſtlichen Standes.

A) Dienſtverrichtende Geiſtliche.
a) Von der herrſchenden Religion.
Höchſte Collegien — Directorien, Nun·
ciaturen, Vicariate.

Untergeordnete Stellen, Conſiſtorien.
Geiſtliche nach den Diöceſen, Inſpe·
ctionen, Decanaten, Superinten·
denturen.
Fürchtegott Gottlob U. Prediger zu
Y . . . in der Diöceſe Z. Pfarr·
ſprengel . . . Patronat . . .
Examinirte Candidaten, Organiſten
und Küſter.

b) Von den tolerirten Religionen.
Rabbiner der Schutzjudenſchaft, Vorſte·
her der Mähriſchen Brüdergemeinde,
privilegirte Hauscapellen.

B) Geiſtliche und fromme Stiftungen (*pia cor-
pora*), Klöſter, geiſtliche Ritterorden, und
die mannichfaltigen Fundationen.

Dritter Abfchnitt.
Kriegs-Staat.

Höchfte Collegien.

1) Landmacht.

A) Verfchiedene Arten von Truppen.

Infanterie. — Erftes Regiment. Uniform.
. . . Staabsquartier . . .
J. F. S. Generallieutenant 1May 1780.Chef.
(Stärke des Regiments.)
Cavallerie. Artillerie. Ingenieurs und Mi-
neurs. Invaliden. Penfionnärs. Cadets.
Suite des Fürften. Uebercomplete.

B) Aufbringung des Heers.
Ausländifche und inländifche Werbung.

C) Unterhaltung und Verpflegung.
Officianten für Bekleidung, Armatur, Ein-
quartierung.

D) Ausrüftung.
Magazine, Zeughäufer, Feldpoften, Feld-
Medicinalftaab.

E) Kriegs-Kirchenwefen.
Kriegsconfiftorien, Feldprediger.

F) Kriegsjuftiz.
Kriegsgerichte, Auditeurs.

G) Officianten in den Feftungen.

H) Militärifche Erziehung.
Penfionnärs, Cadettencorps.

2) Seemacht.

Admiralität. Befehlhaber der Schiffe der erften, zweyten, dritten, vierten Claffe.

Anzeige der Stationen und der Dienftfähigkeit der Schiffe.

(Kriegsfchiff . . . . von 64 Kanonen erbauet 1 Jun. 1769.)

Volontärs, fefte Artilleriften, Mariniers.

Alles übrigens wie bey der Landmacht.

Vierter Abfchnitt.

Alphabetifches Sachregifter: Kreiscontingent: fiehe Crais. Kämmerer: fiehe Cammerherr. Juftizcanzley S. 70.

Fünfter Abfchnitt.

Alphabetifches Nahmenregifter: Alg. . . J. F. Hofgerichtsrath. S. 69. 80. 103.

Oeffentliche Auffecht.

Noch ein Haupterfordernifs ift hier näher zu beftimmen übrig, die fpecielle Auffecht der Souverains bey der Abfaffung der Staatscalender. Nicht ihr Privilegium, noch ihre cameraliftifche Benutzung, noch die gewöhnliche Cenfur geben hier den Ausfchlag. Jene Autorität oder Auffecht ift es, welche diefen Nahmenverzeichniffen das Gepräge der Zuverläfsigkeit giebt; die kein Privatmann erreichen

kann und fie daher zu der ftatiftifch- ehrwürdigen
Benennung von Staatsfchriften erhebt. Die
Ausübungsart ift dabey gleichgiltig, fie kann direct
oder indirect, mehr oder weniger genau und anerkannt, durch Stempel und Worte angedeutet oder
gar nicht angezeigt feyn. Am beften ift es, wenn fie
einem der Landesverfaffung und Statiftik wohl kun-
digen Gefchäftsmann übertragen wird, an welchen
die Materialien von den Collegien gefchickt werden, jedoch fo, dafs er zu allen Zufätzen und
Verbefferungen im Plan und Inhalt ohne Zurathe-
ziehung des Verlegers befugt fey.

Zufätze zu den Staatscalendern.

Jene wefentlichen Beftandtheile eines Staatscalenders find in der Wirklichkeit bisher felten
vereinigt worden. Dahingegen findet man mehrere entbehrliche Zufätze darin, deren Aufnahme
indefs durch den kleinern Umfang des Staats, oder
durch befondere Verhältniffe gerechtfertigt werden
kann. Es gehören hieher 1) hiftorifche und chrono-
logifche Nachrichten über die letztjährigen Staats-
veränderungen, über einheimifche merkwürdige
Vorfälle und über die Stiftung der Aemter und
Regimenter, Abriffe von der Landesgefchichte
(wie z. B. im Osnabrückfchen Stiftscalender vom
Herrn Syndicus Stuve), Nekrologe und Biogra-
phien. 2) Ausführliche ftatiftifche Anzeigen im
weitern Umfange des Worts. Auszüge aus den
Civil- und Militärgefetzen, befonders aus der

Kleiderordnung; Poſtzeiger nebſt Bemerkung des
Brief- und Frachtgeldes, Meilenzeiger, tabellariſche Ueberſichten des inländiſchen Münzſuſses,
des Längen- Flächen- und Körpermaaſses, Wech-
ſelcurſe, Jahrmärkte, Sehenswürdigkeiten der gröſ-
ſern Städte, Bevölkerungs- und Mortalitäts-Liſten,
kurz der Inhalt der ſogenannten Oekonomie- Ma-
nufactur- Handwerks- Polizey- und Geſchichts-
Calender. 3) Nahmenverzeichniſſe derjenigen
dem Staat nicht beſonders verpflichteten Perſonen,
welche das Publicum ihrer Geſchäfte, ihrer perſönlichen Eigenſchaften und ihres ſub- oder ob-
jectiviſch - auswärtigen Amts wegen intereſſiren;
z. B. berühmte Gelehrte, Künſtler, Banquiers, Fabricanten, fremde Geſandte, in Deutſchland die
vom Landesherrn präſentirten Cammergerichtsbey-
ſitzer und Subdelegirte zur Viſitations-Deputàtion,
Kreisgeneralität u. ſ. w. Der Engliſche und der Por-
tugieſiſche Staatscalender dehnen dieſen Anhang
ſehr weit aus, noch weiter aber der Hamburger
und der Wirtenberger, von welchen jener alle Inhaber eines Hauſes in der Stadt, dieſer alle Studenten und Stipendiaten in Stutgard aufnimmt.
4) Staatsrechtliche Bemerkungen über Regierungsform, Grundgeſetze, Verhältniſſe mit andern Mäch-
ten, z. B. in Deutſchland über Kreis-Contingent,
Matricular- Anſchlag, Präſentationen zum Cam-
mergericht. 5) Alle Zuſätze, welche entweder
ganz über das Gebiet des einzelnen Staats hinaus-
gehen, oder die Form und Verzierung betreffen,

z. B. Titelkupfer, Modefiguren, Vignetten, Kupferstiche, Grundrisse, Portraits u. s. w.

Zeitcalender. *)

Nicht wesentlich, aber gewiß auch nicht überflüßig ist die Verbindung mit dem Zeitcalender, nicht allein weil er zur Entstehung der Staatscalender Anlaß gegeben, sondern auch noch itzt oft die Speculation des Verlegers belohnt, ebenfalls ein allgemeines jährlich wiederkommendes Bedürfniß ist, und in so fern man in den Fall kömmt, einen Tag mit einer im Staatscalender enthaltenen Notiz zusammenzustellen, zugleich bequem vor Augen liegt. Nur wäre alsdann folgendes darin zu vertilgen: a) Die vielen in die Länge und Queere gespaltenen Columnen, Zahlen, und vielfarbigen geschmacklos - zierlichen Unterscheidungszeichen, welche man bis auf die schwarze Farbe, wie ein gewisser deutscher Calenderpächter, auf die Galakutsche tragen kann. b) Die Signaturen der Zeichen des Thierkreises, der Lauf der Planeten, die Lehren vom G r u n d jahr, von G r u n d cykeln, und G r u n d perioden, welche gewöhnlich nur Wenige e r g r ü n d e n, die goldene Zahl, Epakten, Jahrpunctenkreise, Sonnenzirkel, die griechische, äthiopische, türkische und julianische Zeitrechnung, und alle andern Angaben, welche entweder veral-

---

*) Ueber diesen §. s. *meine* Abhandlung im *Neuen Hannöverischen Magazin* 1791. St. 2 u. 3. S. 38 sqq.

veraltet find, oder ungewöhnliche aftronomifche
Kenntniffe voraus fetzen. In katholifchen Ländern
mag die unveränderte Gregorianifche, und über-
all wohl die jüdifche Zeitrechnung wegen unfers
Verkehrs mit diefer Nation, fodann auch gewiffe
gemeinnützliche Gegenftände, als die Mondsläufe
und Wechfel, der Auf- und Untergang der Sonne
u. f. w. ftehen bleiben. c) Die Columnen von Erwählung, Witterung, Afpecten, Erzählungen,
moralifche Sprüchlein, Gedichtchen, Aderlafs-
täfelein und Practica, welche entweder zu Aberglauben, Irrthümern und zum Religionsfpott An-
lafs geben, oder doch wenigftens den Platz ganz
unnütz ausfüllen. Dagegen könnte man d) die
daraus entftehende Leere mit wiffenfchaftlichen
Merkwürdigkeiten, z. B. mit den Nahmen einhei-
mifcher Gelehrten und Patrioten, oder mit ftatifti-
ftifchen Angaben, fo wie im *Almanac hiftorique de
la Revolution Françoife* 1792. von *Rabaud de
St Étienne* mit den Decreten der Nationalverfammlung, bezeichnen.

Gefchlechts - Regifter.

Ein eben fo gewöhnlicher und ebenfalls nicht
verwerflicher Anhang diefer Gattung ift das Ge-
fchlechts-Regifter der regierenden Für-
ftenhäufer in Europa, das wegen des fich dabey oft äufsernden Einfluffes der landesherrlichen
Auflicht und wegen der allgemeinen practifchen
Anwendung dem Publicum am wohlfeilften in die-

D

ser Verbindung mitgetheilt wird. Aber zum pra-
ctischen Gebrauch muss es in alphabetischer Ordnung abgefasst, und zugleich die Religion des Hauses, die Regierungszeit des Landesherrn, die Familienverbindung und die Geburtstage angezeigt,
auch müssen die Nahmen der verheiratheten oder
zu andern Besitzungen gelangten Geschwister beym
Stammhause stets wiederholt werden. Alle übrigen Wiederholungen, Pleonasmen, Nahmenver-
drehungen und Unrichtigkeiten hindern die Ver-
ständlichkeit, und verunstalten sie oft so sehr, dass
z. B. in Ansehung des Fürstlich- Nassau-Weilbur-
gischen Hauses von Weilburg aus eine Erinnerung in das Intelligenzblatt der Allgemeinen Literatur-Zeitung Jahrg. 1790. Nro. 155.
S. 1280 eingerückt werden musste, dass in den meisten Staatscalendern von 1791 das Französische Haus
noch nicht nach der neuen Constitution abgefasst
ist und dass in den Berliner Genealogischen Calendern von 1791 dem Königlich- Grosbritannischen
Hause die katholische Religion beygelegt
wird. Nützlich ist auch die Aufnahme der vornehmsten unabhängigen regierenden Fürsten in den übrigen Welttheilen, z. B. des Kaisers von Marocco, des
grossen Moguls, des Tippo Saib, ohne jedoch dieses
auf die regierenden deutschen Reichsgrafen, auf
die Chefs der Freystaaten, auf landsässige Fürsten,
oder auf die im letzt verflossenen Jahre verstorbe-
nen fürstlichen Personen auszudehnen. — Bey
dem Geschlechts-Register zeigt sich übrigens vor-

züglich eine nachtheilige Folge der voreilig frühen Herausgabe in der Aufnahme der Verftorbenen und in dem Vacat der von neuem befetzten Für-ftenfitze. Diefes letztere war unter andern in vielen Verzeichniffen für 1791 der Fall beym deut-fchen Kayferthron, deffen Wiederbefetzungs-art doch auch fchon vor dem October 1790 ohne vielem Scharffinn hätte errathen werden können, und jenes beym König Friedrich II, der in den Regiftern von 1787 noch als lebend aufge-führt wurde.

DRITTE ABTHEILUNG.

Benutzung der Staatscalender.

Allgemeinheit ihres Nutzens.

Man mag die exiftirenden Staatscalender, wie
fie in der erften — oder die idealifchen, wie fie
in der zweyten Abtheilung gezeichnet worden, in
Betracht ziehen, fo ift ihr Nutzen eben fo mannichfaltig als wefentlich. Ohne Rückficht auf die Nutz-
anwendung, welche bey dem unermefslichen Umfange des menfchlichen Wiffens der Zufall oft in
den mittelmäfsigften Schriften darbietet — ohne
Rückficht auf die darin liegende Aufmunterung
zu Sprachkenntniffen — oder auf die Folgerungen,
welche man aus der mehrern oder geringern Zahl
von Männern in einem Staatscalender zieht, die eines
Schulenburg, Möllendorf, Heyne, Pütter,
Spalding, Rudloff Ruf in ihren Fächern haben
— ohne Rückficht auf die Goldgruben der oft beygefügten ftatiftifchen Anlagen, welche fich auf
längere Zeit durch alle Lieblingsbenennungen von
Magazin, Briefwechfel, Materialien,
Annalen, Staats-Anzeigen u. f. w. berg-
männifch austragen liefsen — kurz ohne diefe allge-
meinere Rückfichten gewähren fie im practifchen
Gebrauch und in wiffenfchaftlichen Nachforfchungen den vielfachften Nutzen.

Im bürgerlichen Leben.

Ueber ihre Benutzung in Geschäften des bürgerlichen Lebens bedarf es hier wohl keiner nähern Beweise. Wer je Briefadressen geschrieben, Visitencharten abgegeben, oder nur Zeitungen gelesen hat, kurz jeder nicht ganz isolirte und gebildete Mensch hat seinen Staatscalender fast wie seine Bibel. Für Postbeamte, für Reisende, für Minister Gesandte und Kaufleute, für die Canzleyen bey den Landescollegien und bey den Ritterorden sind sie unentbehrlich. Die einzelnen Veranlassungen zu ihrem Gebrauch in jedem andern Verhältnis kann man nicht berechnen.

In wissenschaftlicher Rücksicht.

Eben so mannichfaltig ist aber auch ihre Anwendung in wissenschaftlicher Rücksicht, ob sie gleich zunächst für diesen Zweck eben so wenig als Pitts Budget für die deutschen Compendienschreiber der Statistik abgefasst werden. Sie sind ein ergiebiger Schatz für das grosse Gebiet der Staatskunde im weitesten Umfange des Worts, und zwar liefern sie nicht blofs Hilfsmittel dazu, wie es deren so viele giebt, sondern auch ausschliefslich gewisse Materialien, welche mit ihnen keine andere Bücherclasse gemein hat. Diese letztere Ansicht verdient eine ausführlichere Darstellung; dahingegen ihre subsidiarische Benutzung schon bey den vorzüglichern Theilen der Staaten-

kunde, und zwar zuerft bey der Staatsgefchichte
und dann bey der fogenannten Statiftik, anfchaulich werden wird.

Bey der Gefchichte

a) des Staatsgebiets.

Als Hilfsmittel beym Studium der Specialgefchichte der Staaten betrachtet, geben Staatscalender die anfchaulichfte Kenntnifs von der poli-
fchen Ebbe und Fluth, von dem Wachsthum oder
der Abnahme, und von der Vereinigung der Staaten. Wenn zu Waldemars IV. Zeiten, deffen
Reich fich auf Falfter einfchränkte, ein Dänifcher Staatscalender exiftirt hätte — oder ein
Pfälzifcher, als noch dreyzehn Fürftenzweige
der Wittelsbachifchen Linie blühten — oder ein
Braunfchweig-Lüneburgifcher im Jahr
1569 — oder ein Ruffifcher unter Peter dem
Grofsen — würden auch da fchon Quartformat und
dicke Octavbände nöthig gewefen feyn?

Neben den hiftorifchen Hauptdatums der Gefchichte führen auch manche Artikel, z. B. die
Grenzberichtigungs-Commiffion im Berner Staatscalender, zu dem Studium der feinern Erdbefchreibung, und ftellen im allgemeinen nicht allein die
Verfaffung eines Landes anfchaulich dar, wie z.
B. die fieben Landfchaften im Chur-Braunfchweigifchen Staatscalender, fondern auch die einzelnen ftaatsrechtlichen Verhältniffe, Staatsdienftbar-

keiten, Gemeinfchaften u. f. w. Beyfpiele davon
geben die Reichspoften in den deutfchen Staaten, das Hannöverifche Poftamt im Osnabrückfchen Staatscalender, das Hamburger Domcapitel
im Dänifchen, die Solothurnifche und Neufchatel-
fche Commiffion im Berner u. f. w.

b) Der Fürften.

Die Folge fämmtlicher unter einem Fürften
herausgekommenen Staatscalender giebt einen
Commentar zu feiner Regierung, ein Bild feines
Geiftes und untrügliche Belege zur Schilderung
feines Charakters. Die Dauer oder die Abwechfelung, die Vermehrung oder Verminderung der
Departements und Aemter, es fey dem Titel, der
Form oder dem Wefen nach, zeigt wie viel Plan,
Confiftenz und Grundfatz in feiner Regierung war,
und befonders, ob fein Beförderungsfyftem fich
auf Geld, Herkunft oder Dienftalter, auf Plan oder
Willkühr gründete. Eine Parallele zwifchen dem
Hannöverfchen Staatscalender und andern — und
man prüfe. Diefen allgemeinen Blick nun auf
einzelne Rubriken zurückgeführt, auf Lotto-In-
fpection, Schuldenbezahlungs-Commiffionen, De-
bit-Adminiftrationen, auf interimiftifche Stellen,
die nicht das befte Vernehmen mit den Unterthanen anzuzeigen pflegen, was für Züge für den
Biographen! Das Zahlverhältnifs der Staatsbeamten
giebt Fingerzeige, ob der Fürft ftille oder pracht-
liebend war, und im letztern Fall, von welcher

Art Prachtliebe er befeelt wurde, ob Marftall oder
Hof, Jagd oder Militär (z. B. die Sardinifchen
Staatscalender feit 1775) die gröfsere Zahl oder die
Titel, fein Steckenpferd waren. Die Wahl, die Abwechfelung und der Aufenthalt feiner Gefandten
werfen Licht auf feine Staatskunft, auf fein Vernehmen mit der Nachbarfchaft und mit der Ferne,
und auf feinen politifchen Wirkungskreis. Das
treffendfte Beyfpiel giebt davon eine Vergleichung
der Gefandten von der Republik Pohlen und an
diefelbe in den Pohlnifchen Staatscalendern von
1790 und von 1792.

c) Der Einwohner.

Auf diefes hiftorifche Gemählde tragen auch
die Einwohner Farben; für die Gefchichte der Familien find Staatscalender ein wahres. Archiv, ein
Hilfsmittel zur Ahnenprobe, ein politifcher Ther-
mometer, welcher bald angenehme, bald misfällige
Erinnerungen gewährt. Ein Nahme, der in den
Staatscalendern der erften Hälfte des Jahrhunderts
unter den letzten Subalternen figurirte, vervielfältigt fich beym Anfange des fechsten Jahrzehends in den mittlern Sphären und zeigt im fie-
benten fchon Präfidenten und Geheimeräthe.
Im entgegengefetzten Verhältnifs finkt ein vornehmes Gefchlecht allmälig von feiner Höhe herab
oder entfernt abfichtlich fich aus dem Staatsdienfte.
Hier fucht eine Familie fich ein neues Vaterland,
wie z. B. vor einem Jahrhundert die Franzöfifchen

Religionsflüchtlinge und itzt der auswandernde
Französische Adel; dort verringert sich ein ehemals fruchtbarer inländischer Stamm, aus welchem
dem Ersten Könige Seines Hauses sieben Brüder zugleich in den vorzüglichsten Ehrenstellen dienten.
In diesem weltlichen Churfürstenthum zeigte
der Staatscalender eines Jahrzehends ehedem einen
einsilbigen Nahmen im Besitz der wichtigsten Stellen und itzt hat er diesen Nahmen fast ganz seinem
königlichen Nachbar übergeben. In jenem zählte
ein auch ohne Treuer's genealogischen Nachfor-
schungen bekanntes Geschlecht unter seinen Gliedern ehedem die vornehmsten Staatsbeamten, und
itzt erhält sich dessen rühmliches Andenken nur
noch im Kriegsdienst. Ein anderes, dessen Ahn-
herren das Verdienst der Erwerbung zweyer Herzogthümer gebührt, hat in eben diesem Staat zwar
noch ansehnliche Besitzungen, aber kein einziges
Amt mehr, und ein erhabener Abkömmling dessel-
ben lenkt itzt die politischen Verhältnisse eines Königreichs. — In einer grofsen Republik ist die wich-
tigste Ministerstelle schon im Besitz der dritten Ge-
neration, da hingegen in andern Staaten in eben
diesem Zeitraum ein ähnlicher Posten schon ein
dutzendmahl in andere Hände übergegangen ist.
Wie bey Familien, so bey den Ständen. Adliche und Adellose laufen hier von einem Ziele aus,
wenn anders erstere nicht gleich der Bequemlichkeit wegen ihre Laufbahn mit den ersten Staatsäm-
tern eröfnen. Aber im Fortschreiten trennen sie

fich fchon in den erften Jahren, und in einem Jahrzehend kommen fie in das Verhältnifs des Obern
und Subalternen. In dem einen Staat findet man
gewiffe Bürgernahmen blos in den Mittelbedienun-
gen und gewiffe blos im Subalternenftande; in dem
andern fitzen die Aefte eines Bürgerftammes un-
geadelt zugleich im Minifterium und am Copiften-
tifch; der fonderbaren Zufammenftellungen nicht
zu gedenken, nach welchen ein im letzten Staatscalender aufgeführter Sänger mit einemmal als Cammerdirector, ein Bereuter als Cammerrath, ein Li-
vreebedienter der Favoritin als wirklicher Regierungsrath erfcheint.

Bey dem Grade der Cultur eines Staats.

Zu Folgerungen über Religions-wiffenfchaftli-
chen und fittlichen Zuftand eines Staats liefern
Staatscalender ebenfalls einigen, wenn gleich nur
entfernten, Stof. Eine anerkannte Geiftlichkeit aus
mehrern Religionen, eine gleiche Beförderung der
verfchiedenen Religionsverwandten, und nahmentlich der Juden, zeigt Duldungsgeift; Profelytencom-
miffion, Judenzoll und Inquifitionsgericht aber Into-
leranz, und zwey deutfche Capellane bey der Capelle
zu Loretto Aberglauben an. Viel berühmte Nahmen
unter Profefforen und Schullehrern, gut organifirte
Anftalten für Wiffenfchaften, Künfte und Gewerbe
beweifen wiffenfchaftliche Cultur; mehrere Verfor-
gungsinftitute den Hang zur Wohlthätigkeit; eine

Schaar von Polizeybedienten, Concursouratoren
und Correctionsanftalten fpricht gegen die Sitten
und eine Anzahl von zwey und zwanzig Cenforen
gegen die Prefsfreyheit. Bey einer überhäuften Dienerfchaft, beym Indigenat oder bey der Leibeigenfchaft des Bauernftandes ift gewöhnlich wenig Indu-
ftrie, und beym arithmetifchen Uebergewicht des
Militärs oder der Geiftlichkeit weniger Achtung des
arbeitenden Standes. Eine übertriebene Aufhäu-
fung der Titel verräth Hang zur Eitelkeit; ihre un-
zweckmäfsige Wahl veranlafst fchwankende Begriffe; ihre Uebereinftimmung mit dem Beruf und
gänzliche Entfernung von Ritterorden und andern
Ehrenzeichen, wie im Hannöverifchen, beweifct
eine edle Simplicität.

In diefen Titeln zeigt fich auch die Cultur der
Sprache in unfern deutfchen Staatscalendern. Ex-
tramenfcher, Landesnothdurfts - Deputirte und Ehegebrechsräthe find Provincia-
lismen, und Protonotarius, Pauperhäufer,
Cuftos, Specialis, Actuarius u. f. w. noch
beybehaltne fremde Worte, die man kaum dulden
follte. So viel Wahrheit in dem Titel eines zu-
rückgerufenen Gefandten: *Confeiller privé de legation*
liegt, fo viel Zweydeutigkeit ift in dem eines Auf-
fehers gegen Contrebande, der geheimer Com-
merzienrath genannt wird. Auch bey den
Tauf- und Familiennahmen kann fich der Sprach-
forfcher befchäftigen, den Wohlklang der Italiänifchen mit dem Pomp der Spanifchen; mit dem He-

roifchen der Schwedifchen, mit dem Komifchen
der Niederländifchen, mit dem Celtifchen Laut der
Irländifchen und dem Sächfifchen Laut der Englifchen, mit der Verfchiedenheit des Slawifchen und
des Deutfchen Urfprungs bey den Nahmen in
Deutfchland, und endlich mit der Härte der Schwei-
zerifchen und Pohlnifchen vergleichen, unter den
Deutfchen wieder die Provinzialeigenthümlichkei-
ten auffuchen, und bey allen über Etymologie,
Bedeutung, Verfeinerung und befonders über Sy-
nonimen viele Beobachtungen fammeln. Amt-
mann, Amtsrath, Oekonomierath, Amts-
verwefer, Amtsvoigt, Amtskeller, Schult-
heifs, Gräfe, Pfleger, Landvoigt, Landrichter, Droft, Gerichtsfchulze, Schöffe,
Schaffner, Kaftner bezeichnen in Deutfchland
oft diefelbe Charge, und felbft manche Collegien
führen Nahmen, welche ihre Hauptgefchäfte unkenntlich machen.

Bey dem phyfikalifchen Zuftande.

Im allgemeinen läfst fich auch der phyfikalifche
Zuftand eines Landes aus Staatscalendern abnehmen, z. B. ob Chauffeen, groffe Forften, viel Wild,
Salzquellen, Bergwerke, Ströhme darin find, oder
ob irgend ein merkwürdiges Product darin erzeugt
und veredelt wird. Die Queckfilber-Admi-
niftrations-Hauptcaffe im Oefterreichifchen
Staatscalender, die Auffeher über die Rü-
dersdorfer Kalkfteinbrüche im Brandenbur-

gifchen, die vielen Bergwerksbeamte im Naf-
fau-Dillenburgifchen, das Erbausfergen-Amt
im Salzburgifchen, die·Auffeher der Gold-
minen im Spanifchen, die Pontonniers im
Holländifchen, find davon einleuchtende Beyfpiele.

Bey der Staatswirthfchaft.

Eine intuitivere Darftellung geben Staatscalender von der innern Staatsökonomie und veranlaffen
wichtige Schlüffe über deren verfchiedene Syfteme
und über die Leichtigkeit und Schwierigkeit in der
Regierung einzelner Lande. Unter andern zeigt
der Ruffifche Staatscalender eine Einheit im Ganzen und eine Einfachheit der Aemter in den.ver-
fchiedenen Statthalterfchaften, wodurch diefe koloffalifche Monarchie feft zufammen gehalten und
leichter überfehen wird. Nicht fo der Oefterreichifche, weil Jofeph II. diefen grofsen Zweck nicht
erreichen konnte; noch weniger aber der Holländifche, wo unter andern fünf von einander unab-
hängige Admiralitätsgerichte die Auffficht des See-
wefens erfchweren. In dem einen Staat ift vielleicht das Licent- und Accifefyftem, in dem andern Kopffteuer, Stempelpapier, oder Phyfiokra-
ismus. Hier werden politifche und Finanzfachen
bey einer Landesftelle (wie z. B. ehedem bey der
Böhmifch-Oefterreichifchen Hofcanzley in Wien)
betrieben, dort find zwar letztere getrennt, aber
die Einnehmer der öffentlichen Einkünfte nicht nach

Domänen, Regalien und Steuern abgefondert, fondern alles mit den Chatullgütern zufammen geworfen. In dem einen vergröfsert die Mannichfaltigkeit der Steuern ihre Laſt und Anzahl, wie ehedem
in Frankreich; in dem andern findet man mehr
Controlleurs als Caffirer. Hier werden die Cam-
mergüter verpachtet, dort adminiſtrirt; hier die Regalien zu Lehn verliehen, dort von landesherrlichen Auffehern benutzt. — Noch deutlicher wird
diefes in den Stamm- und Ranglisten des Militärs.
Die Französischen zeigten z. B. wie die Armee mit
den Garnisonen beständig abwechfelte; die Preuffifchen enthalten den ganzen Abrifs der Cantonver-
faffung, und andere das Syſtem der in- und ausländifchen Werbung.

Bey der politifch-statiftifchen Arith-
metik.

Mit der Mannichfaltigkeit des fubfidiarifchen
Nutzens vereinigen die Staatscalender noch aus-
fchlieſslich in fich die Materialien zu einem Theile
der Staatskunde, welcher noch nicht nach Ver-
dienſt gewürdiget worden. Es iſt zwar jetzt die Epoche des Rechnens in der Staatskunſt, in der Gefchichte und Staatenkunde und die dahin zielen-
den Speculationen und Debatten find Hauptchara-
ter unfrer deutfchen Litteratur. Ungeachtet nun der
eine Staat mehr als der andere bearbeitet iſt, der
Preuſsifche ungleich beffer als der Churbraunfchwei-

gifche, Trierfche oder Cöllnifche: fo hat man doch
wenigſtens die erſten Hauptdata von allen gefammelt, die Volkszahl und den Flächeninhalt, nebſt
dem Ertrage der Quadratmeilen, das Verhältnifs der
verfchiedenen Arten von Grundſtücken, die Feuer-
ſtellen, die Einkünfte und einzelnen Claſſen von
Ausgaben. Selbſt der jährliche cameraliſtifche
Werth eines jeden Menfchen iſt mit mehr oder weniger Zuverläfsigkeit berechnet, der des Englän-
ders auf $10\frac{1}{4}$ Rthlr., des Preufsen auf $3\frac{1}{2}$ Rthlr., des
Kirchenſtaat - Bewohners auf $\frac{7}{8}$ Rthlr., und man
weifs, der wievielſte Menfch, Schriftſteller, ver-
heirathet, Weib, oder Kind iſt; kurz das Leblofe
und Lebende iſt der gröbern hiſtorifchen und ſta-
tiſtifch - politifchen Schätzung unterworfen worden.
Allein mit Rückficht auf das Amt im
Staate iſt diefe Arithmetik noch wenig betrieben
und, die Geiſtlichen und den Soldatenſtand allein
ausgenommen, iſt man in die feineren Unterfuchun-
gen des Zahlenverhältniſſes der verfchiedenen Claffen und Stände noch nicht hineingegangen. Wie
nützlich dadurch das Feld der Staatskunde erweitert werden würde und wie diefe Nachforfchungen
jedem Staat eine ganz neue Phyfionomie geben
würden, bedarf wohl keines Beweifes. Man ziehe
nur Parallelen zwifchen der Monarchie und der
Republik (Dännemark und Holland,) dem geiſtlichen Staat und dem weltlichen (Chur-Maynz und
Heffen-Caffel, Chur-Cölln und Wirtemberg) dem
catholifchen und dem proteſtantifchen (Bayern und

der Churmark Brandenburg,) dem militärifchen
Staat und dem handelnden (Preufsen und England,)
der Infel und dem feften und befonders einem mit
vielen fremden Territorien durchfchnittenen Lande (Grosbritannien und Pohlen, Hildesheim und
Lüttich) zwifchen der Ariftokratie und der Demo-
kratie (Bern und Glarus) und zwifchen dem deutfchen Bisthum mit der deutfchen Reichsftadt (Fulda mit Hamburg). Kurz man vergleiche die einzelnen Staaten, in fo fern fie fich in Anfehung der
Bevölkerung, der Einkünfte oder des Flächenin-
halts nähern und zugleich in der natürlichen Lage,
in der Verfaffung und befonders in Rückficht auf
die Finanzfyfteme, contraftiren. Alsdenn die in
den fo reichlich gefüllten Magazinen der Statiftik,
wovon *Meufel* in feiner *Litteratur der Statiftik* das
Verzeichnifs geliefert, enthaltenen Nachrichten
über Volksmenge, Befoldungen u. f. w. forgfältig
geprüft und benutzt — welche herrliche Refultate
über die mannichfaltigften Zweige der Staatenkunde! So zum Beyfpiel über die Koften der Adminiftration nach Verfchiedenheit der Regierungsform,
über den Vorzug diefer oder jener geographifchen
Lage, den Werth der mannichfaltigen Finanzfyfteme, über das Verhältnifs der Art der Gefchäfts-
führung zur Zahl des Perfonals, über die zu grofse
Menge der Univerfitäten und lateinifchen Schulen
in Rückficht auf die Anzahl derer, welche fich zu
Aemtern vorbereiten; insbefondere auch beym
Kriegsftaat, über die Epochen von deffen Vermehrung

rung feit 1748 über die Unverträglichkeit der Mönchskutte mit der Uniform, über den Einfluß des militärifchen Uebergewichts auf Landbau, Fabriken und bürgerliche Gewerbe.

Allein man verliert fich in dem Gedränge aufkeimender Begriffe und voreiliger unreifer Schlüffe, wenn man nicht *Meufels* Fleiß, *Schlözers* ftatiftifche Beurtheilungskraft, und *Spittlers* diplomatifche Genauigkeit und Vorficht, und überdem eine allen dreyen eigene ausgebreitete Kenntnifs der Staaten damit verbindet. Durch unbedachtfame Verbreitung unrichtiger Zahlen und Refultate würden diefe Nachforfchungen für die Wiffenfchaft fogar fchädlich werden. Nicht alle dazu erforderlichen Notizen ftehen in den Staatscalendern; der eine ift nach diefem Maafsftab zugefchnitten, der andere nach jenem und nur wenige find in einzelnen Artikeln fo vollftändig, dafs man fich dabey beruhigen kann. Gefetzt aber auch, dafs die arithmetifche Zahl fich darin befände, fo find doch die jährlichen Abwechfelungen und die vielfachen Bedeutungen der Amtsbedienungen darin nicht erklärt, noch die Exiftenz, die Art der Befoldung, die wirklichen Functionen oder die eigentlichen Amtsverrichtungen dabey angezeigt und erläutert. Bald find die heterogenften und wichtigften Stellen nur einmal bey einer Perfon; bald unzertrennliche Zweige eines Amts viermal unter demfelben Namen angegeben. Hier ift eine ganze Seite von Staatsbeamten, welche nur um den vierten Theil

E

ihrer Zeit und Einkünfte dem Staate dienen, übrigens aber von Handwerken, vom Handel und vom Gewerbe leben; dort kommt ein Dutzend nicht befoldeter Beamten vor, welche alfo für gewiffe Refultate Zeros find. Hier ift ein Bürgerlicher, dem das Patriciats-Von das Anfehen eines Adlichen giebt, dort ein freyherrliches Gefchlecht, welches bey der Publicität feiner Ahnenprobe es nicht der Mühe werth hält, das Von beyzufügen. Da mufs man addiren, abziehen und alle vier Species anzuwenden wiffen. Nur zum Beyfpiel der Multiplication die Beamten im Hannöverifchen, welche zugleich Räthe erfter Inftanz, Einnehmer der Churfürftlichen Domanialgefälle, Kirchencommiffäre, Recrutenbeeidiger und Domänenpächter find. Wenn aber auch diefes in einigen Staatscalendern fyftematifch und genau angegeben, und das Factum alfo vollftändig da wäre, fo kömmt es auf die Refultate an, und von diefen fetzen viele eine folche genaue Kenntnifs des Landes voraus, wie fie faft nur der eingebohrne Gefchäftsmann zu erlangen pflegt. Natürliche und politifche Lage, Zufammenflufs von Rechten und Pflichten, und die mannichfaltigften Verhältniffe können hier den Anfchein des gerechteften Tadels geben, wo der Statiftiker Wohlgefallen haben follte. Nicht alles läfst fich berechnen, nicht jede Berechnung verträgt fogleich das Licht; und ein zu weit und zu öffentlich getriebener Entdeckungseifer würdigt vielmehr das Studium der Staatskunde herab. Eben daher ift

die folgende Ausführung nicht sowohl dazu beftimmt, um einen Vorrath von Materialien auszu-
kramen, der noch Jahre lang im Schreibpulte reifen mag, fondern blos nur den Nutzen der Staatscalender von diefer Seite anfchaulich zu machen.
Sie enthält blos runde Zahlen, die überdem nicht allein aus Staatscalendern gezogen find, ohne Refultate und ohne Anfpruch auf die möglichfte Genauigkeit.

Dienender und nicht dienender Stand.

Das wichtigfte und allgemeinfte Datum ift das
Zahlverhältnifs der gefamten Dienerfchaft zu den
nicht dienenden — des Wehrftandes vom Leder
und von der Feder zu dem Nehrftande. Der eine
Factor ift bey allen Staaten ziemlich authentifch bekannt, der andere faft bey keinem.

Der Heffen-Caffelfche Staatscalender
enthält etwa 3550 verfchiedene Nahmen; die Zahl
der Unterofficiers und Soldaten mag 13500 Mann be-
tragen und die Anzahl der im Staatscalender nicht
mit aufgeführten geringern Civilbedienten vielleicht
250; das Ganze alfo 17300. Die Volksmenge beträgt etwa auf 268 Quadratmeilen 420,000 Seelen, davon die Hälfte für das weibliche Gefchlecht und
Kinder. Alfo bleiben 210,000 in diefer Rückficht
dienftfähige Menfchen übrig, auf deren Arbeit der
Unterhalt von jenen beruhet. Dem Anfchein
nach ift hier ein Mifsverhältnifs, wodurch die ar-
beitende Claffe immer mehr veranlafst wird, durch

E 2

den Dienſt in die Zahl der Eximirten zu dringen.
Im Oeſterreichiſchen wird itzt das Perſonale
der hohen und niedern Dienerſchaft wiederum ſehr
zahlreich; im Pfälziſchen war es ſchon lange
im übertriebenen Verhältniſs zum nicht dienenden
Stande; auch im Chur-Cöllniſchen, wo ohne
Militär, ohne das ſogenannte Stollamt und die
Livreebedienten, von einer General-Einnahme von
3 — 400,000 Rthlr. 85,000 allein an Salarien abgegeben werden. Der Hannöveriſche Staatscalender enthält etwa 7200 Nahmen; dazu etwa
15000 Mann regulirte und 7000 penſionnirte an Un-
terofficieren und Soldaten, die nicht darin ſtehen,
überdem mehrere hundert Kirchen- Schul- Amts-
Jagd- Zoll- und Forſt-Unterbediente auf 850,000
Menſchen und 513⅘ geographiſche Quadratmeilen.
—Im Staatscalender der Reichsſtadt Augsburg
überhaupt etwa 414 Perſonen, dazu die unterſten
Subalternen und das Ganze auf 35000 Einwohner.

Prinzen.

Das mit den Staatscalendern ſtets verbundene
Geſchlechtsregiſter des regierenden Hauſes führt
noch zu einer Berechnung, welche dem Zahlver-
hältniſs der Stände und einzelnen Claſſen in der
Dienerſchaft vorangeht — zu der Anzahl der
Prinzen. Der Staat iſt eine Pyramide, ſagt Mö-
ſer (Patriotiſche Phantaſien. Th. 2. Nr. LVI.) die
alsdenn ſchön iſt, wenn ſie auf einem guten Grunde
ruhet und nach der Spitze zu dergeſtalt abnimmt,

dafs das unterfte das oberfte völlig, aber auch mit
der mindeften Befchwerde, trägt. Die Spitze diefer Europäifchen Pyramide beftand ohne die regierenden Fürften und Fürftinnen und vor der Erhebung des Auersbergifchen Haufes blos an itztlebenden Abkömmlingen und Seitenzweigen derfelben in etwa 660 Köpfen. Hier ift noch alles fo
ziemlich in gehörigem Verhältnifs, weil Rufsland,
Schweden, Churpfalz u. f. w. im Betracht ihrer
Volksmenge davon zu wenig tragen. Aber bey
der Abfonderung der Staaten glaubt man auch hier
das Gefetz der Natur wieder zu finden, dafs die
Aermern die meiften Kinder haben. Wo vollends
die apanagirten Prinzen eines apanagirten Haufes
unbedingt, alfo ohne Rückficht auf ftandesmäfsige
Erhaltung, fich vermählen und ihre Einkünfte in
fremden Dienften und aufserhalb Landes verzehren
können, da wird deren Unterhalt, Apanage, und
Ausfteuer dem Staat zur drückenden Laft und da
giebt es Recruten für den Civil- und Kriegsdienft
gröfserer Mächte, vom Oefterreichifchen an bis
zum Schwedifchen, ja in der Zukunft vielleicht
felbft für gefandfchaftliche Poften; da find unftan-
desmäfsige Heirathen unvermeidlich.

Ein jeder mag für fich felbft davon die Anwendung machen; hier blofs ein Beyfpiel göttlichen Se-
gens, aus welchem nur einige Folgerungen fliefsen.
Der Heffifche Staatscalender von 1791 zeigt 86
Mitglieder der landgräflichen Häufer; alfo kommt
auf 7000 Heffen eine Heffifche Durchlaucht.

E 3

A d e l.

Die Berechnung des Zahlverhältniſſes des Be-
amtenſtandes zu dem arbeitenden lenkt die Nach-
forſchung bald auf die verſchiedenen Stände und
Claſſen in der Dienerſchaft und insbeſondere auf
die Fragen: der wievielſte Diener von Adel
iſt? und wo ſich dieſer vom Bürgerſtande
ſcheidet? So ſehr darin die Staatsverfaſſungen
von einander abweichen, ſo iſt es doch bey der
Concurrenz des Zufalls und der Umſtände ſchwer,
darüber Reſultate zu ſammeln. Der eine Staatscalender zeigt das von auf allen Seiten, ſelbſt im
geiſtlichen Stande; der andere beweiſet den Beſitz-
ſtand der Bürgerlichen in den meiſten Claſſen. Vom
zahlreichen Meklenburg - Schwerinſchen
Adel, aus welchem 112 recipirte Familien 671 rit-
terſchaftliche Hauptgüter beſitzen, dienen, wie der
Staatscalender zeigt, verhältniſmäſig zu wenige
dem Staat; ſchon häufiger der alte und zahlreiche
Maynziſche und der Churſächſiſche Adel.
Der Reichsſtadt - Regensburgſche Staatscalender zeigt im Magiſtrat faſt keine von den alten
Patricierfamilien; deſto mehr der Ulmſche und
auch der Augsburgſche, wo ſelbſt die vierzehn
in den Rath aufgenommene Bürgerlichen von den
wichtigſten Nebenämtern ausgeſchloſſen ſind. Wo
ein prachtliebender Landesherr zugegen und alſo
ein ſtandesmäſiger Hof, oder ein zahlreicher Kriegsſtaat iſt, da ſchränkt ſich der dienende Adel auf

diefe beyden Claffen ein, wenn auch gleich der
Bürger nicht ganz von den Officiersftellen ausgefchloffen ift, und nur ungern tritt er in den feinen Begriffen nach weniger ehrenvollen Civilftand.
Der Heffen - Caffelfche Staatscalender von
1791 zeigt unter 686 Officieren und Kriegsbedien-
ten etwa 300 Edelleute, obgleich der Adel nicht
zahlreich ift. Ehedem waren wegen des Syftems
des vorigen Landgrafen, der fchnellen Beförderung, und der Hereinziehung von Ausländern
noch weit mehrere, dahingegen itzt mehr Unterofficiere vom Bürgerftande befordert werden, und
überhaupt der letztere mehr begünftigt wird. Im
Preuffifchen und Sächfifchen Militär ift
bis auf die Artillerie- und Garnifonregimenter jeder Officier von Adel und wird für den Zuwachs
durch die landesherrlichen und Vicariats-Standes-
Erhöhungen hinlänglich geforgt, deren Menge
Pohlen in neuern Zeiten nur allein übertroffen
hat. Für den Deutfchen und den Johanniteror-
den giebt es verhältnifsmäfsig die meiften Recruten
im Hannöverifchen Staatscalender, weil feit
1689 etwa nur 90 inländifche Familien erhöhet und
dagegen die Stammbäume des fruchtbaren alten
Adels forgfältiger, als itzt in Frankreich, aufbe-
wahrt werden. Deffen ungeachtet findet man im
neueften Staatscalender zwar bey den regulirten
Truppen 23 Staabs- und 455 Oberofficiere vom Bürgerftande, aber eben deshalb, und da nur etwa 50
Adliche zur Zeit beym Hofftaat verforgt werden,

mufs fich der Adel wohl in folche Stellen drängen,
die eigentlich nicht für ihn beftimmt find, oder
mit andern Worten, wobey keine conventionelle
Art und Weife des Betragens erfordert wird, wie
fie nur die grofse Welt und die Kenntnifs der
Höfe giebt.

Ausländer und Weiber.

Eben fo belohnend ift die Unterfuchung, wie
fich die Zahl der Ausländer zu der inländifchen
Dienerfchaft verhalte. Zwar ift diefes nicht ausdrücklich bezeichnet, allein die Eigenthümlichkeit der Nahmen und die Kenntnifs der Familien
erfetzen leicht diefen Mangel. Ohne Rückficht
auf die auffallenden Beyfpiele von den Befitzungen der Europäifchen Mächte in andern Welttheilen, wo' z. B. die Holländifch - Oftindifche
Compagnie nur 2663 Inländer und 19192 Eu-
ropäer im Dienft hat, liefert felbft die Europäifche
Statiftik davon mehrere Misverhältnifse. Man be-
rechne nur die Französifchen, Sächfifchen
und andere ausländifche Nahmen in dem
Preufsifchen Staatscalender, und den Oefterreichifchen Adel im Salzburgifchen. Auch das
fchöne Gefchlecht kann man diefer Berechnung unterwerfen — denn im Pfälzifchen Damencalender ftehen davon allein 332.

Civil- Geiftlicher und Kriegs-Staat.

Die drey Hauptclaffen einer jeden Dienerfchaft find bekanntlich der weltliche, der
geiftliche und der Soldatenftand. Von
den beyden letztern find die runden Zahlen am
bekannteften und auch am leichteften zu berechnen, allein in dem erften ift wegen der Mannichfaltigkeit der Unterabtheilungen und wegen
der Vieldeutigkeit der Benennungen die Berechnung fchwerer.

Den Chur - Sächfifchen Landen giebt
man etwa 7232 Civilbediente auffer dem Bergbau,
2135 Landprediger und Schullehrer und 30,000
Mann Soldaten. — Im Heffen - Caffelfchen
kann man auf 100,000 zum Kriegsdienft fähige
Perfonen 14,000 faft fämtlich aus dem Lande re-
crutirte Soldaten rechnen, und überdem find die
meiften Bauern exercirt; folglich ift der fiebente
Menfch Soldat ohne die dienftfähigen Burfche
zu berechnen, welche die Werbungsart auffer Landes treibt. Im Hintergrunde diefes militärifchen
Gemähldes erfcheinen, dem Staatscalender zufolge, nur 546 Pfarrer, von denen fehr viele Filiale
haben und nicht gut bezahlt find; und 2318 Civilbediente. — Hannover hat etwa 840 Geiftliche
auf 750 lutherifche Kirchen; und überhaupt 1325
Perfonen, die man zum Kirchenftaat zu rechnen
pflegt, und 21,000 Mann Truppen. — Im Wir-

E 5

tenbergifchen find 618 lutherifche Kirchenämter
und 50 Diaconen, überhaupt aber 2684 Geiftliche
mit Einfchlufs der Stipendiaten und Schullehrer.
— In der Reichsftadt Cölln 2500 Geiftliche auf
27,000 Einwohner und 6,000 Handel - und Ge-
werbtreibende Bürger. — In Bayern ift der
163fte Menfch Geiftlich und in den gefamten Staaten des Churfürften beträgt deren Anzahl 7300. —
Das Hochftift Augsburg hat 1500 Ordens-
geiftliche und 866 Nonnen, und 40 Perfonen im
Domcapitel. — In Frankreich wurden ehedem
366,264 zum geiftlichen Stande gerechnet. — Und
endlich, um auch ein auffer - Europäifches Beyfpiel
einer geringern Miliz zu geben, in den vereinigten
Staaten von Nord - America find itzt nur 8,000
Mann regulärer Truppen auffer der enrollirten
nicht dienftthuenden Miliz.

Hohe und niedere Dienerfchaft.

Zu allen diefen erwähnten allgemeinen Angaben würde man vielleicht auch ohne Staatscalender gelangen können; aber nicht fo leicht zu den
feinern ftatiftifchen Schätzungen, welche in das
Innerfte einer jeden Verfaffung greifen. Dahin
gehören die Verhältniffe fowohl der höhern Dienerfchaft zur geringen, als insbefondere der verfchiedenen Unterabtheilungen in jeder Claffe.
Der Schaft jener Pyramide, womit *Möfer*
den Staat fo fcharffinnig vergleicht, wird unförm-

lich, wenn die hohe Dienerfchaft fich am Halskra-
gen zu fehr vermehrt, wenn fich alle Kräfte nach
dem Kopf ziehen, und den untern Theil muthlos
laffen; hingegen giebt ein richtiges Verhältnifs
von beyden Stärke und Feftigkeit. — Der Hannöverifche Staatscalender von 1791 giebt auf 16,000
Mann Feldtruppen, 26 Generale, 440 Staabsofficiere und Capitäns und 609 Subalternofficiere, und
auf 5,000 Mann Landmiliz und Garnifonregimenter, 88 Staabsofficiere und Capitäns und 116 Subalterne. Der Heffen - Caffelfche zeigt 686 Officiere und Kriegsbediente; der Spanifche 182
Marechaux de Camp; der Ruffifche von 1789
204 Generale und 613 Majors; der Preufsifche
auf 1920 Gemeine der Infanterie, 55 Oberofficiere;
der neuefte Französifche auf 53 Infanteri-
ften, 3 Officiere; der Holländifche auf 42,000
Mann, 86 Officiere vom Generalftaabe und 309
vom Etatmajor.

Diefe Berechnung des Militärs läfst fich auch
auf die Geiftlichkeit und den Civilftand anwenden.
Im Pfälzifchen Staatscalender 300 Pfründen in
hohen Domftiftern, 190 beym Geheimenrath, 146
bey dem Hofrath und den Regierungen, 246 bey
der Hofcammer; im Spanifchen 91 Erzbifchöfe
und Bifchöfe; im Hannöverifchen 7 Gene-
ral- und 55 Specialfuperintendenturen; im Wir-
tenbergifchen 4 General - und 38 Superintendenten; Und endlich — der Hauptgrund des jetzigen Verfalls der Holländifch - Oftindifchen

Compagnie — 75 Directeure auf eine mäfsige Anzahl von Subalternen.

Finanz- und Juftizbeamte.

Eben fo intereffant und practifch ift die Unter-
terfuchung des Verhältniffes in den Unterabtheilungen jener drey Hauptclaffen; nahmentlich im
Civilftand, und zwar bey den Finanzbedien-
ten. Im Heffen - Caffelfchen Staatscalender
ift die grofse Zahl von 1003 Cameral - Steuer - Jagd-
Forft - und Bergbeamten auf 1600,000 Rthlr. Einkünfte, welche nicht einmahl durch das verwik-
kelte Accifefyftem, fondern in Contributionen und
Landesfteuern erhoben werden, oder als Domänen-
gefälle eingehen. Sollten die bekannten mittelbaren
reichen Proprietäre in Pohlen und Rufsland wohl
fo viel Köpfe gebrauchen? — Der letzte Magdeburg - Halberftädtfche Staatscalender enthält
allein 450 Accife-und Zollbediente; — Der Hannöverifche etwa 2400 Nahmen unter diefer Rubrik
mit Einfchlufs von 440 Beamten und Stadtmagifträ-
ten. In Frankreich waren ehedem 35,000 eigentliche Finanzbediente, welche 58 Millionen Livres
Erhebungskoften auf 170 Millionen Thaler Einkünfte unter fich theilten.

Eine noch leichter zu berechnende Claffe
find die Juftizbeamten. Im Heffen - Caffelfchen Staatscalender 740. Vor der Combi-
nirung und der Einziehung mehrerer Stellen war

die Zahl gröſser; obgleich itzt mehr unbeſoldete
Aſſeſſoren bey den Collegien ſind. — Im Hannöveriſchen etwa 440 auſser den Beamten, Magiſträten und den Patrimonial-Gerichtsverwaltern.
Im Preuſſiſchen lieſse ſich ſo gar ihr Verhältniſs zu der aus des Hrn. Geh. Juſtizraths *Klein*
Annalen bekannten Zahl der jährlich beym Cam-
mergericht in Berlin beendigten Proceſſe berechnen; und damit die Anzahl der aus dem Wetz-
larſchen Staatscalender bekannten cammergericht-
lichen Urteln vergleichen.

Lehrer, Hofſtaat.

Auch das Verhältniſs der Lehrer zu den Ler-
nenden läſst ſich daraus abnehmen. Im Heſſiſchen Staatscalender 284 Lehrer bey lateiniſchen
Schulen und den Akademien zu Marburg und Rin-
teln, von welchen die meiſten aus Fundationen
bezahlt werden. Im Hannöveriſchen etwa
350 mit Einſchluſs der Bibliotheken und litterariſchen Anſtalten, wovon allein 48 Profeſſoren und
85 Docenten und Univerſitätsverwandte für Göttingen abgehen. Im Wirtenbergiſchen zwey
Akademien und funfzig lateiniſche Trivialſchulen
für 600,000 Menſchen.

Beym Hofſtaat iſt die Verſchiedenheit am
auffallendſten. Im Heſſiſchen Staatscalender
die eingeſchränkte Zahl von 318 nebſt mittelmäſ-
ſigen Beſoldungen. Im Hannöveriſchen 304,

weil der Landesherr abwefend ift; dagegen im
Churpfälzifchen 340 Ordensritter und 2150 Hofbediente — in Rufsland 1487 Ritter aller fechs Orden aufser den Trägern öffentlicher Ehrenzeichen.

Penfionnäre, Inländer u. f. w.

Diefe Berechnungen laffen fich ins Unendliche
vervielfältigen. So würde eine Vergleichung der
Penfionnäre mit den Einkünften und der Zahl
der Dienerfchaft fich reichlich belohnen; z. B. in
Holland 2200 reducirte Beamte, im Hannöverifchen 227 penfionnirte Ober- und etwa 7000 Unterofficiere und Soldaten. Ferner im Militär die
verfchiedenen Arten von Truppen; 3297 Seefah-
rer, gegen 10234 Landtruppen und 928 Artilleriften im Dienft der Holländifch-Oftindifchen Compagnie. Ferner 1350 Doctoren und Chirurgen in
Holland; 8337 Bergbediente und Arbeiter im Chur-
fächfifchen Erzgebirge, 2096 Kayferlich-Ruffifche
Stallbediente, 63 aufgefchworne adliche Mitglieder
der Landfchaft im Herzogthum Weftphalen und
138 beym Perfonale der Chur-Braunfchweigifchen
Landfchaften, 131 Confule und Vice-Confule im
Spanifchen, 276 Handlungsbediente beym Eta-
bliffement zu Bengalen und 1647 in den Holländifchen Befitzungen in Oftindien — das find
einzelne dem Anfchein nach unbedeutende Zahlen, welche durch Vergleichungen aber ihren
Werth bekommen.

Wie, viel Vortheil endlich die Eingebohr-
nen in den Refidenz- und Handelsftädten vor denen in den Provinzen und Landftädten in Anfehung der Gelegenheit zur Erziehung und Verforgung haben, mag das Beyfpiel von Berlin zeigen,
wo auf 140,000 Menfchen und 9695 Häufer 3133
von Civilämtern, alfo eben fo viel als in manchem
grofsen Fürftenthum leben. In der Hauptftadt Osnabrück find 494 auf 6000 Einwohner, in Rom allein
2936 Priefter, in Wien 3080 Beamte auf 255,000
Einwohner und auf 5485 Häufer, und in Petersburg gehören allein (1790) 40800 Menfchen zum
Militär und 3265 Perfonen männlichen Gefchlechts
zu den Erziehungs-Inftituten auf 218,000 Menfchen.

Mifsbrauch der Staatscalender.

Gegen eine fo mannichfaltige nützliche Anwendung kann wohl der Mifsbrauch nicht in Betracht kommen, welchen unbefcheidene Lotterie-
Collecteure, ruhmfüchtige Schriftfteller und gierige
Stifter geheimer Gefellfchaften von Staats- und
Adrefscalendern zu machen pflegen. Von dem
Unfug und der Unverfchämtheit des Zufendens
unfrankirter Briefe mit Planen und Loofen hat jeder Gefchäftsmann gewifs fchon die Erfahrung gemacht, und allenfalls könnte der Neuling die Theo-
rie in mehrern Journalen ftudiren. *) In Deutfch-

*) *Beneken Jahrbuch für die Menfchheit* (1790) 1 St.
S. 1 - 24. *Journal von und für Deutfchland* (1790) 4 St.
S. 352.

land ift noch itzt das Beyfpiel des berüchtigten *Groffing* und feines Gefahrten *Jahn* bekannt, die in Offenbach viele Staatscalender zufammen- borgten, um zu ihrer Damengefellfchaft Hofcava- liere und Gefellfchaftsfräulein anzuwerben.

———————

VIER-

VIERTE ABTHEILUNG.

Specialgefchichte und Bibliographie der allgemeinen Staatscalender in Europa.

Einleitung zu diefer, der fünften und fechften Abtheilung.

Den beften Commentar zu den vorhergehenden drey Abtheilungen giebt die Specialgefchichte und Befchreibung der fämtlichen Staatscalender, und daher ift die Aufftellung einer fo wenig bekannten Bibliothek diefem und den folgenden Abfchnitten vorbehalten worden. Vier Forderungen kann dabey eine ftrenge Kritik aufftellen, Vollftändigkeit, Neuheit, gute Anordnung und zweckmäfsige Beurtheilung.

Bey den unendlichen Schwierigkeiten, welche ein folcher Apparat verurfacht, würde die erftere unbillig feyn. Bey der ausdauerndften Fortfetzung fchriftlicher und mündlicher Nachforfchungen würde ein Privatmann fie nie befriedigen können, und felbft die hier angezeigte Sammlung würde ohne diplomatifche und ausgebreitete gefellfchaftliche Verhältniffe nie fo anfehnlich geworden feyn.

Eben fo ungerecht wäre es, eine gleiche Neuheit aller Staatscalender zu verlangen, da folche fich mit jedem Jahre ändert und mehr für den practifchen Gebrauch, als für eine litterarifche Beurtheilung erforderlich ift.

F

Die Anordnung betreffend, fo waren zwey
Methoden möglich, von welchen eine jede ihre
eigenthümlichen Vorzüge hat; die eine nach der
Folge von Staaten, die andere nach der Verfchiedenheit des Inhalts, in Rückficht auf die Stände,
den Kriegsftaat, die Handlung, die Geiftlichkeit
u. f. w. Die erftere vereinigt aber mehrere Vortheile
in fich; daher find die allgemeinen Staatscalender als eine dem Zweck und der Structur
nach ganz verfchiedene Bücherclaffe in einer befondern Abtheilung beurtheilt. Auf diefe kommen die Staatscalender von den einzelnen Staaten
aufser Deutfchland, deren Folge fich ganz nach politifcher und Perfonalverbindung, und nicht nach
der geographifchen Lage, noch nach dem Range
ihrer Beherrfcher richtet. Der Grund diefer Abtheilung ift zwiefach. Eines Theils find oft alle
Nebenländer, oder alle eine gemeinfchaftliche Sprache und Verfaffung habenden Staaten, ungeachtet
ihrer getrennten Lage, in ein Volumen zufammengefafst worden, wie z. B. die Staaten der Könige von Spanien und England, oder der Schweiz,
und hier war eine Abfonderung unmöglich. Andern Theils hängt die Befchaffenheit der Staatscalender bisweilen von der mehrern oder mindern
Aufmerkfamkeit des Regenten und Gouvernements,
oder von dem allgemeinen Zuftande der Litteratur
ab, wie bey den Italiänifchen der Fall ift. Die Befitzungen der fünf grofsen Mächte in Deutfchland
find daher von Deutfchland getrennt, Italien und

die Schweiz aber in eine Rubrik gefaßt worden.
Von den Auſſer-Europäiſchen Staatscalendern iſt
der Nord - Americaniſche das einzige Beyſpiel.
Deutſchland nimmt eine eigne Abtheilung und
beynahe die Hälfte der Bibliographie ein. Dabey ſind die auf den politiſchen Reichsverband im
Allgemeinen oder auf das deutſche Staatenſyſtem
ſich beziehenden Nahmenverzeichniſe den Special-
calendern vorangeſchickt, und bey letztern iſt die
Verſchiedenheit der Reichsſtände von den übrigen unmittelbaren Corporationen; und unter jenen,
die der weltlichen Staaten von den geiſtlichen,
ohne Rückſicht auf die politiſche Eintheilung in
Kreiſe, oder auf den Comitialrang, zum Grunde
gelegt worden. Ueberall, wo von einem einzelnen Staat mehrere Staatscalender anzuzeigen waren, die nicht das Ganze umfaſſen, ſind ſolche in
eine geographiſche und ſubjectiviſche Abtheilung
gebracht.

Die zweckmäſsigſte Methode in den Anzeigen zu erwählen, war am ſchwierigſten. Specialgeſchichte, intuitive Darſtellung des Inhalts und
Aushebung des Charakteriſtiſchen von der guten
und ſchlimmen Seite, alles in möglichſter Kürze
und mit einer gewiſſen Mannichfaltigkeit des Ge-
ſichtspuncts vorzutragen, war hier der Hauptzweck. Die Auſſer-Deutſchen ſind allein der litterariſchen Seltenheit wegen mit einiger Ausführlichkeit behandelt, dagegen aber auch die bekannteſten oder die unbedeutenden kritiſch gar nicht

geprüft, fondern dabey bisweilen ein brauchbarer
Commentar genannt worden. Die Angabe des
Entftehungsjahrs der Zeitcalender und der gelehrten und politifchen Zeitungen bey einigen Staaten bezieht fich auf den Contraft mit der Verfpätung der Staatscalender. Sie würde bey allen Staaten wiederhohlt feyn, wenn diefe Parallelen zu
feften Refultaten führten, wie indefs nicht der Fall
zu feyn fcheint. Immerhin ift aber die Gefchichte
der Zeitungen und Intelligenzblätter noch nicht
genug bearbeitet.

. Die Titel find nebft dem Ladenpreife des
w o h l f e i l ft e n Abdrucks (*Gr. Grofchen, Kr.
Kreutzer, Sch. Schillinge, Fl. Gulden u. f. w.*) und
nebft der Zeit der Herausgabe, in fo fern man
fie in Erfahrung bringen können, als wefentliche
Theile jeder litterarifchen Befchreibung mit möglichft - diplomatifcher Genauigkeit und zwar vollftändig angegeben. Anfcheinend liegt darin eine
Raumverfchwendung, aber nur anfcheinend, weil
dadurch oft die Zergliederung des Inhalts erfpart
worden. Bey den in Deutfchland wenig bekannten Sprachen find fie auch in das Deutfche
übergetragen, und bey den mehrern Jahrgängen deffelben Staatscalenders, welche die Sammlung enthält, ift die Verfchiedenheit der Titel, der Seitenzahl und des Formats angezeigt.

. Die allgemeinen Staatscalender von
Europa find bis itzt nur allein in der Französifchen
und Deutfchen Litteratur bekannt, und da die fpe-

ciellen Staatscalender fummarifch darin zufammengezogen find, fo enthält ein jeder von ihnen con-
centrirt die meiften Staatscalender der einzelnen
Staaten.

a) In Franzöfifcher Sprache.

*Ètat de la Cour des Rois de l'Europe &c. Avec les
noms & qualités des Princes regnans en Afie & en
Afrique. Par M. Pierre Scévole de Sainte Mar-
the. IV Parties, à Paris 1680. 3 Vol. 12.*
Der Verfaffer, welcher zugleich Hiftoriograph von
Frankreich war, fchrieb auch eine *Europe vivante*
und mehrere Werke, die in *Jöchers Gelehrten-
Lexicon* Th. 4. S. 38. angezeigt find. Von einer
Fortfetzung diefes *Etat* findet fich keine Spur.

*Ètat des Cours de l'Europe & des Provinces de France,
pour l'année MDCCLXXXVII par Mr l'Abbé de la
Roche-Tilhac, Confeiller du Roi à la table de
Marbre à Paris. MDCCLXXXVII. avec approbation & privilége. gr. 8. Première partie. S. 400.
Seconde partie. S. 296.*
Ein zuerft im Jahre 1783 und zwar bis 1787 jährlich
erfchienenes höchft fehlerhaftes Gefchlechtsregifter
der fürftlichen Perfonen, und Nahmenverzeichnifs
der höhern Staatsbeamten in fämtlichen Europäifchen Reichen, welches in der *Berlinifchen Monats-
fchrift, April* 1784. S. 381-384, nach Verdienft ge-
würdigt worden. Der Verfaffer, ein litterarifch-
nicht bekanntes Mitglied des auf dem Titel erwähn-

ten Forſtgerichts, bekam darüber ein königliches
Privilegium, ſammelte aus ſchriftlichen und gedruckten Nachrichten und fieng bis 1787 den Abdruck jedesmal am 1 Sept. an. Die Ausgaben von
1783 und 1784 (S. 618) machen nur einen Theil,
die übrigen aber zwey Theile aus, und ſämtliche
Jahrgänge ſtehen in genauer Beziehung auf einander. Der vielen Auslaſſungen und Unrichtigkeiten ungeachtet iſt das Unternehmen eben ſo ver-
dienſtlich für Frankreich als *Krebel's* und *Varrentrapp's* Werke für Deutſchland; nur daſs des
Franzoſen Plan auch hiſtoriſch - ſtatiſtiſche Erläuterungen umfaſst. Inhalt: *a*) Erſter Theil: Sämtliche groſse und kleine Staaten in Europa, jedoch
mit Ausſchluſs der deutſchen Reichsſtädte, ohne
Syſtem, ſo wenig alphabetiſch oder geographiſch, als
publiciſtiſch geordnet, indem z. B. die Oeſterreichiſchen Staaten an fünf verſchiedenen Orten vorkommen; daher auch die am Ende beygefügten ſummariſchen Regiſter unzureichend ſind. Bey der
Türkey werden das regierende Haus und ſechszehn
Miniſter angegeben. Holland und Frankreich ausführlich und ziemlich genau. *b*) Zweyter Theil
mit der Ueberſchrift: *Etat eccléſiaſtique, militaire,
civil, littéraire & municipal des provinces de France*;
liefert für die Provinzen ein eben ſo vollſtändiges
Nahmenverzeichniſs als der *Almanac royal* für die
Hauptſtadt.

*Tableau général du Commerce, des Marchands, Né-
gocians, Armateurs &c. de la France, de l'Europe
& des autres Parties du Monde. Connu ci-devant
fous le nom d'Almanach Général du Commerce.
Dedié au Roi par M. Gournay, Avocat, années
1789 & 90 &c. A Paris, chez l'Auteur. Avec
Approbation & Privilège du Roi. gr. 8. S. XXIV
und 917 (8 Livr.)*

Entstand 1750-1760 in einer fehr unvollkommenen
Gestalt aus einem Handbuch für die Französischen
Kaufleute und erschien feitdem jährlich, aber nicht
immer neu berichtigt, fondern bisweilen, wie 1787
in Form eines Supplements, und in andern Jahren
ganz unverändert und blos mit Vorfetzung einer
neuen Jahrszahl. Bey diefem allmähligen Ver-
fall eines gemeinnützlichen und von allen grofsen
Europäifchen Banquiers gefuchten Werks liefs fich
der *ci-devant* Parlamentsadvocat *Gournay* in Paris am 18. October 1787 auf zehn Jahre, und nachher am 31. December 1788 auf feine Lebenszeit
damit vom Könige privilegiren, und hat feitdem
deffen innere und äuffere Gestalt mit dem besten
Erfolg verändert. Die erfte Ausgabe von 1788
unter dem Titel eines *Almanach Général du Commerce* (XVIII. 769. 6 Livr.) hatte zwar noch viele
Unvollkommenheiten; die vorliegende zweyte aber
ist ein ganz neues höchft verdienftliches Werk,
wiewohl noch mit Fehlern überladen, in fo fern
nicht des Herrn Regierungsraths *Crome Handbuch
für Kaufleute* zum Grunde gelegt worden. Sie

erfchien wegen des Anfangs der Revolution erft
im September 1789; von nun an will aber Herr
Gournay nur bis zum 1. Auguft die Beyträge an-
nehmen, und die Herausgabe jedesmahl im December beforgen.

So viel von der Gefchichte des Werks. Im
Inhalt find die vorzüglichften Banquiers, Kaufleute und Fabricanten von allen Welttheilen, auch
ausführlich von Nordamerica, in Form eines alphabetifchen Verzeichniffes und Commercialfchemas
der Handelsflädte aufgeführt, und hin und wieder,
befonders aber bey Frankreich, fämtliche Hand-
lungsgerichte, und die franzöfifchen oder in Frankreich angeftellten Confule angeführt, wodurch diefes *Tableau* zum Staatscalender wird. Von Berlin 9 Seidenzeug - 6 Flor - 14 Band - 5 Strumpf 22
Woll - und 7 Catunfabricanten. Anhangsweife
werden Handlungstractate und andere den Handel betreffende Urkunden beygefügt.

b) In deutfcher Sprache.

Europäifches Genealogifches Handbuch, in welchem
die neueften Nachrichten von allen Häufern jetzt re-
gierender Europäifcher Kaifer und Könige, und aller
geift- und weltlichen Chur- und Fürften, wie auch
Grafen des Heiligen Römifchen Reichs, ingleichen
von den Cardinälen, Mitgliedern der Ritter-Orden,
auch Dom- und Capitularherren der Erz- und Hoch-
flifter in Deutfchland, befindlich, nebft einer zuver-
läfsigen Befchreibung aller jetzigen Kaiferlichen Kö-

niglichen und Churfürstlichen Hof - Civil - und Mili-
tair - Etats, der Reichstags - Verfammlung in Regenfpurg, des Cammergerichts zu Wetzlar, und der
an den Europäifchen Höfen dermalen anwefenden
Gefandten und Minifter, wie auch der unmittelbaren
Reichs - Ritterfchaft, ausgefertigt von Gottlob
Friedrich Krebel, Leipzig, in Joh. Fried.
Gleditfchens Handlung. 1790. gr. 8.
Wurde feit 1725 von Johann Chriftoph Spiefs
unter dem Titel: Itzt herrfchendes Europa, beym
Anfange jeden Jahres ausgegeben, allmählig, befonders feit 1752, durch den Hrn. Secretär und Ober-
confiftorialcaffirer Krebel in Dresden verbeffert,
und 1773 vom verftorbenen Magifter Schumann
unter der Benennung des Jährlichen Genealogifchen
Handbuchs beforget, nach welchem fich letzterer
zuerft öffentlich genannt hat. Der auf dem Titelblatt genannte Hof- Civil- und Militairftaat fchränkt
fich auf die Oberhofftäbe, Ordensritter, Minifterien, die höchften Inftanzen und Gerichte in fämtlichen Provinzen eines Staats und auf die Generalität ein, und folgt auf die im erften Theil angegebenen Gefchlechtsverzeichniffe.

Neues Genealogifches Reichs - und Staats - Handbuch
auf das Jahr . . Erfter Theil. Mit Röm. Kaiferl.
Maj. allergnädigfter Freyheit. 8. Frankfurt am
Mayn, 1771. Bey Franz Varrentrapp. S.
424 u. 56 — 1787. Bey Varrentrapp und
Wenner. S. 404. u. 71 — 1790. S. 72. u. 403.

Des neuen Genealogischen Reichs - und Staats - Hand-
buchs auf das Jahr . . Zweiter Theil; oder neues
Addreſs-Hand-Buch der Staaten von Europa, wie
auch der Kurfürſten und Fürſten des Römiſch-Deut-
ſchen Reichs, nebſt der neueſten Genealogie der mit-
telbaren Reichs- auch ausländiſchen Fürſten und
Grafen. 8. 1771. S. 262. u. 184. — 1787. S. 272.
und 126. — 1790. S. 278. u. 160.

Der Buchhändler *Franz Varrentrapp* hat hie-
zu am 22. Nov. 1742 das erſte Kaiſerliche Privilegium erhalten, welches ſodann am 3. Nov. 1752,
am 9. Jun. 1761, am 17. Aug. 1772, und zuletzt
am 18. April 1782 jedesmahl auf 10 Jahre unter
der Bedingung verlängert worden, daſs 18 Exemplare in den Reichshofrath geliefert werden. Das
Buch wird aus den poſtfrey bis zu Ende Octobr.
für den erſten und zu Ende Januar für den
zweyten Theil eingeſandten Beyträgen und aus
den Specialſtaatscalendern in der *Varrentrappſchen*
Buchhandlung unter Beybehaltung der erſten Einrichtung, wiewohl mit einzelnen Verbeſſerungen
und Abänderungen, jährlich erneuert. Der erſte
Theil kömmt mit dem Anfang des Jahrs, der zweyte
gegen Oſtern heraus. Ein weniger enger Druck,
eine bequemere Abſonderung der Nahmen und
mehrere Genauigkeit in den Angaben würden
zwar den Preiſs, aber auch den Werth dieſes nützlichen Werks ſehr erhöhen, und es würde ſich vielleicht belohnen, zwey verſchiedene Ausgaben davon zu veranſtalten. Der erſte Theil enthält, auſſer

den Geschlechtsregistern und dem Staatscalender
der Reichsstadt Frankfurt, die Glieder der sämtli-
chen deutschen Erz- und Domstifter, den Malthe-
fer- und den Deutschen Orden, ein Verzeichniß
der Reichsstände, die Reichsverfamlung, die Reichsgerichte und die Reichsritterschaft. Der zweyte
Theil umfaßt die vornehmsten Beamten in sämt-
lichen Staaten nach deren alphabetischen Ordnung
und die besonders paginirten Stammtafeln dererje-
nigen Fürsten und Grafen, welche auf dem Deutschen Reichstage nicht Sitz und Stimme haben.

*Europäisches Staats- und Addreß-Buch, auf das Jahr
1780. In welchem, Erster Theil, alle jetzt regierende
Europäische Kaiser, König, Geist- und Weltl.
Chur- und Fürstl. auch Reichsgräfl. und andere
Höchst- und Hohe Häupter, deroselben Hof- Civil-
und Militär-Etats, der deutschen Erz- und Hoch-
stifter, Dom- und Capitularherren, das Personale
der drey höchsten Reichsgerichte zu Regenspurg,
Wien und Wezlar, der freyen Republiquen, Reichs-
städte und Reichs- Ritterschaft Staats- und Regi-
mentsverfassungen. Mit Röm. Kaiserl. Majestät
allergnädigstem Privilegio. Geißlingen, Reichs-
stadt Ulmischer Herrschaft ausgefertiget von Gott-
fried Paul Tilger, Not. C. P. J. 8. S. 280.*
Das vorgedruckte Kaiserliche Privilegium vom
22. Sept. 1777 ist auf zehn Jahre ertheilet. Der Inhalt liegt im Titel; und den zweyten Theil füllt
der Staatscalender des Schwäbischen Kreises.

FÜNFTE ABTHEILUNG.

Specialgefchichte und Bibliographie der Special-Staatscalender aufser Deutfchland.

Staaten des Königs von Schweden.

Die erften Zeitcalender kamen in Schweden 1570, die erften gelehrten Zeitungen aber 1745 heraus. Das ganze Calenderwefen fteht feit 1747 unter Auffich der Akademie der Wiffenfchaften, welche bald nach ihrer Errichtung mehrere, See- Lotterie- Comtoir- und Theatercalender, aber erft im Jahr 1761 die Staatscalender hat entftehen laffen. Letztere zeichnen fich noch itzt vortheilhafter durch Vollftändigkeit als durch zweckmäfsige Anordnung aus, und werden bisweilen fchon im Auguft, gewöhnlich aber im November des vorhergehenden Jahres ausgegeben. Einige Nachrichten davon giebt *Lüdeke* im *Allgemeinen Schwedifchen Gelehrfamkeits-Archiv*, 1fler Th. für das Jahr 1772. gr. 8. (1781) S. 251-254. und *J. Björnftierna* im *Förteckning på Suenska Calendarier*. (Upfala 1771. 8.)

Hiftorisk Almanach, Utgifwen efter Kongl. Maj: ts. Nadigfte Forordnande af desf Wetenskaps Academie. Stockholm. Trykthos Johann Georg Lange. For Skott-Aret 1778. 1780. 1782. Tafchenformat. S. 84. (4 Skilling).

Entſtand 1761 und hat den Beynahmen *hiſtoriſch*,
weil er eine an einander hängende Geſchichte der
Schwediſchen Könige liefert. Er würde durch mehr
Gleichförmigkeit im Abtheilungsplan, der ſich bald
nach dem Range, bald nach dem Alphabet richtet, und auch durch Hinzuſetzung eines Regiſters
brauchbarer werden. Inhalt: a) Hohe Königliche
und Reichscollegien im ganzen Reich mit Einſchluſs des Herzogthums Schwediſchpommern und
Wismar, als z. B. vier Hofgerichte, Kriegs- und
Admiralitätscollegium, Reichscanzley, Cammer,
Staatscomtoir, Berg- und Commerzcollegium, Cam-
merreviſion, *Landshöſdinge* mit Subalternen. b) Hofſtaat. c) Unterjuſtizgerichte. d) Generalität und
Admirale. e) Hohe Geiſtlichkeit und Stifter. f) Magiſträte nach dem Alphabet. g) Aerzte. h) Geſandten, Conſule und Agenten vom und am Schwediſchen Hofe. Im Anhang Stempelpapiertaxen, Poſtzeiger und inländiſche Meilenzeiger.

α) Nach geographiſcher Abtheilung.

Schwediſche Staaten.

*Suea-Rikes Stat ſor År 1784. Stockholm, Tryckt hos
anders Jac. Nordſtrom, Upſoſtr. Salsk Bocktryckare.*

gr. 8. S. 92.

Zeichnet ſich durch ſtatiſtiſche Erläuterungen eines
jeden Abſchnitts aus, welche aber faſt der Vollſtändigkeit des eigentlichen Nahmenverzeichniſſes ſcha-
den. In dieſem findet man auch die Gemahlinnen

der Reichsräthe wegen ihres beſtimmten Ranges
bey Hoſe.

Reſidenʒ Stockholm.

Stockholms Stads Calender for året 1785. *Innehåller*
forteckning på Åmbetsman och Betjening vid· de i
Stockholm ȷarande Kongl. Collegier och andra Pu-
blika Verk, af Civil· Militår· och Kyrko-Staterne.
Utgiſven med·Kongl. Maj: ts Nådigſte tilſtand, af
dess Wetenskaps Academie. Tryct hos Johan Georg
Lange. (6 *Skill.*) *S.* 108. — *Jahr* 1774. *Verlag*
von Henr. Fougt, S. 95. (2 *Dal. Ksp.*) —.*Jahr*
1778 *und* 1779. ein Regiſter beygefügt (5 *Skill.*
6 *Runſt*) *S.* 95. — 1780 - 1784 eben derſelbe
Preis und Seitenzahl.

Entſtand 1761 und liefert in den funfzehn erſten
Jahrgängen die Geſchichte der Stadt. Inhalt —
neben dem Zeitcalender: *a*) Reichsräthe und ſämtliche obern Dikaſterien in Stockholm, Hofgericht,
Landmeſſungscomtoir u. ſ. w. — In Anſehung
des Hofſtaats wird auf den Hofcalender verwieſen.
b) Wiſſenſchaftliche Inſtitute; die Schwediſche Akademie der Wiſſenſchaften nebſt deren auswärtigen
Mitgliedern (*Utlandske Ledamöter*) die 1753 geſtiftete
Akademie der Wiſſenſchaften, die Mahler- und
Bildhauer-Akademie, die patriotiſche Geſellſchaft
von 1770; aber nicht die Erziehungsgeſellſchaft
von 1778, noch die Navigationsſchule, und Biblio-

thek, noch die chymifchen und mechanifchen La
boratorien. c) Die niedern Collegien in Stock
holm, z. B. das Hallgericht, das General-Affiften2
comtoir u. f. w. d) Der Magiftrat mit allen davo1
abhängenden Beamten; e) das in der Stadt liegend1
Militär, Leibtrabanten, Leibgarde, des König
Dragoner und Haustruppen, Artillerieregiment
Ingenieurs u. f. w. f) Geiftlichkeit und Schulbeam
te. g) Die übrigen Commiffionen, Directioner
und Inftitute in der Stadt, z. B. die Reichsbank
das Affecuranzcomtoir, das Lootfencomtoir. — Zu
letzt ein fummarifches Realregifter.

Deutfche Staaten.

*Schwedifch - Pommerfch - Rügianifcher Staats - Calen-
der, auf das Jahr der Chriften 1791. Darin de
Neue und Alte Zeitrechnung gewiefen, der täglich
Lauf und Stand der Sonne, des Mondes, der Plo
neten, und andere nützliche Bemerkungen, auf de1
Greifswaldifchen Mittags - Zirkel berechnet, vor
Lambert Heinrich Röhl, Königl. Profeffor
der Mathematik und Aftronomie zu Greifswald. Mi
befonderer Freyheit der Königl. Hochpreisl. Regie
rung. Stralfund, gedruckt und verlegt von Chri
ftian Lorenz Struck. 4. (ohne Seitenzahl —
5 Schillinge.)*

Wird jährlich im October abgefafst. Der Titel ift
auf der einen Seite wegen der befondern Benennung der Infel Rügen zu weitläuftig, da folche als
ein Theil von Vorpommern in allen Abtheilungen

beyläufig mit vorkömmt, auf der andern Seite aber
zu eingeschränkt, weil er die Stadt Wismar, die Infel Poel, das Amt Neuklofter und die vielen chro-
nologifchen, aftronomifchen und Gefchlechts-Ver-
zeichnisfe, nicht in fich begreift. Zweckmäfsiger
ift der zweyte Titel: *Verzeichnifs der in öffentlichen
Aemtern und Bedienungen ftehenden Perfonen.* Die
Ordnung ift willkührlich, der Inhalt aber fehr vollftändig und nützlich erläutert. Inhalt: *a*) O b r i g -
k e i t l i c h e r S t a a t. Begreift auch die Gartende-
putirten in Rügen in fich. *b*) G e r i c h t l i c h e r
S t a a t. *c*) G e i ft l i c h e r S t a a t. Bey der Univerſität Greifswald der regierende Herzog von Meklen-
lurg-Strelitz als *Rector Magnificentiſſimus* feit 1753.
t) O e k o n o m i f c h e r S t a a t. Sonderbare Benennung einer K ö n i g l i c h e n C o n f u m t i o n für ein
Collegium. *e*) S t ä d t i f c h e r S t a a t. Die Stadt
Wismar in einem wegen ihrer Lage und Verhältniffe abgefonderten Artikel; unter andern auch
von der dortigen P a v e l u n e n - und B r a u e r -
C o m p a g n i e. *f*) K r i e g s ſt a a t. *g*) Ein kurzes
Verzeichnifs der erften Staatsbeamten im Königreich Schweden nach dem Stockholmer Civil- und
Kriegscalender, in welchem die abgegangenen
Reichsräthe durch ein v. d. (vor diefem): kennt-
ich gemacht werden.

β) Nach

β) Nach Verfchiedenheit der Beamten-
clafsen.

Land- und Seemacht.

*Hiftorifches Tafchenbuch der Königlich- Schwedifchen
Armee, für das Jahr 1790, Stralfund bey C. L.
Struck. 8. S. 128. (8 gr.)*

In der Vorrede nennt fich Hr. *D. H. Thomas* als
Verfafser, und verfpricht eine Fortfetzung diefes
erften rühmlichen Verfuchs. Voran Tagregifter
der Kriegsvorfälle bey den Schwedifchen Truppen
und deren Verfaffung feit dem 16ten Jahrhundert,
und am Ende biographifche Nachrichten. Aufserdem Nahmenverzeichnifse: *a)* der Chefs und Oberften, nebft Anzeige der Mannszahl und Garnifon,
nach den verfchiedenen Arten von Landtruppen
abgetheilt; *b)* der Generalität; 2 Feldmarfchälle,
27 Generale und 48 Oberften; *c)* der Schiffe und
Fregatten nebft Kanonenzahl, der Marinfers und
Admiralitaet nebft einer Gefchichte der Seemacht.

Hoffſtaat.

*Hof- Calender till Stockholms Horizont Belägen 59 Gr.
20. m. Norr om Aequatoren, Innehaller Konun-
gars -och Prinsars Fodelfe Dagar, de Fornämste
Ambetsman, Riddare of Kongl. Seraphimer Orden
famt Commend. och Riddare of de ofrige Kongl. Orden; Utgifven Efter Kongl. Majts Nadigste Forordnande, af dess Vetensk. Academie. Stockholm.*

G

Tryckt hos Joh. G. Lange. For skott-Aret 1779.
(6. Skill. 6. Runst.) S. 144. Tafchenformat. —
For skott-Aret 1780. Exemplaret kostar 7 Skill.
S. 156. — For Aret 1782. S. 156. — For Aret
1785. S. 156.

Ist des Titels ungeachtet mehr als Hofstaatscalen-
der, und entstand schon vor 1753, aber erst 1761
nahm er die itzige Gestalt an. Inhalt: a) Zeitrechnung und Genealogie der Schwedifchen Könige
und itztlebenden Europäifchen Fürften, b) Reichsräthe, c) Hofrathscollegien in den Provinzen,
d) die vornehmften Civildicasterien, e) Generalität und Admiralität, f) Erzbifchöfe und Bifchöfe,
g) Hofstaat des ganzen Königlichen Haufes,
h) nach dem Alphabet die Ritter der verfchiedenen
Königlichen Orden, für welche itzt 58 Seiten kaum
hinreichen würden, i) die auswärtigen Gefandten,
und k) einige Fräuleinsftifter.

Staaten des Königs von Dännemark.

Die Gefchichte der Dänifchen Staatscalender
zeichnet fich feit dem Jahre 1791 durch einen Rechts-
ftreit aus, welchen der Verleger des Altonaer
Mercurs kraft der Burmeflerfchen Privilegi-
rung vom 9 Jun. 1766 mit dem Hof- und Staatscalender, und der Herr Profeffor Ehlers in Kiel, als
privilegirter Herausgeber des Schleswig-Hollftein-

fchen Specialcalenders, über das Verhältnifs beyder
Privilegien führen. Die Veranlaffung dazu hat ein
angefchuldigtes Plagium und die Verfchickung des
Specialcalenders in das fogenannte Alt-Königliche
gegeben. · Man findet davon das Nähere in der
Hamburger Neuen Zeitung (1791) Nr. 16.
17. 20 und 21. und in der *Monathlichen Ueberficht der
gefamten Litteratur* bey R. J. Boje in Schleswig 1791.

Königlich- Dänifcher Hof- und Staatscalender auf das
Jahr 1790. darin nebft dem allgemeinen Reichscalen-
der, auch der alte Julianifche, Jüdifche und Römi-
fche Calender völlig enthalten, und der Planetenftand
im Zodiaco, der Planeten Erfcheinung, der Sonnen
und Mondes Auf- und Untergang, imgleichen eine
Tabelle, wornach die Uhren zu corrigiren und rich-
tig zu ftellen, u. dgl. mehr, befchrieben; Infonder-
heit aber der ganze Königl. Hof-Etat, der Land-
Etat, der See-Etat, und alle in den Königreichen,
Herzogthümern, Graffchaften und Landen befind-
liche hohe Civil- Kriegs- und andere Bediente, wie
auch die an dem Königl. Hofe accreditirten Both-
fchafter, Gefandten und Miniftres, nebft der neuen
Rangordnung, verfaffet ift. Es ift auch allen Staats-
liebhabern zu Dienfte ein richtiges genealogifches Ver-
zeichnifs aller itztlebenden Durchlauchtigften Höchft-
und Hohen Häufer in Europa mit beygefüget. Alles
mit Fleifs zufammen getragen und auf den Copenha-
gener Horizont berechnet von Matthias Rohlfs.

*Mit Ihro Königl. Majeſtät allergnädigſt ertheiltem
Special-Privilegio. Altona, gedruckt bey J. D. A.
Eckhardt, Königl. Däniſcher. privilegirter Buchdrucker. 4. S. 280. (28 Sch.)*
Erſcheint jährlich im Januar. Der Titel, der kaum
auf einem kleinern Format Platz haben würde, und
die Zeit- Stern- und Witterungskunde ſind zu ausführlich, die Anordnung iſt nicht ganz planmäfsig,
die Veränderungen ſind nicht gehörig nachgetragen, und dem Ganzen fehlt ein Regiſter. Dagegen
iſt aber die Anzeige des Ranges bey den Indivi-
duen, da wo er dem Einländer zweifelhaft ſcheinen
möchte, und die Beyfügung der Rangordnung vom
14 Oct. 1746 mit Einſchaltung der am 31 März 1755,
und unter der itzigen Regierung den 31 Dec. 1770
und 21 Oct. 1774 gemachten Veränderungen in Pa-
rentheſen, ein weſentlicher Vorzug. Zum Commentar können die *Breve til en udenslansk ven om Danmark
af C. Dreyer.* 1790. 8. S. 292 ſqq. dienen. Inhalt: *a)* Königreich Dännemark. Beym Hofſtaat 268 Cammerherren, 100 Cammerjunker, 30 Hofjunker; die Zahl
der Dannebrogritter ſeit 1785 von 190 zu 160 vermindert, vom Elephantenorden 36, *de l'Union parfaite*
44 hohe Herren und 92 hohe Damen. Das
Departement der auswärtigen Angelegenheiten S.
49-55 ſehr ausführlich, — vom Militär blos die
Chefs, aber auch die Bürgercompagnien. *b)* Königreich Norwegen. *c)* Die Däniſchen Eta-
bliſſements und Inſeln Island, Grönland,
auf den Faröern, in America und in Oſtindien.

d) Die Herzogthümer Schleswig und Holstein. Bey letztern die Nahmen der adlichen Güter und Meyerhöfe nebst ihren Besitzern, und ihrer Größe, und die Herzoglich- Holstein- Oldenburgischen Fideicommifsgüter, so wie auch die vor dem Jahre 1773 in Königlicher einseitiger Bothmäfsigkeit sich befundenen adlichen Güter davon abgesondert. *e*) S. 224 eine eigene Rubrik für charakterisirte Bediente. Vom Domcapitel in Hamburg S. 233 stehen hier, wie billig, nur diejenigen Plätze, welche von des Königs Verleihung abhängen. *f*) Ein genealogisches Register. Der Inhalt der nachfolgenden Staatscalender wird nach dem neuen Reductionsplan, besonders in Ansehung des Hofstaats und der Jagd- und Stallbedienten, beträchtlich abgekürzt werden.

α) Nach geographischer Abtheilung.

Residenz Kopenhagen.

Politisk og ökonomisk Lommebog, eller Kiobenhavns Stats- og Handels- Veiwiser, for 1790. med en nye Grund-Tegning over Kiobenhavn. Samlet og udgivet ved Christian Gottlob Proft, Kongelig Univertets Boghandler. Syvende Aargang. Saelges i den Proftiske Boglade paa Borsen No. 11. 12. og 13. for 4 Mark. 8. S. 200. — (Politisches und ökonomisches Taschenbuch oder Kopenhagener Staats- und Handels- Wegweiser für 1790 nebst einer Grundzeich-

nung von Kopenhagen. Gefamlet und ausgegeben von . . . Siebenter Jahrgang.)

Kam zuerft 1770 im Adrefscomtoir zu Kopenhagen heraus. Die fünf erften Jahrgänge wurden von dem wegen feiner Befchreibung von Kopenhagen bekannten Gelehrten, Hrn. *Hauber* beforgt. In den vier erften findet man den Grundrifs von Kopenhagen, die Nahmen und Wohnungen der Einwohner, die Taxen, Auflagen und landesherrlichen Verordnungen, und in dem Jahrgang 1774 auch ein Verzeichnifs der Hofbedienten. Seitdem beforgt der Hr. Buchhändler *Proft* die Herausgabe, mit Benutzung des Altonaer Hof- und Staatscalenders. Itziger Inhalt: Hofftaat — Theater, welches zwar Hoftheater heifst, aber der Bezahlung nach zum Theil national ift — Minifterium nebft Departements und Canzleyen — Juftiz- und Finanzcollegien — Generalität und Admirale — Kirchen, Schulen, Gefellfchaften für Wiffenfchaften, Künfte und Gewerbe, Akademien — S. 98. Alphabetifche Lifte von 61 Wehmüttern — Magiftrat und Garnifon in Kopenhagen — Gefandfchaften und Confule — Zoll- und Pofttaxen — Münzverfaffung in Tabellen — eine alphabetifche Anweifung für die meiften Wohnungen in Kopenhagen, fo wie fie fich am Michaelistag 1789 befanden, und endlich ein Realregifter.

Deutſche Staaten.

Königl. Schleswig - Hollſteiniſcher Special - Calender,
(auf das Jahr 1791.) mit mancherley gemeinnützigen
Anzeigen und Auſſätzen. Mit allergnädigſt ertheil-
ter Königl. Conceſſion. Kiel in der Königl. Schul-
buchhandlung. 8. S. 224. (14 Schilling.)

Kam ſchon vor der Abtretung des Herzogthums
Holſtein an Dännemark heraus, und wurde vor der
itzigen Aufficht des Herrn Pröfeſſors *Ehlers* in
Kiel, von den Herren *Tetens* und *Heinze* beſorgt. Dieſe Aufſicht dreyer berühmten Gelehrten
von Geſchmack und Kentniſsen zeigt ſich beym
Aeuſsern, im guten Druck mit lateiniſchen Lettern, im bequemen Format, und in möglichſter
Benutzung des Raums mit geſpaltenen Columnen,
beym Inhalt aber in der jährlichen Verbeſſerung
der gemeinnützlichen Beylagen, z. B. der Stem-
pelpapier- und Rang-Ordnung, der Gerichts- und
Verlaſsungs-Tage, des Alphabetiſchen Verzeich-
niſses der adlichen Klöſter, Güter und Meyerhöfe,
nach ihrer Pflugzahl und Benennung ihrer Beſitzer.
Selbſt bey den dem Zweck nicht ſo nahe liegenden landwirthſchaftlichen und philoſophiſchen
Auſſätzen, iſt die Auswahl dem Zeitpunkt angemeſſen, wie ſchon die Rubrik: über die Frey-
heitsbewegungen unſerer Zeit anzeigt.
Neben einer ſummariſchen Darſtellung der höhern
Collegien in Kopenhagen, findet man darin alle
Beamten in den beyden Herzogthümern, deren

Claſſification indeſs wohl einiger Verbeſſerungen
fähig wäre.

β) Nach Verſchiedenheit der Beamten-claſſen.

R i t t e r o r d e n.

*Sammlung der Ritter vom Elephanten- und Dannebrog-
Orden von 1660 bis 1757. Kopenhagen 1757. 4.*

K r i e g s ſt a a t.

Hr. Hofr. *Meuſel* führt in ſeiner überaus nützlichen *Litteratur der Statiſtik* (1790.) S. 485. *ein
Staats - Verzeichniſs aller bey dem Däniſchen Land-
Kriegs - Etat befindlichen Officiere. Altona.* 8, als jährlich erneuert an, wovon ich aber, der ſorgfältigſten
Erkundigungen ungeachtet, keine nähern Nachrichten, als die Behauptung der N i c h t - E x i ſt e n z, habe einziehen können. Der Haushalt der übrigen
Däniſchen Staatscalender macht indeſs ein abge-
ſondertes, genaues und vollſtändiges Nahmenverzeichniſs der Land - und Seemacht beynahe nothwendig, wenigſtens ſehr wünſchenswerth.

———————

Preuſsiſch - Brandenburgiſche Staaten.

Der erſte höchſt merkwürdige Staatscalender
für alle Staaten des Königs iſt vom Jahre 1704,
und führt einen Titel, welcher den wohl geordne-
ten Inhalt ganz ausdrückt.

Das jetztlebende Königlich Preußische und Chur-Fürst-liche Brandenburgische Haus vorstellend; Dero Namen, Geburts-Zeit, Regierung, Bedienung, nechste Vorfahren, Vermählung, Kinder, Geschwister und Anverwandten, Länder und Herrschaften, Prætensionen, Titul, Religion, Residenz, Academien und deren Fundation, Müntzen u. f. w. mit Beyfügung der berühmtesten und bewehrtesten alten und neuen Scribenten, Item: die mit dem Preußischen Orden des Schwarzen Adlers begnadigte Ritter und ihre Officiales, denn die vornehmsten Civil- und Militair-Bediente, samt ihren Chargen, und endlich alle und jede Raths-Versammlungen, Audienz- und Gerichts-Tage dieses Königl. Hofes. Anno MDCCIV. 8. S. 176.

Diese litterarische Seltenheit hat viel merkwürdiges. Die angegebenen Prätensionen betreffen Pommern und das Burggrafthum Nürnberg. Folgendes, als Beyträge zur politischen Arithmetik: 25 Ordensritter nebst 2 Herolden und 3 Beamten, 8 Cammerherren, 11 Cammerjunker und 5 Hofjunker, welche damahls zugleich im Kriegsdienst waren. — S. 45 — 139 die Aemter in Berlin nach alphabetischer Ordnung: 2 Geheime Staatsräthe, 5 Packhofsbediente, 18 Hof- und Cammergerichtsräthe, 42 Wittfrauen. Unter den Predigern und Kirchenbedienten, Sr. Hochwürden Hr. *Benjamin Ursinus*, Bischof am Dom, welcher noch einen Collegen zu Königsberg hatte. Bey der Societät der Wissenschaften S. 126. *Hr. Gottfr.*

W. v. Leibnitz, Churf. Hannöverifcher auch Fürftl. Br. Wolfenb. Geheimer-Juftitien-Rath, auch refpective Rath und Bibliothecarius und Präfes. 23 anwefende *membra* derfelben. — S. 138. die Wirthshäufer. S. 139 — 156. Collegia und vornehmfte Aemter in den Provinzen und Landen nach deren Alphabet. Vom Kriegsftaat die Generalität, nebft Anzeige der Penfionen; (z. B. 8000 Rthlr. jährlich für den Generalfeldmarfchall *Flemming*); viel fremde Nahmen unter derfelben, als *Micrander, Varenne, de la Cave, Imbert Rolas du Rofey.* 1 würklicher Feldmarfchall, 2 Generale, 10 Generallieutenants, 16 Generalmajore. Officiere bey den Haustruppen, Stadthalter der Provinzen, Gouverneurs, — Befchreibung der Befitznehmung des Forts auf der Goldküfte von Guinea, 8 Minifter an auswärtigen Höfen zu Regensburg, Haag, Warfchau, Copenhagen, Danzig, Moskau, in der Schweiz, zu Liffabon, bey Churpfalz, in England, Emden, Hamburg, Wetzlar, Frankfurt am Mayn und Nürnberg. Einige Anlagen über Juftiz und Poften.

Diefer Staatscalender verdankt feine Entftehund der bereits 1700 geftifteten Academie der Wiffenfchaften, welcher gegen den kaufmännifchen Gewinn die Verbefferung der Calender zur Pflicht gemacht wurde. Im Jahr 1705 wurde damit ein Zeitcalender verbunden, und von den Re-

ligionsflüchtlingen eine französische Ueberfetzung
unter dem Titel: *Almanach astronomique historique*
& économique, à l'usage des François, pour l'an de
grâce 1705 u. f. w. veranlafst. Auf den deutfchen
Titel kam der Zufatz: Mit Approbation der
Königlichen Societät der Wiffenfchaften. Von 1706 bis 1739 wählte man ein länglich-
fchmahles Octavformat, und nur allein 1714 unterblieb, wegen der Regierungsveränderung, die Herausgabe. Von 1740 an ift bis itzt die kleine Octav-
form wieder angenommen, und nach der Weglaf-
fung des fummarifchen Abfchnitts von den Provinzen ein Addrefsbuch für die Stadt Berlin, feit 1788
auch für die Stadt Potsdam, daraus gebildet. Die
Vermehrung der Staaten und Aemter und die
Vermannichfaltigung der bürgerlichen Verhältniffe,
bewirkten im Jahr 1733 zuerft die Herausgabe eines
Provinzial-Calenders, welcher 1736, 1743, 1748,
1752, 1756, 1764, 1770 und 1775, alle Provinzen
bis auf Schlefien zufammenfafste, und feit 1775
fich, der Abficht der Akademie nach, in einer vierjährigen Abwechfelung vervierfachen foll. Auf
diefe Art würde in den Jahren 1785 und 1789 der
Märkifch-Pommerfche, 1787 und 1791 aber der
Weftphälifche u. f. w. herauskommen. Wegen
des Mangels an Abfatz, der Pachtveränderung und
wegen anderer Hinderniffe, die wohl nur durch
die jährliche Zufammenfaffung diefer Provinzial,
calender gehoben werden können, erfolgt diefes
aber nicht regelmäfsig, und wird z. B. der Märki-

fche erft in diefem Jahre herauskommen, fo wie
auch 1791 kein Weftphälifcher erfchienen ift.

In Anfehung des Formats, des engen Drucks
und der innern Einrichtung kommen diefe 4 Pro-
vinzial- und 1 Addrefscalender vollkommen überein, und theilen alfo mit einander fowohl die Mängel der Titel und Sprache, als die Unbequemlich-
keiten der Anordnung, und des unbeftimmten Gebrauchs mehrerer Buchftaben im Alphabet (C und
K, J und Y.), vorzüglich auch die Ausfchliefsung
des Militärs. Die forgfaltige Einfammlung der
einzelnen Artikel von den Quellen, und die im
Edict vom 7 Merz 1744 ausdrücklich benannte Aufficht der Akademie, geben ihnen aber das Verdienft
der Vollftändigkeit und Aechtheit, und bey der
neuern rühmlichen Sorgfalt derfelben für die Ausbildung der deutfchen Sprache, wird auch hierauf
gewifs noch mehr Rückficht genommen werden.

Die cameraliftifche Benutzung haben fie mit
den Zeitcalendern gemein. Die Akademie der
Wiffenfchaften verpachtet den Debit kraft ihres
Privilegiums mit Vorbehaltung ihres Directions-
rechts. Im Jahr 1779 verunglückte eine damit vor-
gehabte Reform. Während der Pachtzeit des Hrn.
Geh. Raths *von Oesfeld*, wurden damit indefs viele
Verbefferungen vorgenommen, welche der itzige
Pächter *Hr. Siweke* feit 1790 fortzufetzen fucht. Die
Calender-Pachtfumme betrug Anfangs 400 Rthlr.,
vom 1 Merz 1783 bis 1789 aber fchon 23600, und feit-
dem 26000 Rthlr., obgleich die Staatscalender von

Neufchatel, von Schlefien und vom Kriegsftaat,
und auch die Provinz Geldern nicht darin begriffen find, wie folches befonders gezeigt werden
wird.

α) Nach geographifcher Abtheilung.

Königreich Preußen.

*Adreſs - Calender vom Königreich Preuſſen, der daſelbſt
befindlichen hohen und niedern Collegien, Inſtanzien
und Expeditionen, Magiſträten, Univerſität, Kirchen und Schulen, Stiftern, Klöſtern und in öffentlichen Aemtern ſtehenden Perſonen, auf das Jahr
1788, herausgegeben mit Genehmhaltung der Königl.
Preuſs. Academie der Wiſſenſchaften. kl. 8. S. 306.
(12 Ggr.)*

Theilt fich nach den beiden Provinzen und in diefen nach weltlichen und geiftlichen Sachen ab.
Bey den untern Inftanzen find die Verhältniffe,
überhaupt aber die Verfamlungsorte und Sitzungen angemerkt; *a*) Oftpreuffen; auch die Gaft-
Wein- Speife und Caffeehäufer in Königsberg,
Gefindemäkler, die Hebammen, Armen-Anftal-
ten unter der Benennung Pauperhäufer, Wett-
gerichte. *b*) Weftpreuffen; viel Pohlnifche
Nahmen und eine eigne Rubrik von der katholifchen Geiftlichkeit. Sach- und Nahmenregifter.

Die Marken.

*Adreſs-Kalender von den in der Churmark Brandenburg,
der Neumark, und dem Herzogthum Pommern befindlichen hohen und niedern Collegien, Inſtanzien
und Expeditionen, Magiſträten, Univerſität, Kirchen und Schulen, Stiftern, Klöſtern, und in öffentlichen Aemtern ſtehenden Perſonen, auf das Jahr
1785. Herausgegeben unter Genehmigung der Königl.
Preuſs. Akademie der Wiſſenſchaften. kl. 8. S. 430.
(12 Ggr.)*

Enthält *a)* die Mittelmark mit Ausſchluſs der
Reſidenz Berlin, S. 1-90. nach den Kreiſen, die
darin belegenen Städte aber nach dem Alphabet.
Zum Beweis der Vollſtändigkeit dient die Aufnahme der approbirten Medicinalperſonen. *b)* Die
Priegnitz S. 91-108. *c)* Die Uckermark S.
109-126. *d)* Die Altemark S. 127-152; das Verzeichniſs der Oekonomie- und Juſtizbeamten in tabellariſcher Form. *e)* Die Neumark S. 153-217.
f) Pommern S. 218-332. Ueberdem ein doppeltes Regiſter über Rubriken und Nahmen, genau
und vollſtändig.

Reſidenzſtädte Berlin und Potsdam.

*Adreſs-Kalender der Königlich-Preuſſiſchen Haupt- und
Reſidenz-Städte Berlin und Potsdam, beſonders der
daſelbſt befindlichen hohen und niedern Collegien, Inſtanzien und Expeditionen, auf das Jahr 1791. mit*

*Approbation der Königl. Preuſſ. Academie der Wiſ-
ſenſchaften.* S. 387 und S. 55. kl. 8. (12 Ggr.)
Es werden itzt davon etwa 2000 Exemplare, ſonſt
nur 800, jährlich gedruckt. Voran ein Zeitcalender;
Stadt Berlin: *a*) bey den Hofhaltungen vermiſt
man die Ritter des ſchwarzen Adlerordens. *b*) Garniſon bis zu den Staabscapitäns nebſt Adjudanten
und Unterſtaab. *c*) Civilſtaat geiſtlichen und weltlichen Standes in alphabetiſcher Ordnung. Bey
den Gerichtsſtellen die Sitzungen und Verſammlungsorte, bisweilen auch der Geſchäftsbezirk;
bey den Kirchen die Sprache und die Zeit des Got-
tesdienſtes; auch das Perſonale des National-
(Deutſchen oder Brandenburgiſchen?) Theaters.
d) Im Anhange die nicht in öffentlichen Dienſten
ſtehenden Perſonen, nach deren Wohnungen oft gefragt wird, als Aerzte, Apotheker,
Gaſtwirthe, Gelehrte, Lohnbediente, Hebammen.
u. ſ. w. Für 8 Gr. wird, auf vorgängige Einladung
des Pächters in den öffentlichen Blättern, der Nahme eines jeden eingetragen. Zu der Rubrik von
Gelehrten hatte ſich einſt nur Einer gemeldet;
ſie wurde daher ein einzigesmahl im Singular ge-
faſt, welches freylich bey einer ſonſt mit Gelehrten ſo reichlich verſehenen Königsſtadt nicht un-
bemerkt blieb; ſeitdem iſt man aber auf den Plural
zurückgekommen. — Poſtzeiger und Sach- und
Nahmenregiſter. — Die Stadt Potsdam iſt davon durch Seitenzahl und Regiſter abgeſondert,
übrigens aber nach eben dem Plan abgefaſt.

Magdeburg, Halberſtadt, Hohenſtein und Quedlinburg.

Adreſs - Kalender von den im Herzogthum Magdeburg, Fürſtenthum Halberſtadt, Graſſchaft Hohenſtein und dem Stifte Quedlinburg befindlichen hohen und niedern Collegien, Inſtanzien, und Expeditionen, Magiſträten, Univerſität, Kirchen, Schulen, Stiftern, Klöſtern und in öffentlichen Aemtern ſtehenden Perſonen, auf das Jahr 1786. Herausgegeben unter Genehmigung der Königl. Preuſs. Akademie der Wiſſenſchaften. Kl. 8. S. 302. (12 Gr.)

Unter dem Herzogthum Magdeburg iſt die Grafſchaft Mansfeld mit begriffen. In ihrer Reihe kömmt auch die Univerſität *Halle* und eine eigne Calenderfactorey, übrigens auch eine groſse Zahl von Stiftern und Capiteln vor. Bey der Abtey Quedlinburg die Königliche Voigtey und Hauptmanney, und auch die Stiftsabteyliche Regierung. Im Anhange ein Verzeichniſs der gegenwärtigen Poſtmeiſter und Poſtwärter in ſämtlichen Preuſsiſchen Landen, mit Einſchluſs der vorzüglichſten auswärtigen Grenzpoſtämter, welches faſt entbehrlich ſcheint, weil die Poſtbeamten jeder Provinz in allen Provinzialcalendern aufgeführt werden. — Ein doppeltes Regiſter.

Provin-

Provinzen im Niederrheinifch- Weftphäli-
fchen Kreife, (mit Einfchlufs des Für-
ftenthums Neufchatel.)

Adrefs-Kalender von den im Fürftenthum Minden, Graf-
fchaft Ravensberg, Graffchaft Teklenburg, Graf-
fchaft Lingen, Herzogthum Cleve, Graffchaft Mark,
Fürftenthum Moeurs, Herzogthum Geldern, Für-
ftenthum Oftfriesland und Fürftenthum Neufchatel
befindlichen hohen und niedern Collegien, Inftanzien
und Expeditionen, Magifträten, Univerfität, Kir-
chen, Schulen, Stiftern, Klöftern, und in öffentli-
chen Aemtern ftehenden Perfonen, auf das Jahr 1787.
Herausgegeben unter Genehmigung der Königlich-
Preufs. Academie der Wiffenfchaften. kl. 8. S. 312.
(12 Ggr.)

Inhalt: *a)* Minden und Ravensberg nach dem
Range der Gerichtsftellen. *b)* Cleve; hier kommen fchon die meiften Märkfchen Gerichtsftellen,
wegen ihrer Perfonalverbindung mit den Clevi-
fchen vor, z. B. Regierung, Landftände, Pupil-
len- und Criminal-Collegium, fo dafs *c)* die Graffchaft Mark nur den Raum von S. 156 bis 179 ein-
nimt, *d)* Möurs, (Meurs oder Mörs?) *e)* Geldern, *f)* Oftfriesland, (S. 206-241). Nach
der neuen Staatsverfaffung diefer Provinz vom 16
May 1791, wird man in der Folge hier faft nur
allein die Nahmen von gebbhrnen Oftfriefen
finden g) neben diefen Provinzen des Niederrhei-
nifch-Weftphälifchen Kreifes S. 242-249, die Sou-

H

verainetè de Neufchatel & Valengin franzöfifch in ge,
drängter Kürze. Am Ende ein doppeltes fehr
brauchbares Regifter.

S c h l e f i e n.

*Schlefifche Inftantien - Notitz. Oder: das itzt lebende
Schlefien, des 1784ften Jahres, zum Gebrauch der
Hohen und Niedern, in zwey Theilen abgetheilet.
Darinnen befindlich: In dem erften Theile die Hohen
und Niedern Königl. Landes - Collegia und Aemter
überhaupt, und in dem zweyten Theile, die in den
Fürftenthümern, Freyen - Standes - und Minderen.
Herrfchaften, wie auch Städten des Souverainen Herzogthums Schlefien, und der Graffchaft Glatz, infonderheit, befindliche Regierungen, Geiftlichkeit und
Magifträte; ingleichen Königl. fowohl, als andere
Aemter und Bedienten, in alphabetifcher Ordnung
zufammengetragen. Nebft einer Nachricht von denen in Schlefien befindlichen Gefundbrunnen und Bä-
dern. Mit Kupfern und Profpecten. Mit Königl.
allerg. Privilegio. Breslau, 1784. bey Wilh. Gottl.
Korn. kl. 8. S. 334. (16 Ggr.)*

Kommt feit 1746, jährlich im März unter diefem
fehlervollen Titel heraus, und ift gewöhnlich mit
Kupferftichen und Befchreibungen merkwürdiger
Gegenden in der Provinz geziert. Der Verleger
bezahlt dafür eine Pacht, dagegen werden die Materialien bey den Collegien gefammelt, und find
itzt die Magifträte, Domänenpächter und Gerichte

gehalten, jährlich davon ein Exemplar zu kaufen.
Zur Berichtigung der Veränderungen geben itzt
die Schlefifchen Provinzialblätter, wegen ihres De-
tails, ein gutes Hilfsmittel ab. Inhalt: *a)* Hohe
und niedere Landesftellen nach dem Alphabet der
Amtsbenennungen; vom Militär die Gouvernements und Garnifonen. — S. 53 die fürchterlich-
fpanifche Benennung von *Inquifitores publici,* für die
Unterfuchungscommiffäre in Criminalfachen. *b)* Die
in den Fürftenthümern, freyen Standes- und mindern Herrfchaften, und in den Städten befindlichen
Regierungen, Geiftlichkeit, Magifträte, Aemter
nach dem Alphabet der Orte, z. B. Breslau, Brieg,
Glogau, Oels u. f. w. *c)* Im Anhange kein Poftzeiger, weil diefer fchon in der Mitte des Buchs
neben dem Ober-Poftamt vorkömmt, aber die letztjährigen Standeserhöhungen und Incolatsertheilun-
gen. Zuletzt ein nützliches General- und Special-
regifter.

Fürftenthümer Anfpach und Bayreuth.

Im Fürftenthum Anfpach wurde der erfte
Staatscalender im Jahr 1737 von dem durch die
Herausgabe des Reichsmünz-Archivs und
des noch fortgefetzten Schwabacher ökonomifchen Calenders bekannten Geheimen Hof-
cammerrath Hirfch herausgegeben, der das dazu
für fich und feine Erben erhaltene Privilegium
nachher freywillig an das Waifenhaus in Anfpach
abtrat, welches bis itzt durch den Hrn. Commerz-

commiſſär Haueiſen gegen die Abgaben von 40 Gulden nach Anſpach und von 70 Gulden an das Waiſenhaus zu Bayreuth die Herausgabe beſorgen laſſen.

In Bayreuth erſchien der erſte 1738 im Verlage des Waiſenhauſes.

Nach der Vereinigung von dieſen Fürſtenthümern 1769 verband man beyde in der itzigen Geſtalt und übergab ſo den combinirten Staatscalender der beſondern Aufſicht des Miniſteriums, an welches die Collegien alljährlich die Veränderungen einſchicken. Seinen Mängeln iſt nur allmählig und eigentlich erſt im Jahr 1791 einigermaſsen abgeholfen worden. Noch itzt iſt er aber in Anſehung der Sprache und mehrerer Nebenſachen nicht genug bearbeitet. Die Worte Verſehungen, Rittere, Marche, *Location*, *Caſſu*, *Ordinari*, der willkührliche Gebrauch von deutſchen und lateiniſchen Lettern, die Raitung vor die Beken und Melber (ſtatt Tarif für die Becker, Mehlhändler) das Heiligen - Departement S. 63. (für fromme Stiftungen) unter den Regierungsdeputationen, die Reiſs - (Reiſe) Weiſszeuch - Jungfer im Hofſtaat, das enthält ſich S. 140 ſtatt hält ſich auf, das Aderlaſstäfelein, und endlich der fromme Wunſch S. 53 für das (nun nicht mehr) regierende (Fürſten-) Paar (daſs ſolches Gott mit allem Wachsthum beglücken wolle) mögen davon zum Beweiſe dienen. Vorzüglich charakteriſtiſch iſt aber auch der gefliſſent-

liche Unterfchied zwifchen der buchftäblichen Ab-
fchreibung des Ehrenworts Herr, und deffen Ab-
kürzung mit Hln und Hl (dem fogenannten
Schwanz — oder Strichlein — Herr) für die
untern Stände. Nach dem nunmehrigen Anfall diefer Fürftenthümer an des Königs von Preufsen Majeftät wird daraus wahrfcheinlich ein im Inhalt ver-
änderter Provinzialcalender entftehen, und von der
Aufficht des einfichtsvollen Herrn Staatsminifters
Freyherrn von Hardenberg läfst fich neben
der itzigen Vollftändigkeit noch eine ftatiftifche Bearbeitung erwarten. Schon in diefem Jahre wird
der Titel geändert werden, welcher bisher hiefs:

Hochfürftlicher Brandenburg - Onolzbach - und Culm-
  bachifcher Genealogifcher Calender und Addrefse-
  Buch, auf das Jahr 1787. Anfpach bey dem Com-
  mercien-Commiffario, Benedict Friederich Haueifen.
  8. S. 214. und 66. — 1788. S. 214. — 1791. S. 222.
  und 66.

Der Inhalt umfafst, des eingefchränkten Titels ungeachtet, auch die Graffchaft Sayn-Altenkirchen.
Zuerft Zeitcalender und Genealogie, dann *a)* Ro-
ther-Adlerorden. Minifterium, Landgericht Burg-
grafthums Nürnberg; *b)* übrige Beamten nach der
Abtheilung der Fürftenthümer Anfpach, Culm-
bach und Bayreuth und der Graffchaft Sayn-
Altenkirchen. In jedem der Hof, die Regie-
rungs- Juftiz- und Finanzbeamten, der Kriegsftaat
ohne Anciennetätsdatum, die Aemter nach dem

Alphabet der Oerter, die Geiftlichkeit nach den
Decanaten, die Magifträte und Stadtofficiere. S. 82
eine Nieder-Oefterreichifche Lehnscanzley; bey
Anfpach allein aber, (als wenn die Rubrik diefem
Fürftenthum eigen wäre) die Gefandten. Im befonders paginirten Anhang viel Nützliches über
Handel und Gewerbe, Ellen und Gewicht, Münzen, Zinfen, Jahrmärkte und Poften, und im Jahrgang 1788, Gottlob! zum letztenmahle, die Zie-
hungstermine des Lotto, welches noch in demfelben Jahre aufgehoben worden.

Ueber die Wichtigkeit diefes Zuwachfes der
Preufsifchen Staaten wird wahrfcheinlich itzt vieles aus Volksmenge und Quadratmeilen in runden
Zahlen gerechnet werden; allein nichts kann fie
fo anfchaulich machen, als die zahlreiche und glän-
zende Dienerfchaft in diefem Staats-Calender. Ein
vierfacherHofftaat,zu 140Preuffifchen Cammerherrn
itzt noch 100 andere, 15 Cammerjunker, 25 Hofjunker, 31 Ritter des reftaurirten rothen Adlerordens
und unter diefen 3 deutfche Prinzen, eine Univerfität mit 30 Profefforen, eine Obriftjäger- und Ober-
forftmeifterey, eine Obriftparforce-Jägermeifterey,
und eine Obriftfalkenmeifterey nebft vielen Wild-
meiftern und Streifern im Anfpachfchen, 7 andere Oberforftmeiftereyen im Bayreuthfchen aufser
der in Sayn-Altenkirchen, — das find zwar nur einzelne aber doch beweifende Zahlen. Die Orga-
nifationen der Dienerfchaft in beyden Fürftenthümern paffen indefs, fowohl den Titeln als dem Ge-

ſchäftskreiſe nach, nicht ganz in das vortrefliche Preuſsiſche Syſtem, und beſonders trift dieſe Bemerkung die Juſtizbeamten und den Kriegsſtaat.

Neufchatel und Valengin.

Almanach pour l'an biſſextil M. DCC. LXXXVIII. Contenant les Foires de la Suiſſe, les principales d'Allemagne, de France, de Savoie, Bourgogne, Lorraine, Valais, &c. Avec l'état actuel du Gouvernement de Neuchatel & Valengin. A Neuchatel, chez Samuel Fauche, Pere & Fils, Imprimeurs & Libraires du Roi. M. DCC. LXXXVIII. kl. 8. S. 66. — *MDCCLXL.* S. 36. — *MDCCLXLI.* S. 42.

Der Anhang des Weſtphäliſchen Staatscalenders über Neufchatel und Valengin, iſt theils wegen der Unvollſtändigkeit, theils wegen der Entfernung des Druckorts, für dieſe Fürſtenthümer von keinem Nutzen. Daher kömt der *Etat actuel* jährlich, ſeit etwa 14 Jahren in Neufchatel ſelbſt heraus, und iſt mit einem *Almanach, contenant les foires de la Suiſſe &c. &c.* verbunden. Inhalt: *a)* Unter dem zweyten Titel: *Etat des Emplois & Offices de la Souveraine Principauté de Neufchatel & Valengin, & des perſonnes, qui en ſont revêtuës.* Gouverneur und 22 Staatsräthe für beyde Fürſtenthümer (*Conſeil d'Etat*), nebſt dem Lebens- und Dienſtalter, *b)* Neufchatel für ſich; *Souverain Tribunal* und *Chambre des Comptes,* die königlichen und die Landmiliz-Offi-

ciere nebft dem Anciennetätsdatum, Gerichtshöfe, ·
Chatelenies und *Mairies*, nebft ftatiftifchen Erläuterungen; unter andern fehr bedeutende Benennungen .
Ehegericht, Oeconomiecammer, *Confiftoire de charité, Commiffion & Comité d'éducation, Commiffion litéraire, Commiffion pour les incendies*, und eine eigne Députation zur Rettung der Ertrunkenen; von der Stadtmiliz, 5 reguläre Compagnien, die alle zwey Jahre beym Scheibenfchieffen vom Magiftrat einen Preifs erhalten, und eine jährlich gemufterte Volontärcompagnie von jungen Bürgern, denen die Stadt Waffen, Pulver, Fahnen, einen Anführer und Officiere giebt.
Avoyers und *Receveurs*, Gerichtsftellen der Stadt Landeron. c) *État des emplois & offices du Comté de Valengin*, in fyftematifcher Ordnung; unter andern eine *Juftice de Paternité*, welche aus 1 Präfidenten und 5 Räthen befteht, und den Kindern der Liebe die Väter anweifet. d) *La vénérable claffe ou la compagnie des pafteurs* in beyden Fürftenthümern, nebft dem Geburts- und Confecrationsjahr, und den Candidaten. Im Anhang Tabellen über Gewicht und Maafs, Wein- und Kornhandel, Münzen, Poft- und Botenwefen mit dem Beyfatz: *on ne reçoit plus ni paquet ni argent pour les Etats du roi de Sardaigne.*

β) Nach der Verſchiedenheit der Beamten-claſſen.

Kriegsſtaat.

Im Jahr 1753 erſchien ohne Anzeige des Druck-orts (Stuttgardt) ein ſtatiſtiſch, ſelbſt in Anſehung der Koſtenberechnung, erläuterter Staatscalender der Armee in 4to, welcher in den Preuſſiſchen Staaten verboten wurde.

Zuſtand der Königlichen Preuſſiſchen Armee im Jahr 1787 und kurzgefaſste Geſchichte dieſes Heeres von ſeiner Stiftung an bis auf die jetzigen Zeiten. Breslau, bey Johann Ernſt Meyer, 8. S. 252. (12 Ggr.)

Vom Jahr 1778 an bis 1789 wurde dieſer Almanach anfangs ohne Anzeige des Druckorts und ſtets ohne Nennung des Verfaſſers, des verdienten und itzt durch die Mitherausgabe der Schleſiſchen Provinzial-blätter bekannten Herrn Gammerſecretärs *Streit* in Breslau, wiewohl ohne Königliche Genehmigung, mit lateiniſchen Lettern gedruckt. Er hatte groſse Unvollkommenheiten, wurde aber bisweilen mit Beſchreibungen anderer Armeen und Corps, z. B. des Hannöveriſchen, auch mit der Ritterliſte des Preuſſiſchen ſchwarzen Adlerordens bereichert. Nachher nannte ſich zwar der Verleger, allein das Privilegium der Himburgiſchen Stamm- und Rang-liſte hemmte ſeit 1789 den fernern Debit. Inhalt: Stärke, Inſpectionen, Chronik der Regimenter nebſt .

H 5

Staabsofficieren und Capitäns. *u*) Infanterie; Feld-
regimenter, leichte Truppen, Grenadierbataillone,
Garnifon, Artillerie, Cadets u. f. w. mit Einfchlufs
der Landmiliz. *b*) Cavallerie: Cuiraffiers, Dragoner, Hufaren, Feldjäger. *c*) Ranglifte der Generale und Staabsofficiere. *d*) Suite. *e*) Officiere von
der Armee. *f*) Gouverneure und Commendanten.
g) Ordensritter vom fchwarzen Adler und *pour le
mérite*. *h*) Abgang und Verfetzung.

*Kurzgefafste Stamm- und Ranglifte der Königl. Preuf-
fifchen Armee für das Jahr 1790. Berlin bey Chriftian Friedrich Himburg. (Mit allergnädigftem Privilegio.* 8. S. 217. (16 Gr.) — *Für das Jahr 1791.*
8. S. 218 — *1792.* 8. S. 230.
Erfchien zuerft im Jahr 1784 auf die in einem merkwürdigen Cabinetsfchreiben dem Hrn. Buchhändler Himburg ertheilte Erlaubnifs, auf welche
erft am 31 Aug. 1789 ein Königliches Privilegium
mit Verleihung eines ausfchliefsenden Verlages erfolgte. Anzeigen davon findet man in den *Neuen
Nürnbergifchen Gelehrten Zeitungen* 1790. Nr. 83 und
84. *Allg. Literat. Zeitung* 1790. Nr. 359. S. 582 und
im *Neuen Militärifchen Journal* 1790. St. 8. S. 274.
Sie wird vom Hrn. Buchhändler Himburg jährlich durch eine unmittelbare Correfpondenz mit
den Regimentern verbeffert, und hat itzt in und
aufserhalb Landes einen fehr anfehnlichen Abfatz.
Diefes ift fehr begreiflich, da in die Provinzialcalender blofs die Gouvernements und Staabsofficiere

der Garnifonen aufgenommen find. Leider! fehlt
aber noch ganz ein Nahmenverzeichnifs der Subalternofficiere, ungeachtet deren Nahmenkunde in
fo manchen Verhältniffen des bürgerlichen Lebens
erforderlich ift, und wodurch Herr Himburg fein
Werk noch verdienftlicher machen würde. Inhalt:
a) Hiftorifche Nachrichten über die Stärke eines jeden Regiments und Bataillons und über Veränderung in Mondirung, Gefchütz und Dienft. *b*) Chefs
und Officiere der Regimenter und Depotbataillone
bis zu den Staabscapitäns, mit Anzeige des Unter-
ftaabs, der Gefchichte des Regiments, des Stand-
quartiers, des Cantons, der Uniform nach den Abtheilungen von Infanterie, Füfelierbataillons, Feld-
artilleriecorps, Cadetten, Ingenieur, Jäger, Mineur,
Invaliden, Landregimenter, Cuiraffier, Dragoner.
c) Rangliften der Chefs und Staabsofficiere nebft
Beyfügung des Patentdatums, des Vaterlandes,
des Alters, der Dienftzeit und der Ordensbänder.
d) General-Infpectionen, das Gefolge des Königs.
e) Gouverneure und Commendanten. Am Ende
ein alphabetifches Regifter über die Chefs.

Im Jahrgang 1791 find einige wichtige Zufätze
und Berichtigungen hinzugekommen, welche die
Preufsifche Publicität beweifen; unter andern die
Anzeige der letztjährigen Veränderungen, die Feld-
bäckerey, das Feldlazareth, das Proviantfuhrwefen,
das Invalidencorps auf dem Werder bey Potsdam,
und die Titular-Officiere bey der Armee, die
Anzeige der Ertheilungs-Urfache beym Orden *pour*

le mérite. (Herr Major von Freytag wegen Erfindung der trichterförmigen Zündlö-
cher an den Gewehren.)

Im Jahrgang 1792 find die Füfelierbataillone
nach den Brigaden abgetheilt, und bey jedem Regiment alle Kriegsvorfalle angezeigt, denen es beygewohnt hat. Diefe in einer folchen Verbindung
noch nie und bis itzt auch hier freylich! noch unvollftändig aufgeftellte Notizen haben Hrn. Himburg zu der Ausarbeitung eines eignen Werks ver-
mocht, welches 1793 erfcheinen wird.

Tabellarifche Ueberficht des Avancements fämtl. Preufs.
Staabsofficiere, Berlin, gr. 8.
Ift dem dritten Bande des *biographifchen Lexicons*
aller berühmten Preuffifchen Militärperfonen (*Berlin,*
bey Wever 1790. gr. 8.) beygefügt.

Inftanzien-Nachricht des Preufsifchen Militär-Etats auf
das Jahr 1786. *Für Ein- und Ausländer. Frank-*
furt und Leipzig (4 Gr.)
In eilf Abfchnitte getheilt, (S. *Maffenbachs mi-*
litärifche Monathfchrift 1786. B. 3. S. 123.) und kam
bey Meyer in Breslau nur in diefem einzigen
Jahre heraus.

Kurzgefafste Adrefs- und Inftanzien-Nachrichten des
Preufsifchen Militär-Etats auf das Jahr 1790. 1 Bo-
gen fol. (1 Gr.)
Wurde der Himburgifchen Stamm- und Ranglifte
in den Jahren 1790 und 1791 beygegeben; aber

nicht 1792 ungeachtet des Nutzens diefer Tabelle.
Sie hat 14 Rubriken, z. B. Erziehungsanftalten,
General-Infpectionen, commandirende Generali-
tät u. f. w. Bey den Truppen felbft ift, mit mög-
lichfter Benutzung des Raums, die Nummer, der
Canton, das Staabsquartier des Regiments oder des
Chefs angegeben.

Von den alten Uniformen der Armee ift eine

Accurate Vorftellung der fämtlich Königlich-Preufsi-
fchen Armee mit illuminirten Kupfern nebft einer kurz-
gefafsten Gefchichte aller Königlich-Preufsifchen Re-
gimenter. 8. *Nürnberg* 1783 (2 Fl. 30 Kr.)
herausgekommen. Die neuern find in der Hor-
vathfchen Buchhandlung zu Potsdam allmählig in
Heften 1789-1791 erfchienen.

Oefterreichifche Staaten.

Bey der Verfchiedenheit der Lage und Verfaffung diefer Staaten weichen auch die Staats-
Calender im Innern und Aeufsern, felbft in der
Sprache, fo von einander ab, dafs man Lateinifche,
Deutfche, Ungarifche, Italiänifche, Flamändfche
und Französfiche Staatscalender darin findet, und
fich daher eine allgemeine Charakteriftik nicht entwerfen läfst.

Königl. wie auch Erzherzogl. und dero Refidenz-Stadt
Wien Staats und Stands-Calender, auf das Jahr

1736. *Mit einem Schematismo gezieret. S. CXLVI.*
länglich - fchmales Format.

*Hof- und Staats - Schematismus, der röm. kaif. auch
kaif. königlich- und erzherzoglichen Haupt- und Refidenzftadt Wien, derer dafelbft befindlichen höchften
und hohen unmittelbaren Hofftellen, Chargen und
Würden, niedern Kollegien, Inftanzien und Expeditionen, nebft vielen andern zum allerhöchften Hof,
der Stadt und den K. K. Erbländern gehörigen geiftlichen, weltlichen und Militär - Bedienungen, Verfammlungen, Stellen und Aemtern. Mit einem dreyfachen Regifter verfehen, auf das Jahr 1780. Mit
allergnädigfter kaiferl. Freyheit. Gedruckt und zu finden bey Jofeph Gerold, kaiferl. Reichshofbuchdru-
ckern und Buchhändlern auf dem Dominikanerplatz.*
gr. 8. S. 494. (mit Ausfchlufs des Regifters) —
Jahr 1784. S. 488. — *Jahr* 1785. S. 492. — *Jahr*
1787. S. 518. — *Jahr* 1788. S. 475. — *Jahr* 1789.
gr. 8. S. 488. — *Im Jahr* 1790 unterblieb wegen
der Regierungsveränderung die Herausgabe. —
Jahr 1791. S. 488. (2 Fl.)

Eine Vergleichung des Formats und der Seitenzahl
zwifchen den Jahrgängen 1736 und 1791, zeigt
fchon im Aeufsern die Verbefferungen an, welche
die Zufammenfetzung diefes Staatscalenders aus
den Erinnerungen der Canzleyen im Inhalt hervorgebracht hat. Er wird indefs erft feit den letzten
Jahrzehnden jährlich erneuert, und kam 1791 wegen der durch die neue Regierung veranlafsten Veränderungen erft im September heraus und erfcheint

gewöhnlich nie vor dem May. Den Vorzug der Vollständigkeit vermindert die nicht sehr planmäſ-sige Vertheilung der Materien, wobey jedoch das dreyfache brauchbare Sach - Nahmen - und Hof-ſtaats - Regiſter gute Dienſte thut. Man kann ſol-che unter fünf Hauptrubriken zuſammenbringen. *a)* Hof- und Gerichtsſtellen in Wien unter der Be-nennung von Inſtanzen, Expeditionen und Verſammlungen mit einer alphabetiſchen Anzeige der Verſammlungsorte, und auch der Nummer der Wohnung bey den einzelnen Beamten, *b)* aufserhalb Wien die geiſtlichen und weltlichen höhern Landesſtellen in den Erblanden mit Aus-ſchluſs der Niederlande, und zwar die Ungariſchen in lateiniſcher Sprache; vom Kriegsſtaat insbeſon-dere die Garniſons-Artilleriecommandos, Guber-natoren, commandirenden Generale, Commandan-ten, Feldkriegscanzley-Expeditionen und Militär-Gerichte von ſehr mannichfaltiger Benennung, Ge-ſandten und Conſule nebſt ihren Subalternen und die Ritterorden. *c)* Beamte, ſo in Verbindung mit dem deutſchen Reich ſtehen, Reichshofrath, Reichshofcanzley, die Principalcommiſſion zu Re-gensburg, Reichsplenipotenz in Italien. *d)* Un-terthanen aufser öffentlichen Aemtern, z. B. Vor-ſteher der Windhagiſchen und Geſchwindi-ſchen Bibliothek, und der Stiftungen für arme Studenten, für Fremde, die in Wien promovirten Doctoren aus allen drey Facultäten. *e)* Beamte an-derer Staaten; das *ſacro collegio apoſtolico* in italiäni-

fcher Sprache, und ein alphabetifches Verzeichnifs der in Wien refidirenden Bothfchafter, Gefandten, (von welchen die Abgefandten unterfchieden werden), Refidenten, Abgeordneten,
Räthe und Agenten nebft den Legationsfecretären,
überaus ausführlich, weil es fich auf die Bevollmächtigten aller Particuliers erftreckt.

Zwey Bemerkungen können einem aufmerkfa-
men Lefer diefes Staatscalenders nicht entgehen;
die eine über die Menge der dem Kaifer dienenden
Regierenden Fürften, die andere über die
Eigenthümlichkeiten der Oefterreichifchen Provin-
zialfprache, (z. B. Blumbirungsamt, Gries-
Auffchlags-Einnahm, Schanzelinaut-Amt,
Spielgrafen, Tätz-Amt, Verfchleifsdi-
rectionscaffa, Manipulirende Officiere
bey der Hauptpoftwagen-Expedition, und felbft
das doppelte N in Wienn.) Der Ungelehrte wird
daher eher bey den Italiänifchen und Lateinifchen
Abfchnitten des Staatscalenders, als bey den Deutfchen ein Wörterbuch entbehren können.

• Bisweilen ift damit eine unpaginirte Nahmenlifte aller Hausbefitzer in Wien und in den Vor-
ftädten, mit der Anzeige des Locals und der Nummer, verbunden.

Oefterreichifcher Staats-Kalender. 1791. *Wien bey Ge.
Fried. Kraus.* Tafchenformat. S. 157. (51 Kr.)
Eine trügerifche Benennung. Von allen in den
erften Ausgaben befindlichen Artikeln, gehören
nur

nur die Mitglieder der medicinifch-chirurgifchen
Akademie in Wien, die Staabs-Regiments- und
Corps-Wundärzte, und die Regiments-Chefs in
einen Staatscalender. Alle übrigen, z. B. inländifche Vorfälle, Genealogie der Fürften in Wien,
Regierungsgefchichte Leopolds, II. waren blos Ta-
fchenbuchs-Waare. Zuerft im Jahrgang 1792 find
der Hofftaat, die Staatsminifter und obern Landesftellen, die höhere Geiftlichkeit, die Staabsofficiere, die Reichsgrafen in den Oefterreichifchen
Staaten und ein Staatsinventarium hinzugekommen.

α) Nach geographifcher Abtheilung.

Ungarn nebft den dazu gehörigen Reichen.

Ecclefiafticae et Politicae Regni Hungariae Dignitates,
ac honorum Tituli, quibus accedunt fuprema armo-
rum caefareo-regiorum in regno Hungariae Prae-
fectura, infignis ordo Sancti Stephani primi regis
Apoftolici, Status Perfonalis nobilis turmae praeto-
rianae; item Poftarum, Tricefimalium, et Salis Offi-
cialium. Pro Anno 1785. Cum privilegio Sac. Caef.
et Reg. Apoft. Majeftatis. Proftat Budae in Offici-
na Chriftiani Spaiszer Privilegiati Bibliopagae,
in Domo Principis Eszterházy in Fortalitio, et Po-
fonii in Officina Bibliopolae Michaelis Benedik
in Domo Baderfchneider dicta. 4. S. 284.
Wird vor dem 15. October jährlich bey der Hofcanzley zur Durchficht übergeben, und deshalb in lateinifcher Sprache abgefafst, weil folche unter den

I

vier Hauptſprachen der verſchiedenen Völkerſchaf-
ten in Ungarn bey den Hoffſtellen und Gerichten
damals in Gebrauch war und auch itzt in ihre Rechte wieder eingeſetzt worden. Daraus iſt die Um-
ſchreibung oder die Latiniſirung mancher deutſchen Benennungen (*Cammergrafiatus Officialis Con-*
tralirofans, Poſtalium Rationum Exactoratùs officium)
und die zwiefache Bezeichnung, z. B. *Larcinarum*
ud currus locatorum magiſter, Packmeiſter; *Poſtalis*
currus, Diligence; Burdigala, Bordeaux, entſtanden.
Die Spaltung der Columnen, die möglichſte Benutzung des Platzes und die Auslaſſung mehrerer Be-
amtenclaſſen machen dieſen Staatscalender weniger
voluminös, als der Umfang der Königreiche Sclavonien, Syrmien, Croatien und Dalmatien, des
Temeſchwarer Bannats und des Grofsfürſtenthums
Siebenbürgen erwarten läfst. Bey Ungarn liegt
noch die alte Eintheilung der Geſpannſchaften und
Kreiſe, ſtatt deren man itzt nach zehn Gebieten
rechnet, zum Grunde. — Inhalt: I. Geiſtlicher
Staat: 1) katholiſcher Religion, 2 Erzbiſchöfe, von
Gran (*Strigonienfis*) und von Colozſcha, mit ihrem
ſeitenlangen Titel. Biſchöfe, Aebte, Pröbſte,
theils *maiores*, theils *alii*. Capitel der Metropolitan-
Cathedral- und Collegiatkirchen, *conventus ecclefia-*
rum et (ſieben) *Loca credibilia feu authentica*; 2) der
nicht unirte Erzbiſchof und die 6 Erzbiſchöfe *graeci*
ritus, aber nicht die niedere noch die proteſtantiſche
Geiſtlichkeit. II. Weltlicher Staat (*Politicae*
dignitates) 1) Königlicher Grofsgraf (*Palatinus*),

Reichs - und Hofrichter (*iudex curiae regiae*) Ober-
fchatzmeifter (*Tavernicorum regalium Magifter*), Oberftallmeifter (*Agazonum Magifter*), beyde in neuern
Zeiten wieder in Function getretene Kronhüter
(*S. Regni Coronae Confervatores*) und die übrigen Inhaber der nicht erblichen Erzämter. 2) Die Ober-
gefpanne (*Supremi Comites*) nach fünf Localabthei-
lungen, aber nicht die *nobiles poffeffionnati* und die
armalifae. 3) Die Oberdikafterien in Ungarn : Hofcanzley mit allen Subalternen und Nebencanzleyen.
Statthaltereyrath (*Confilium Locumtenentiale*) mit allen
Diftrictscommiffären und Unterbeamten, die Cammer mit allen Provinzialadminiftrationen, auch in
den 16 Königlichen Freyftädten. 4) Die Bergwerks-
cammern nach der Abtheilung von Ober- und Nie-
der-Ungarn und vom Temefchwarer Bannat. 5) Die
Juftizcollegien; die fo bekannte und von der ehemaligen Anzahl ihrer Mitglieder benannte Sep-
temviraltafel als die oberfte Juftizftelle, das
Appellationsgericht (*tabula regia*) die vier *tabulae
diftrictuales*, Gerichte erfter Inftanz; nicht die Co-
mitats- und privilegirte Bezirksgerichte, noch die
Herrenftühle, Localmagiftrate und Gerichte der
freyen Städte und Bergwerke. 6) Dikafterien in
Dalmatien, Croatien und Sclavonien und am *littore
Hungarico-maritimo;* Confule und Viceconfule in
auswärtigen Häfen, *tabula bannalis*, Juftizgerichte, Vicegefpanne. 8) Kriegsgerichte und Kriegs-
Commiffariat-Proviantwefen u. f. w. in fämtlichen
Reichen; keine Generalität, noch Officiere, fo we-

I 2

nig Heyducken, als Hufaren. 9) Die Ritter des heiligen Stephan-Ordens. 10) Die Ungarifche Leibwache, nebft deren Aerzten, Profefforen, Capellanen u. f. w. (*Turma nobilis Praetoriana*). 11) Die *Familiares aulae regiae.* 12) Die Ober-Poftcommiffion nebft allen Poftbeamten in Wien, in Ungarn, Croatien, Sclavonien und Siebenbürgen, nach dem Alphabet; nebft einem ausführlichen tabellarifch eingerichteten Poft- und Meilenzeiger und einigen Nachrichten über das Fortkommen in der Türkey. 13) Die *officiales tricefimales.* 14) Die Beamten bey den Salzwerken. 15) Alphabetifches Nahmenverzeichnifs der kleinern Reichsbarone, Grafen und Freyherren, der *indigenae*, der Gefpannfchaften und der Königlichen Freyftädte. 16) Das Sach- und ein Nahmenregifter, worin die Kriegsftellen ausgelaffen find.

Als Commentar zu diefem Staatscalender kann *Johann Matthias Korabinsky Almanach von Ungarn auf das Jahr 1778.* (*Wien und Presburg.* 8.) dienen.

Königreich Böhmen.

Kaiferlich Königlicher-Titular und Familienkalender des Königreichs Böhmen. 1787. *Prag, bey Johann Ferdinand Edlen von Schönfeld.* 4. S. VIII. 52. und 176. Der erfte durch die Römifchen Zahlen abgefonderte Abfchnitt begreift die Inhaltstabelle und viele Zeitrechnungen in fich, welche größtentheils aus der Böhmifchen Gefchichte genommen find, z. B.

die von den vier Preuffifchen Kriegen, die fchöne
Rubrik von Einführung der Toleranz 13.
Octob. 1781. u. f. w. Im zweyten Abfchnitt von
52 Seiten ift der Zeitçalender enthalten, deffen gefpaltene Columnen man überaus zweckmäfsig benutzt hat. Es ift nemlich darin ein Verzeichnifs
der letztjährigen Verordnungen für das Königreich
Böhmen, nach alphabetifcher Ordnung der Gegenftände und mit kurzer Anzeige ihres Inhalts, aufgeführt. Den übrigen Raum nehmen die Poftcurfe
und die Naturproducte aus allen drey Reichen in
fämtlichen öfterreichifchen Erblanden ein. Der
dritte und Haupt-Abfchnitt hebt mit den
geiftlichen Chargen, Würden und Confiftorien an,
fowohl katholifchen als Augsburgifchen und
Helvetifchen Bekenntniffes, nach fyftematifchen Abtheilungen; das Landesgubernium mit
den Finanzcollegien, das Böhmifche Militär fummarifch, die Juftizgerichte, die Univerfitäten und
Schulen, und zuletzt der Prager Magiftrat. Von
der Zufammenfetzung der Titel mag ein Feuer-
Wetter- und Wafferfchaden-Liquidations-
Regiftrator und Bonifications-Adjunct
(S. 23.) ein Zugvieh- und Seelenzählungs-
Kommiffions-Affiftent, ein Haupt- Ein-
bruch- Amts-Perfonale (S. 35.), und von
der Beybehaltung franzöfifcher Benennungen, das
Genie (Ingenieur) Departement zum Beyfpiel dienen. Im Anhang alle privilegirte ausüben-
de Aerzte, ein alphabetifches Verzeichnifs der al-

ten ritterlichen, adlichen, freyherrlichen, gräfli-
chen und fürstlichen Böhmischen Familien, mit
Benennung des noch itztlebenden Mannsstamms,
und aller Böhmischen Dominien nebst ihren Besitzern, Münztabellen, Interessetafeln, Postzeiger
u. s. w. Auch ist die Aufnahme der vornehmsten
Landesstellen in den übrigen Staaten des Kaisers,
des Reichshofraths, der Hof- und Staatscanzley,
des Ungarisch-Siebenbürgischen Hofraths, und der
Gesandschaften ganz zweckmäfsig. — Das Geschlechts - Verzeichnifs fafst nur die regierenden
Fürsten und Erbfolger in sich.

*Kaiferlich - Königlicher Schematismus für das König-
reich Böheim, auf das Jahr 1791. Prag in der K. K.
Hofbuchdruckerey des Johann Ferdinand Edlen von
Schönfeld. Mit Sr. R. K. K. A. M. allergnüdigsten
privilegio privativo.* 8. S. 192. 144 und 112.
Ein zweyter Böhmischer Staatscalender , noch
vollständiger als der vorige, und sowohl zum Gebrauch der ganzen Oesterreichischen Monarchie
als auch zum Adrefsbuch der Residenzstadt Prag
eingerichtet. Er enthält drey Haupt-Abschnitte,
welche statt besonderer Rubriken sich blos durch
die Seitenzahl unterscheiden. *a*) S. 1 - 192. Verzeichnifs der landesherrlichen Beamten in sechs
Unter - Abtheilungen, von welchen die erste alle
obersten Hofstellen in Wien darstellt, und daher
diesem Staatscalender nicht allein eigen ist. Die
übrigen beziehen sich auf die Finanzstellen, das

Militär, die Juſtiz, die Geiſtlichkeit und auf die
gelehrten Anſtalten, deren Ueberſicht ein am Ende
beygefügtes Generalnahmens-Regiſter ſehr erleichtert. *b)* S. 1 - 135. gewiſſermaſsen ein ſtatiſtiſcher
Abriſs über die Inhaber und Mitglieder der vornehmſten Privatanſtalten im Gebiet der Wiſſenſchaften, Künſte und Handwerke; über Fabriken,
Manufacturen, Ackerbau, Indüſtrie, Poſten, Handel u. ſ. w. Insbeſondere erſtreckt ſich derſelbe
auch auf die Sehenswürdigkeiten der Stadt Prag
und auf eine alphabetiſche Beſchreibung aller in
der bekannten Welt gangbaren Münzen. *c)*. Weniger Syſtem iſt im dritten Abſchnitt. Ein Theil
davon betrift die ganze Monarchie, z. B. das *Corps*
Diplomatique des Kaifers an fremden Höfen, die
Regimentsinhaber und Provinzial - Gouverneure,
und ſteht daher mit einer Unterabtheilung des erſten Abſchnitts in Verbindung. Ein anderer Theil
begreift ſtatiſtiſche allgemeine Nachrichten über
Meilen, Gewicht und Maaſs in ſich, und paſst daher in den zweyten Abſchnitt. Ein dritter Theil
endlich ſtellt die Verfaſſung der Städte nach ihrer
Abtheilung in königliche Leibgeding, Schutzleib-
eigenen- und Bergſtädte, der Wirthſchaftsämter und
der Dominien des Königreichs, und zwar die letztern in alphabetiſcher Ordnung unter Benennung
der Beſitzer, dar. Die Bezeichnung der Orte mit
ihren deutſchen Nahmen, ohne Beyfügung der
Böhmiſchen, vermindert die Brauchbarkeit die-

I 4

fes Staatscalenders für die niedere Volksclaſſe in
diefem Königreich.

Oeſterreichiſche Niederlande.

Calendrier de la Cour de Leurs Alteſſes Royales *M a r i e*
C h r i ſt i n e, Princeſſe Royale de Hongrie & de Bo-
hême, Archiducheſſe d'Autriche &c. &c. & *A l b e r t*,
Prince Royal de Pologne & de Lithuanie, Duc de
Saxe &c. Lieutenans, Gouverneurs & Capitaines
Généraux des Pays - Bas. Pour l'an de Grace
(*MDCCLXXXIV*) *MDCCLXXXV.* à Bruxel-
les. Chez J. Van den Berghen, Imprimeur - Libraire,
rue de la Magdelaine. 8. (Chronologie unpaginirt.
Staatscalender S. 177. Poſtzeiger S. XXIV.)
Ein zu eingeſchränkter Titel für ein Nahmenverzeichniſs von weltlichen und geiſtlichen Staatsbeamten. Die ausſchlieſſenden Druckprivilegien des
Peter von B a ſt vom 17 Dec. 1766 und des von
B e r g h e n vom 29. Jan. 1778 legen die Bedingung auf, ihn auch im Flamändiſchen abzudrucken,
und jedesmahl ein Exemplar an die P r i v a tbiblio-
thek des Grafen N e n y abzuliefern. Einer Ober-
aufficht wird darin nicht erwähnt. Inhalt: a) Hofſtaat des Generalgouverneurs; ſehr zahlreich, unter andern ein Einnehmer feiner Apanage zu Dresden; bey der Capelle die Zahl der Inſtrumente
ohne den Nahmen der Spieler; alle in den Nieder-
landen befindliche Cammerherren des Kayfers und
die Kayſerlichen Ritterorden. b) *Etat des Pays-bas;*
unter diefer uneigentlichen Benennung nichts

als ein fummarifches Adrefsbuch für Brüffel. Der
g e i ftl i c h e Stand nach den Provinzen und
Bisthümern; im w e l t l i c h e n der Staatsrath
nach der Verfaffung vom Jahr 1725, die oberften
Finanz- und Juftizftellen zu Brüffel (*Jointes, Comités, Chambres, Colléges*) zum Theil mit Anzeige
der Sitzungen, Ferien, Subalternen, Wohnungen
und des Gefchäftsbezirks; fehr oft die bekannten
Nahmen *Crumpipen*, *le Clerc*, *Murray*; wegen der
Verfchiedenheit der im Lande anfafsigen Lands-
mannfchaften ift bey den Juftizgerichten eine grofse
Anzahl von *Traducteurs* — Bey einigen Aemtern
ift die Flamändifche Benennung z. B. *Waut-Muitre*
beybehalten; auch eine *Chambre héraldique.* Vom
Militär find blofs die Gouverneure und Generale
angegeben. c) Provinzialftaatscalender, oder Verzeichnifs der oberften Landesftellen, der Landftände, der Magifträte in den gröfsern Städten u.
f. w. nebft einigen Nachrichten über die Verfaffung.
Bey der Univerfität zu Löwen find die Hörfäle der
Profefforen bezeichnet, z. B. ein *Profeffeur au San-
glier*, *au Faucon.* — Als Anhang ein Gefchlechtsregifter.

Refidenz Wien.

a) *Wiens gegenwärtiger Zuftand unter Jofephs Regierung.* 1787. 8.

b) *Wienerifcher Kommerzialfchema oder Gefchäftsall-
manach welcher enthaltet, die fämmtliche in Wien be-*

I 5

findliche Handelsherren, griechiſche Kaufleute, Künſt-
ler, Handwerker, und die in Oeſterreich beträchtli-
chen Fabrikanten mit ihren Adreſſen, nebſt andern
nothwendig zu wiſſenden Nachrichten, und zu Acco-
modirung und Bewürthung dienenden Sachen für Ein-
heimiſche und Fremde, wie auch eine ſichere Münz-
berechnung alles kourſirenden Gold- und Silbergeldes
von 1 bis 1000. Ganz neu umgearbeitete Auflage.
Wien, bey Joſeph Gerold, kaiſ. Reichshofraths-
buchdrucker und Buchhändler. 1791. 8. S. CLVII.

c) *Hofers Verzeichniſs der in der Reſidenzſtadt Wien*
   und deſſen Vorſtädten befindlichen numerirten Häu-
   ſer, deren Eigenthümer, Conditionen u. ſ. w. Wien
   1791. 8. 4te Auflage.

Dieſe enthalten zwar auch vieles, was in einen
Staatscalender gehört, z. B. Hofſtellen und Aemter, Univerſitätsmitglieder, Juſtizgerichte, Thea-
terperſonale u. ſ. w. Indeſs iſt doch die Topographie und Statiſtik ihr Hauptzweck, daher man
darin unter andern die Nahmen und Wohnungen
der Handelsleute, Künſtler, Handwerksvorſteher
und Fabricanten, ſelbſt bis auf die Cervelat-
wurſtmacher, in einer ſehr bequemen Ordnung
findet. — Ein *Hoferſches* Verzeichniſs iſt auch
dem Hof- und Staatsſchematiſmus von 1785 beygefügt.

β) Nach Verſchiedenheit der Beamten-claſſen.

H o f ſt a a t.

Kaiſerlich Königlicher Hof- und Ehrenkalender auf das Jahr 1792. 8. (30 Kr.)
Erſcheint jährlich im Januar und enthält aufser ſämtlichen Hofhaltungen und dem Cammerperſonale in Wien die Ordensritter, das Oeſterreichiſche *Corps diplomatique* und die vornehmſten geiſtlichen Würden und Erbämter der Monarchie.

H a n d l u n g.

Algemeiner Handelſtandskalender auf das Jahr 1792. Wien bey J. M. Weimar. 8. 12 Bogen. (1 Fl.)
Wird jährlich erneuert und enthält aufser ſämtlichen Handelsleuten in Wien das Niederöſterreichiſche Mercantil- und Wechſelgericht und mehrere privilegirte Handlungsgremien.

Nützliches Taſchenbuch vorzüglich zum Gebrauch der Herren Kauf- und Händelsleute in den K. K Erbſtaaten eingerichtet. 1792. Wien bey Chriſtoph Peter Rehm. 8. (40 Kr.)
Enthält das Grofshandlungsgremium, das Niederöſterreichiſche Mercantil- und Wechſelgericht, ſämtliche Kaufleute in Wien und die Legſtädte und Commerzial-Grenzzoll-Aemter in den deutſchen und galliciſchen Erblanden.

Kriegsſtaat.

a) *Ganz neue und nach der neueſten Promotion einge-*
richte General- Kriegs-Tabellen, vom 25 Aprill 1744.
Darinnen nach dem Alphabet zu finden, alle Königl.
Ungar. und Böhmiſche regulirte, alte und neue auf-
gerichte, Infanterie und Cavallerie Regimenter,
ſamt ihren von Anno 1683 an, gehabten Regiments-
inhabern, und jetzigen reſpective Herrn Staabs- Offi-
cieren, mit ihren Chargen, ingleichem ihre dermah-
lige beſtellte Regiments-Agenten, und derſelben Ac-
curate gewöhnliche Uniform, ſamt denen Ländern
wo ſie Dato liegen, alles auf das beſte überſehen,
und mit allem Fleiſs zuſammen gebracht. Augs-
purg, zu finden bey Johann Andreas Steiſlinger,
Jünger. fol.

b) *Neu verfaſste Schema oder General- Kriegs- Tabel-*
len, von 1ſten Majus des laufenden 1751ſten Jahrs.
Darinnen nach dem A. B. C. ohne Praejuditz des
Rangs alle Röm. Kayſerl. Königl. Hungar. Bö-
heimiſche regulirte alt und neue Infant. und Cavall.
ſambt denen neu aufgerichteten regulirten Gränitz-
Regimentern, mit denen von Anno 1683 geweſenen
und dermahligen Regiments-Inhabern, auch deren
reſpective II. Staabs Officieren, mit dero Dignitae-
ten nach den neueſten Promotionen ſambt den ge-
wöhnlichen Uniform deren Regimentern, nebſt An-
merkung der Länder in welchen ſich die Regimenter
befunden, und aller derenſelben beſtellten H. Hof-

*Kriegs-Agenten, auch wo diefelbige alhier dermah-
len logiren. In Wienn, zu fünden bey Johann Jacob
Lidl. fol.* — Diefelbe *v.* 1. *April.* 1752. — 1 *Februar.* 1754.

c) *Schema dero Röm. Kayferl. zu Hung. und Böheim
Königlichen Majeftätt fummentlicher Hohen Generalität, Wie fich Hoch-Diefelbe mit medio Martii
1752. nach der neueften Promotion zu allerhöchften
Dienften befindet. Eingericht nach dem Alphabet,
ohne Rang. Mit Genehmhaltung und Erlaubnifs
der Oberen zum Druk befördert. Gedrukt zu Wienn
bey Johann Peter v.* Ghelen, *Kayf. Königl. Hof-
Buchdrukern.* — *Med. Mart.* 1754-*med. Jun.* 1756. 8.

d) *Schema dero zu Ungarn und Böhmen königl. Maj.
regulirten Regimenter zu Fufs und zu Pferde, wie
folche mit Anfang des April 1745 in allerhöchften
Feld- und Kriegsdienften zu bevorftehenden Feldzuge
und andern Kriegs-Operationen würklich in Bereit-
fchaft ftehen, und wie die dabey angeftellte Herrn
Staabsofficiers mit Namen heiffen, die Regimenter
aber von A.* 1683 *mutatis mutandis benahmet werden, nebft Anmerkungen derfelben Kriegsagenten in
Wien.* 1745. — *Medio Martii* 1752. addatur: *Mit
Genehmhaltung und Erlaubnifs derer Obern zum
Druck befördert. Gedruckt zu Wienn, bey Joh. Pet.
v.* Ghelen *K. K. Hofbuchdrucker.* 8. 26 ungezählte
Seiten. — *Medio Mart.* 1754-*medio Junii* 1756. *In
der van Ghelifchen Buchdruckerey.*

Alle vier fehr mühfame und vollftändige Tabellen.

e) *Gefchichte der k. k. Regimenter, darinnen deren ehe-
malige und jetzige Verfaßung, Errichtung, Innha-
ber und gethanen Feldzüge, wie auch die Schlachten,
Belagerungen und andere merkwürdige Kriegsexpedi-
tionen, welchen fie beygewohnet, enthalten. Nebft
dem Verzeichniß derer Hof - Kriegs - Raths - Präfidenten, General - Lieutenants und General - Kriegs-
Commiffarien bis zum J. 1762. Frankf. am M.
1762. 8.*

In der Trattnerfchen Buchhandlung und auch zu
Prefsburg follen während des fiebenjährigen Krieges
ähnliche militärifche Liften herausgekommen, aber
nachher nicht fortgefetzt feyn.

f) *Oeftreichifcher Miliz - Almanach für das Jahr 1790.
Nürnberg und Wien bey Johann Adam Stein und
Gräffer dem jüngern.   Tafchenformat S. 252.
(Zweiter Titel: Miliz - Almanach No. I.)
Oefterreichifcher Militär - Almanach für das Jahr 1791.
Wien bey Gräffer dem jüngern.   Tafchenformat.
S. 239. (Militär - Almanach No. II.)*

Ein in der allgemeinen deutfchen Bibliothek 101 B.
1 St. S. 246 - 248. angezeigtes Privatunternehmen
des Hrn. Buchhändlers Gräffer, welches, ungeachtet der bisher über die Oefterreichifche Militärver-
faffung gezogene dichte Schleyer itzt gefallen ift,
fehr verdienftlich ift und bey befferer Anordnung

und genauern Nachrichten über die Stärke der Regimenter und über den militärifchen Rang es noch mehr werden kann. Itzt find die Materien in beiden Theilen zerftreut. Inhalt: *a*) No. I und II. die Nahmen der Infanterieregimenter, ihrer itzigen und ehemaligen Chefs und Proprietäre, nebft Uniform und Garnifon; *b*) daffelbe No. I und II. von der Cavallerie nach ihren verfchiedenen Unterabtheilungen; *c*) No. I und II die Generalität, welche aus 375 Köpfen befteht; *d*) No. II. die Militärorden *Marie Therefe* und *Elifabeth*, nebft deren Statuten, Gefchichte, und den fowohl itztlebenden als verftorbenen Rittern. Sehr fonderbar ift hiebey die ökonomifche Berechnung des Werths eines *Ave Maria*; die katholifchen Elifabeth - Ordensritter beten deren täglich drey für die Stifterin, die Evangelifchen kaufen fie aber mit drey Ducaten jährlich ab. *e*) No. II. die übrigen von Jofeph II eingeführten militärifchen Ehrenzeichen ohne Ordensverfaffung. *f*) No. I und II die Kriegsvorfälle von 1790 und des Waffenftillftandes mit den Türken, insbefondere die Vertheidigung der Veteranifchen Höhle und die Gefchichte von Belgrad. *g*) No. I und II. Beyträge zur Milizgefchichte, der bekannte Abfchied Jofephs II von der Armee, die Generallieutenante feit 1527, Generaldirectoren der Artillerie feit 1590, die Generalkriegscommiffäre feit 1601, eine tabellarifche Lifte der Regimenter vom Jahr 1738 mit Einfchlufs der reducirten; drey davon leiten ihren Urfprung bis in die Zeiten des

dreifsigjährigen Kriegs zurück. *h*) No. L die Bür-
ger- und Polizeymiliz in Wien, und *i*) No. I und
II ein Nahmenregifter. — Eine auf feinem holländifchen Papier mit gemahlten Uniformen veranftal-
tete Ausgabe diefes Almanachs ift mittelmäfsig.

g) *Das* bekannte *Schema der K. K. Armee vom Herrn
Procurator Zinn zu Erlangen*
verdient mehrern Beifall und gewifs auch die zweyte
Auflage, welche im *Intelligenzblatt* der *Allg. Lit.
Zeitung* (1791) No. 126 angekündigt worden.

Staaten des Königs von Spanien.

In Madrid werden feit wenigftens 35 Jahren
nach Neujahr jährlich und zwar, wie die *Gazeta de
Madrid*, unter der fpeciellen Auffücht eines Subal-
ternen beym Departement der auswärtigen Ange-
legenheiten, zwey Nahmenverzeichnifse für den
Civil- und für den Kriegsftaat, jedoch in derfelben
zierlichen Form und gleichem Bande, und bey den
Madridtern mit Anzeige der Wohnungen abgefafst.
Der Inhalt erftreckt fich zwar auf alle Nebenländer,
aber nur auf die vornehmften Staatsbeamten, nicht
auf die Subalternen, fo wenig im Geiftlichen als im
Civil- und Militärfache, felbft nicht einmahl auf die
Akademien aufferhalb Madrid, auf die niedere
Geiftlichkeit, auf die Richter und Poftbeamten.
Bey der Riefengröfse des Reichs ift diefer Mangel

desto

defto fühlbarer, da es fo wenig Adrefs- als Provinzialcalender gibt, und die einzelnen Verzeichnifse
von Staatsbeamten in gröfsern topographifchen
Werken; z. B. von der Hauptftadt Victoria in
der Landfchaft Alava, in des *Don Joaquin Jofeph
de Landazuri y Romarate: Hiftoria civil, ecclefiaftica,
politica y legislativa de la &c. ciudad de Victoria* (1789.
8. S. 462.) nie erneuert werden. Die Courtoifie
ift aufser dem *Don* allenthalben forgfältig vorge-
fetzt, vom *El Rey Nueftro Sennor* an durch die ganze Stufenleiter von *Em^{mo}, I^{mo}, Exc^{mo}. R^{m} P
Maeftr. S^{r} D^{r} u. f. w.*

C i v i l f t a a t.

*Kalendario Manual, y Guia de Forasteros en Madrid,
para el anno de M. DCC. LXXXII. contiene los
Nacimientos de los Reyes, Cardenales y Principes
de la Europa: dias en que se viste la Corte de Gala
y Luto, los Ministros que componen los Tribunales
de S. M. en estos Reynos, y los de Indias; y donde
al presente habitan los de esta Corte, y otras curiosi-
dades. En la Imprenta Real de la Gazeta.* 12. S.
164. — 1783. S. 164. — *Para el Anno de M.
DCC. LXXXV.* 12. S. 182. — *Para el Anno de*
1789. *En la Imprenta real.* S. 203. (ohne jene
Erweiterung des Titels.) — *Para el Anno de*
1790. S. 208. — *Para* 1792. S. 198.

Die Hauptabtheilung machen hier durchgehends
die Europäifchen und die Aufser-Europäifchen
Befitzungen, letztere unter dem Nahmen von *las*

K

Indias. Die meisten Collegien haben den Beynahmen von *Consejo*, *Junta* und *Audiencia*, theilen
sich in Cammern (*salas*), und haben fast alle einige
honorarios. Inhalt: *a*) Chronologisch-statistisches
Verzeichnis aller Fast-Buss-Processions-Feyer-
Gala-Hof-Ordens-und gerichtlichen Sessionstage.
b) Ritter der K. Orden, 47 vom G o l d n e n V l i e f s,
63 Grofskreutze von C a r l o s III. einer *Junta*, deren Mitglieder mit *individuo nato* bezeichnet find,
8 *Teologos consultores.* *c*) Cardinalscollegium, apo-
stolische Nuncien in Spanien und die vom König
ernannten Beysitzer der *Rota* in Rom. *d*) Erzbi-
schöfe und Bischöfe; auch die in den Nebenländern, 5 unter dem Erzbischof von St. Domingo,
8 unter dem von Mexico, 3 von den Manilischen
Infeln, 3 von Guatemala, 9 von Lima, 5 von Charcas und 4 von Santa Fe. *e*) Staatsrath und 85 *Secretarios de Estado* nach den Abtheilungen *de la Pri-
mera de Estado*, *de Gracia y Justicia*, *de guerra, de Marina* und *de Hacienda* (Rentcammer) welche bekanntlich eine sehr ausgedehnte Gewalt haben.
f) Das mit Bothschaftern reichlich verfehene *Corps
diplomatique*, und 2 *Introductores de Embaxadores*,
beynahe 140 Confule und Viceconfule in fremden
Staaten. *g*) Höchste Landesstellen; *Consejo-Real*
und *Supremo* nach 5 *Salas* und den Correfpondenten abgetheilt, ein *iuez interino de Imprentas y Libre-
rias*, wegen des bekannten literarifchen Zwanges in
Spanien; die *Sala de Alcaides de cafa y Corte*, das
fürchterliche *Confejo de la fuprema y general inquificion*,

itzt (1792) unter dem Präfidium des Bifchofs von
Jaen, nebſt den Chefs der Untergerichte z. B. *Pla-
zuela de Santo Domingo*, *Convento del Roſario*; *Conſejo de las Indias* nach 3 *Salas*; das *Conſejo de las or-
dones* mit 21 Mitgliedern und *de Hacienda*; eine *Co-
miſſaria* für die Münzen und Bergwerke in und auf-
ſerhalb Indien, mehrere *Junta* für milde Stiftungen; Oberpoſt- Canal- und Wegedirectorium; Tribunal *del Protomedicato* mit 13 *examinatores perpetuos*.
h) K. Akademien und Anſtalten in Madrid für Wiſſenſchaften und Künſte, als die *real academia Eſpan-
nola*, *de la Hiſtoria*, *de Pintura*, *Medica*, *economica*,
in welcher 3 Damen find, *de Derecho Eſpannol*, *de
Jurisprudencia Praĉtica*, *de Liturgia*, *de Derecho Civil y Canonico*, *Latina*, die täglich ofne K. Bibliothek mit 5 Bibliothekaren, die *Eſtudios reales*, das
Seminario de Nobles, *Gabinet de hiſtoria natural*, *Jar-
din Botanico* und *Collegio di Cirurgia*. Die Profeſſoren heifsen *Sennores Catedraticos*. *i*) Die Direction
der bekannten *Banco nacional de San Carlos*.
k) Sämtliche Juſtiztribunäle in Spanien (*Chancille-
ria* oder *Audiencia*) unter dem Präfidium der Generalgouverneure von Valladolid, Granada, Navarra,
Gallicien, Sevilla, Aſturien, den Canarifchen Infeln,
das zu Cadix für Indien, Arragonien, Valencia und
Catalonien, nach den Abtheilungen von *Sala* oder
von *de lo Civil* und *del Crimen*. *l*) Die *Corregidores*,
Alcaides, *Mayores*, *Gobernadores é Intendentes*, nach
dem Alphabet der Städte. Bekanntlich darf der
Burgermeiſter nie ein Eingebohrner der Stadt feyn.

m) Präfidenten, Directoren und Secretäre von 38 Oekonomifchen Societäten. *n*) Jufliztribunäle zu Mexico, Guadalaxara, Guatemala, St. Domingo, Manilla und Caracas. *o*) Jufliztribunal *en las provincias de los Reynos del Peru*, zu Lima, Charcas, Chili, Santa Fe, Quito, Buenos-Ayres und Cuzco, ganz wie die Spanifchen organifirt. *p*) *Vireyes*, Generalcapitäne und Gouverneure im Spanifchen Nordamerica und Weftindien und den Philippinen mit dem Titel *El Exc^{mo} del Reyno* unter andern Guatimala, Cuba, Louifiana, Florida und Neu-Mexico; fämtlich Spanifche Nahmen, welche bekanntlich fehr oft abwechfeln. *q*) Höchft fehlerhafte Genealogie der Europäifchen Fürften; der Cardinal von York beym K. Grofsbritannifchen Haufe. *r*) Anzeige von Galatagen *de Uniforme y befamanos* und *Sin Uniforme*. *s*) Statiftifche Tabellen über Einkünfte und Ausgaben der H. Hermandad und anderer milden Stiftungen, Mortalitäts- und Bevölkerungsliften; über Münzen und Poften nach den andern Welttheilen, welche von mehrern deutfchen Statiftikern benutzt worden. Zuletzt ein Realregifter.

K r i e g s f t a a t.

Eftado Militar de Efpaña. Año de 1782. En la Imprenta Real de la Gazeta. 12. S. 108. — 1783. S. 104. — *Año de 1785. En la Imprenta Real.* 12. S. 108. — *Año de 1789.* S. 106. — *Año de 1790.* S. 116. — *Año de 1792.* S. 164.

Ift durch die Anzeigen der Uniform, der *aufentes*, *graduados*, *jubilados* und *honorarios*, des Errichtungs-jahrs und der Organifation, aber nicht der Stärke der Regimenter, fehr brauchbar gemacht. Inhalt: Voran das Generalkriegscollegium mit 27 Mitglie-dern, die Kriegscanzley und *iunta del monte pio mi-litar* und *fuperintendencia de penas.* Dann 1) Land-macht. Generalität, 66 *Tenientes Generales*, und 72 *Marifcales de campo*, welche bekanntlich keine Regimenter haben, 150 *Brigadieres*, 7 *Infpeclores Generales*, 11 *Intendentes de Exercito*, 18 *Intendentes de Provincia* bey den Kriegscommiffariat- und Ju-ftizgerichten, 79 Kriegscommiffäre, 14 *Auditores de guerra*, unter welchen einer *del Campo de Gibraltar.* Insbefondere A) Infanterie; von den einzelnen Re-gimentern der *Teniente*, *Coronel* und *Sargento-Mayor*; nach den Abtheilungen der zahlreichen *Tropa de Cafa Real*, die aus vier Garden befteht; der 34 Natio-nalregimenter, unter welchen die Nahmen *Africa*, *Lisboa*, *Irlanda*, *Ceuta*, *Oran* und *America* fich befin-den, der Italiänifchen von Neapel und Mailand, der Wallonifchen von Flandern, Brabant und Brüffel und endlich der 4 Schweizerregimenter. B) Von der Artillerie und C) von dem Ingenieurcorps und den damit verbundenen Inftituten blos die Chefs. D) Von der Cavallerie aufser den drey Graden, welche bey der Infanterie angezeigt find, noch der *Comman-dante*, nach der Abtheilung in fchwere Cavallerie und Dragoner. E) Von der Landmiliz diefelben Grade; 28 Bataillone im Jahr 1734 und 14 im Jahr

1766 errichtet, nebſt dem Provinzialregiment in
Majorca. F) 17 Abtheilungen der Stadtmiliz nach
Compagnien. G) Invalidencorps, 46 Compagnien
von *habiles* (Dienſtfähige) und *inhabiles*. H) Militär-
gouvernementer der feſten Plätze; auch zu Minor-
ca, Guaxaca, Oran, Ceuta und in den Canariſchen
Inſeln. I) dem Jahrgang 1792 zum erſtenmahl eine
für die *journaliſirenden* Statiſtiker höchſt wichtige Anzeige des Kriegsſtaats in *Nueva Eſpana*, in *Goate-
mala*, *Yacatan*, *Cuba*, *Louiſiana y Florida*, *St. Domingo*, *Puerto - Rico*, *Granada*, *Venezuela*, *Rio
del Plata*, *Peru*, *Chili*, *Islas Filippinas* und *Manila*.
In jeder dieſer Provinzen gibt es vielfache Unterabtheilungen, z. B. in Mexico 12 *Intendentes*, die *tropas veteranas*, die Artillerie, 5 *Companias fixas* und
8 *Cuerpos provinciales* der Infanterie, 3 Regimenter
Dragoner, jedes von 4 Schwadronen, 3 Bataillone
Pardos libres, 5 *Cuerpos provinciales* der Cavallerie,
3 *milicias urbanas*, 1 *Cuerpo de Invalidos* und der *Eſtado
Mayor de las plazas*. 2) Seemacht. 2 Obercolle-
gien; 19 *Tenientes generales*, 25 *Xefes de Eſquadra*,
46 *Brigadieres de Marina*, 110 *Capitanes de navio*, 150
Capitanes de Fragatta. Nach den Departementern
von Cadix, Ferrol und Carthagena richten ſich die
Abſchnitte von Inſpectionen, vom Generalſtaabe,
Arſenale, Magazine, *Capitanes de Puertos*, Militär-
corps, Seeinfanterie, Artillerie, Ingenieure und
Piloten, Commiſſariate, Zahlämter und der *Vica-
rio general* nebſt den drey *Tenientes*, auch die Aufſeher der Provinzialabtheilungen mit Bezeichnung

der Anzahl von Mariniers, die für den Dienſt ein-
geſchrieben ſind. Zuletzt kommen die Richter, die
Seehoſpitäler und die chirurgiſchen Anſtalten. Am
Ende eine Finanzberechnung der Commenden bey
den vier militäriſchen Orden *St. Jago*, *Calatrava*,
Alcantara und *Monteſa*.

M a d r i d.

Noticia de las caſas de los Excellentiſſimos Señores Gran-
des de Eſpaña, Duques, Condés y Marcheſes que
reſiden en esta corte. año 1782. 8. S. 10.
Ein jährlich erneuertes Adreſsbuch für den in Madrid wohnenden hohen Adel, der in Aemtern ſteht.

Staaten der Königin von Portugal.

Am 12 Octob. 1771 erhielt ein gewiſſer *Pedro
Villela* zuerſt das Privilegium, ein Taſchenbuch
jährlich herauszugeben, deſſen vierter Jahrgang
unter dem Titel:
Diario Ecclesiastico para Reino de Portugal, princi-
palmente para a Cidade de Lisboa, com o Lu-
nario correcto, e noticias novas, e curioſas, para
o anno de 1775 terceiro depois do Bisſexto, e 193
depois da correcçuo Gregoriana. Lisboa na Regia
Officina Typografica. Com licença du Real Meza
Cenſoria, e Privilegio de S. Mageſtade. 24. S. 154.
neben dem Zeitcalender blos die Gala- Gerichts-
Heiligen- Feyer- Faſt- und Hoftage, die Folge der

Portugiefifchen Regenten, und die Verzeichnifse
der Europäifchen Fürften und Cardinäle enthält.
Hin und wieder wurden darin einzelne Liften von
Staatsbeamten aufgenommen, welches denn endlich 1782 die Entftehung einem Adrefsbuch für
Liffabon und einem Staatscalender für die Monarchie gab, der feitdem in der Druckerey der Akademie der Wiffenfchaften jährlich ausgegeben wird.
Ungeachtet der almähligen Verbefferungen, welche fich aus der Vergleichung der hier angezeigten
Jahrgänge von 1783, 1787 und 1790 ergeben, würde er in Anfehung der innern Einrichtung, und
felbft in Anfehung der gefchmacklofen Verzierungen, in der Stufenleiter Europäifcher Cultur kaum
die unterfte Stufe verdienen, wenn nicht die jährliche Abwechfelung der ftatiftifchen Mifcellanecn
feinen Werth erhöhete. Diefe find unter andern
im Göttingifchen Hiftorifchen Magazin
VIII. B. 3tes St. S. 515 benutzt worden, und haben die Aufmerkfamkeit des Recenfenten in der
Alg. Lit. Zeitung 1790 Nro 358 mit defto grö-
fserm Recht erreget, da die Strenge der Cenfur in
Liffabon ihnen das Gepräge der Authenticität zu
geben fcheint. Auch hat diefer Staatscalender vor
dem Spanifchen die Sparfamkeit in Titulaturen voraus, indem felbft ohne das *Dom* die Geburt ganz
kurz mit *Marquez* und *Conde* und nur die Würde der
Prelados mit *Mons.* angezeigt ift. Die Organifation
der Aemter körnt übrigens der Spanifchen fehr nahe. Es giebt auch hier unter den Beamten *Corre-*

gidores und ordinarios, *extraordinarios*, *supernumerarios*, *extravangantes*, *fubflitutos*, und felbft alle Collegien haben den Beynahmen von *Meza*, *Junta*, *Confelho* oder *Casa*. Einen fehr guten Commentar dazu gibt *Caetano de Lima Geographia Hiftorica.*

Almanach de Lisboa para o Anno de MDCCLXXXIII. *Com priv. de S. Mag^de. 12. S. 266.*

Almanach para o Anno de M. DCC. LXXXVII. Lisboa na Off. da Academia Real das Sciencias. Com licença da Real Meza Cenforia, e Privilegio de S. Mageflade. Vende-fe na loja de Joao Baptifla Reycend. 12. S. 297.

Almanach para o Anno 1790. Lisboa. 12. S. 492.

Unter diefen ift hier der Jahrgang 1787 herausgehoben. Voran Zeitrechnungen, gröftentheils aus der Portugiefifchen Gefchichte; z. B. von der Unabhängigkeit des Reichs 695 Jahre, von Errichtung der Univerfität zu Coimbra 479, und von deren Reftauration 15 Jahre. Zeitcalender; Geburts- Gala- und Gerichtstage. Das Königliche Haus nebft der Folge der Regenten von 1092 an. Lifte der Chefs des hohen Adels (*Cafas titulares*) nach dem Alphabet des Stammfitzes und mit Anzeige der Geburtstage. Spuren des niedern Adels der *Fidalgos e Cavalleiros de Moradia* findet man unter den Staatsbeamten.

Alsdenn folgt von S. 54-243 das Verzeichnifs der höhern Staatsbeamten vom Civil, Militär und

K 5

von der Geißlichkeit, von den Besitzungen sowohl
in Europa als in Asien, Africa und America. Es
ist nach dem Anfangsbuchstaben der Aemter ohne
irgend eine andere publicistische Abtheilung und
bey den mehrern unter·einer Rubrik vorkommenden Personen nach dem Alphabet ihrer Vornahmen eingerichtet, und zeigt bey den Bewohnern
von Lissabon zugleich die Wohnungen an. Bey
dieser in ihrer Art einzigen Anordnung find die
Obern, Subalternen, und Mitglieder bey einem
Collegium oft an acht Orten zerstreuet, und alle
Stände durch einander geworfen; z. B. auf die *Academia real da Historia* folgen die *Açafatas;* die Gerichtshöfe finden sich bey den Artikeln *Deputados,
Escrivaens, Inspectores, Juizes, Junta, Oficiaes* und *Secretarios*, und die Inquisition mit ihrem vierfachen
Personale zu Coimbra, Evora, Goa und Lissabon
unter *Inquisidores, Promotor, Deputados* und *Secre-.
tarios.* So schwer und beynahe unmöglich dadurch
die Uebersicht des Ganzen wird, so kann man doch
folgende Zahlen und Angaben daraus ziehen.
a) Das Uebergewicht der Geistlichkeit zeigt sich
auf jeder Seite. Unter den Bischöfen auch die zu
*Caboverde, Macáo, Nankin (da extincta Companhia
de Jesus)*, 6 *que renunciarao*, 40 *Conegos* der Dom-
kirche St. Marie, und 7 Classen der *Prelados*, als
*Mitrados, Protonotarios, Subdiaconos, Acolytos, Pri-
marios, Presbyteros* und *Diaconos.* Die Ritter des
Jacobs- und Christordens find ausgelassen. *b)* Im
Civilstaat leuchtet die Menge der Justizbeamten

hervor. 2 *Juntas* zur Abfaffung des neuen Gefetzbuchs feit 1790, 66 *Advogados* bey der *Cafa da Sup-
plicaçao*, welches neben der *Relaçao* zu P o r t o die
höchfte Juftizftelle ift; die Unterrichter fowohl in
den unmittelbaren Kronämtern, z. B. 46 *Corregedo-
res do Civel* und *do Crime*, und mehrere hundert
Juizes, als auch in den mittelbaren, z. B. 58 *Ouvi-
dores*. Ein ziemlich glänzender Hofftaat; unter
den Reichsbeamten ein *Mor Domo Mor* (Oberhof-
meifter), 29 *Gentis-Homens da Camera*, 19 *Açafatas* und 5 *Donas de honor*. Mit der Z a h l der gelehrten Anftalten fteht der Zuftand der Wiffenfchaften nicht im beften Verhältnifs. Zu Coimbra
allein find 1 *Reitor*, 1 *Vice Reitor*, 14 *Lentes na fa-
culdade de Canones*, 5 *de Filofofia*, 14 *de Leis*, 6 *de
Mathematica*, 9 *da Medicina*, 16 *de Theologia*, 10 *nas
Humanidades*; eben fo zahlreich find die *Profeffo-
res regios* bey der Akademie zu *Marinha*, beym
Collegio de Nobres, und zu Liffabon; bey der Cenfur 5 *Deputados ordinarios* und 6 *extraordinarios*, 2
Secretarios und 1 *Administrador da Fazenda*. c) Die
Zahl der Befehlshaber zu Waffer und zu Lande
ift ebenfalls im Verhältnifs zum Truppenbeftand
fehr grofs; 35 *Brigadeiros*, (unter welchen der fo
bekannte *Conde de Oyenhausen*), 28 *Capitaens de Mar
e Guerra*, 47 *Coronels das Tropas* und 8 *Coronels de
Mar*, 11 *Tenentes Generaes* u. f. w. — Aufser den
Staatsbeamten findet man hier die auswärtigen Confule, *Embaxadores* und *Enviados*, 68 *Mediços de Lisboa*, und fogar im Almanach von 1783 in einer ab-

gefonderten Lifte 230 Wundärzte in Liffabon, end-
lich auch 162 *Negociantes Eftrangeiros na Praca de
Lisboa*, unter welchen viele bekannte Deutfche
Nahmen, z. B. *Biefter*, *Burmeefter*, fich befinden.

Nächftdem kommt ein Verzeichnifs der einge-
bohrnen vornehmften Kaufleute in Liffabon, ebenfalls nach dem Alphabet der Vornahmen, die *Noticias curiofas e intereffantes* über botanifche Gärten,
Cabinette aus dem Gebiet der Kunft und der Natur,
über Maafse, Münze, Gewicht, Gefundbrunnen
und Bäder, und über Schiffarth; die feit 1780 er-
öfnete Akademie der Wiffenfchaften mit ihrem Präfidenten, mit 68 *Socios* und 59 Correfpondenten;
ein wohl eingerichteter Anzeiger, und einige ftatiftifche Tabellen über alle Europäifche Staaten.
Auf das Königreich rechnet man mit vieler Freyge-
bigkeit ' 3,600,000 Einwohner, auf die Refidenz
660,000, und auf die Landmacht 60,000. Defto
karger ift man gegen andre, zumahl gegen die
Preufsifchen, Staaten, denen nur 3,700,000 und 89
Städte, an Berlin aber 45000 Einwohner gegeben
werden.

Staaten des Königs von Grosbritannien.

I. *Auffer Deutfchland.*

Bey der Theilnahme des ganzen Publicums
in England an öffentlichen Angelegenheiten, ift
das Bedürfnifs der inländifchen Zeitungen und der

Staatscalender in gleichem Grade grofs, und beyde
findet man deshalb neben einander in Werkftätten
und Caffeehäufern. Das Alter der letztern geht
wahrfcheinlich kaum in die erften Jahrzehende des
itzigen Jahrhunderts zurück, und noch fpäter ift
ihre Vervielfältigung für die einzelnen Beamten-
Claffen, welche noch itzt in Anfehung der Adrefsbücher geringer als in Holland und Frankreich ift.
Statt der Cenfur und der öffentlichen Auficht, welche nur bey der *List of the army* eintritt, genügt die
Royal authority, und die Privatfpeculation gibt den
meiften die Geftalt und das Wefen von Tafchen-
büchern. Zierlichkeit der Form, Ausführlichkeit
der Titel, und Anzeige des Preifes der gebunde-
nen Exemplare auf dem Titelblatt, find der Englifchen Litteratur überhaupt, alfo auch diefer Bücherclaffe eigen. Der darin herrfchende ftatiftifche
Geift ift Folge der Publicität, und deffen wohlthä-
tigfter Ausflufs zeigt fich in der Anzeige der Befoldungen. Ein nicht minder wefentlicher, in der
Gleichheit der Stände und im Handlungsgeift ge-
gründeter Vorzug ift die Aufnahme der vornehmften Kaufleute und aller fubalternen Beamten, wie z.B. beym Hofftaat der 6 *Turnbroches*, der
Sempstrefs and Starcher mit 400 *l.* und fogar der *Ne-
cesfary - Women*. Die durch beyde Eigenthümlichkeiten entftehende Beengung des Raums hat aber
eine Menge von Abkürzungen durch Worte und
Zeichen hervorgebracht, deren Bedeutung im Lande felbft algemein bekannt, aber dem Fremdling de-

sto unverständlicher ist, da die Verleger solche fast
nie im Register zu erklären pflegen. So werden
a) viele Taufnahmen, deren Kentnifs doch bey
der Englischen Titulatur so nothwendig ist, blos
mit dem Anfangsbuchstaben bezeichnet, *Charles*
mit *C*, *Thomas* mit *T*, *Eduard* mit *E*, *John* mit *J*,
William mit *W*. *b*) Bey den gelehrten Würden;
F. R. S. Fellow of the Royal Society, *F. A. S. Fel-*
low of the Antiquarian Society, *D. D. Doctor of Di-*
vinity, *L. L. D. Doctor of Laws*, *Ms. D. Doctor of*
Music, *M. D. Doctor of Medicine*, *B. D. Batchelor*
of Divinity, *A. M. Master of Arts.* *c*) Die vorzüglichsten und häufigsten Aemter werden sogar durch
mannichfaltige Kreutze oder emblematische Zeichen bemerkt, wie z. B. im *Royal Kalendar* die
Pairs und Volks-Repräsentanten. Aber auch mit
den Anfangsbuchstaben; *V. P. Vice-Präsident*, *V.*
T. Vice-Treasurer, *L. L. Lord lieutenant*, *K. C.*
Knight Companion, *K. G. Knight of the Garter*, *K.*
B. Knight of the Bath. Am undeutlichsten ist z. B.
der *F. Nec.* bey den Kirchen, ein Besorger *For ne-*
cessaries (Kohlbecken, Besen) u. s. w. *d*) Die Anzeige der Geburt und Curtoisie. *D.* ist *Duke*, *M.*
Marquis, *E. Earl*, *V. Viscount*, *L. Lord*, *Bp. Bi-*
schop, *H. Grace* für Herzöge und Bischöfe, *Rt.*
H. Right Honourable für Grafen, Viscounts, Barone und Geheime Räthe, *Rev.* für Geistliche, *H.*
and R. Honorable and Reverend für Geistliche von
Geburt, *Sir* für Baronets und Ritter, *Mr.* *e*) Eben
so mannigfaltig ist dieser Abkürzungsgebrauch bey

den ſtatiſtiſchen Zuſätzen. *Wag.* heiſt Beſoldung, *B.Wag.* Tafelgelder, *Ext. Extinct*, *C. Pl. common pleas*, *K. B. Kings Bench*, *G. S. Gun Schip*, *Yt. Yacht.*

Dieſe Vollſtändigkeit und ſtatiſtiſche Einrichtung gibt eine ſehr anſchauliche Kenntniſs der Landesverfaſſung, und eben daher auch den Stof zu wichtigen Reſultaten, vorzüglich auch zur politiſchen Arithmetik. Hier z. B. nur einen Wink über die Vielfältigkeit der Aemter ohne wirkliche Dienſtverrichtung, *that provide large rewards for no ſervice at all, or are made for the public decorum and for preſerving the grace and majeſty of a great people,* über die *excentricity in the inferior jurisdictions,* die *ſubdiviſions in government* *) u. ſ. w worin indeſs in den letztern Jahrzehenden ſchon manche Verbeſſerung vorgegangen. Vorzüglich auffallend iſt die Organiſation des Hofſtaats nach dem alten Lehnsſyſtem, und beſonders nach dem *principle of purveyance and receipt in kind* (der Natural - Einſamlung). Noch itzt ſind dabei neben den Departementern der *pantry, ewry, Buttery, Spicery* u. ſ. w. die vielen *purveyors of Bread, Poultry, Oyſters, Cyder* angeſtellt, welche ehedem das Land durchſtrichen um durch Macht und Anſehen den Mundvorrath einzuho-

---

*) Dieſe Worte ſind aus der *Speech of Edmund Burke on preſenting to the Houſe of Commons a plan for the better Security of the independence of Parliament and the oeconomical reformation of the civil and other eſtabliſhments* (*London* 1780. 8.) entlehnt.

len; fo auch eine grofse Zahl von *paymaflers*, *Sur-veyers*, *Clerks* und *treafurers*.

A Political Index to the Histories of great Britain and Ireland; or, a complete Register of the Hereditary Honours, Public Offices, and Persons in Office, from the earliest periods to the present time. By *Robert Beatfon, Esq; Edinburgh.* gr. 8. — MDCCLXXXVI. ed. 1. ohne befondere Titelblätter XI. *Part. I.* S. 211. *Part. II.* S. 372. *Part. III.* S. 117. (9 Sh.) — *ed.* 2. *Vol.* 1. 2. 1788. (15 Sh.)

Eine höchft nützliche und dem Plan nach einzige Nahmenlifte, nicht blos der lebenden, fondern auch der verftorbenen oder abgegangenen Beamten. Sie fängt faft durchgängig von der Errichtung der Aemter, und nur felten von fpätern Perioden an, ift mit vortreflichen ftatiftifchen Erklärungen verfehen, und nur wegen des gleichzeitigen Abdrucks an drey verfchiedenen Orten nicht ganz fyftematifch ausgefallen. Demungeachtet gewährt fie einen dreyfachen vorzüglichen Nutzen, defsen Anerkennung durch die baldige Nothwendigkeit der zweyten Auflage bewiefen worden. *a)* Die Darftellung der Familien- politifchen- und Rangverhältniffe der Staatsbeamten, defto nützlicher, da folche in den Annalen der Gefchichte oft nur nach der Benennung des Amts aufgeführt werden; *b)* eine hiftorifche Ueberficht des Adels, der Ehren-

titel

titel und der Aemter, und *c)* eine Berichtigung der Fehler in den Staatscalendern.

Inhalt des erften Theils. *a)* Premiermini-fter von 1509 an. *b)* Standeserhöhungen von 1067 an. *c)* Erzbifchöfe und Bifchöfe in England, von Errichtung der Bisthümer an. *d)* Baronets feit der Stiftung des Titels 1611.

Im zweyten Theil. *a)* Die Hofhaltungen des Königs, der Königin und des Prinzen von Wallis; auch fämtliche hohe Hofbeamte z. B. Oberhof-cämmerer feit 1485. *b)* Seemacht; Admirale von Grofsbritannien feit 1661., Seecapitains feit 1714 nebft der fucceffiven Beförderung, Beamte bey den Admiralitätshöfen, Seehofpitälern u. f. w. *c)* Ritter des Ordens vom Hofenbande feit 1350, nebft der detaillirten Berechnung, dafs 8 Deutfche Kaifer, 31 Könige und 36 regierende Fürften ihn getragen haben, und des Bathordens feit 1399. *d)* Landmacht; Generalität bis zu den Brigadieren feit 1688 nebft den fucceffiven Beförderungstagen, Gouverneure und Commandanten in allen Englifchen Befitzungen feit deren Befitznehmung, Militärifche Gerichte. *e)* Von S. 153 an das Königreich Schottland; *Peers* feit 1037., Erzbifchöfe und Bifchöfe, Baronets feit 1625, hohe Kron- und Juftizbeamte feit der Revolution, Oberadmirale feit 1474, Parlamentsrepräfentanten u. f. w. *f)* Von S. 234 an das Königreich Irland; *Peers* feit 1181, Bifchöfe, Baronets feit 1620, Ritter des St. Patrickordens von 1783 an, Generalgouverneure, Grofs-

L

canzler und Grofsfchatzmeifter feit 1173, Ober-Ju-
ftiz- und Finanzbeamte, Viceadmirale.

Im dritten Theil. *a)* Die hohen Kronbeam-
ten von England, z. B. Oberrichter feit 1661, Grofs-
cämmerer feit 1067, Grofsfchatzmeifter feit Wil-
helms des Eroberers Zeiten, Geheime Siegelbewahrer feit 1523, Grofsadmirale feit 872. *b)* Staatsfecretäre. *c)* Finanz- und Juftizbeamte. *d)* En-
glifches *Corps diplomatique* an den verfchiedenen
Höfen, und fremde Gefandte in London feit 1760.
e) Lifte der reducirten Aemter und verfallenen
Titel.

The Royal Kalendar; or Complete and correct annual
Register for England, Scotland, Ireland, and Ame-
rica, for the Year 1785; including a complete and
correct List of the 16th Parliament of Great Bri-
tain, fummoned to meet for their firft feffion on the
18th of May 1784. Upon. a new and mere exten-
five Plan than any hitherto offered to the Public:
Containing, England. I. Complete and correct Lists
of both Houfes of Parliament; all the State, Law,
Revenue, and Public Offices, at the Court, in the
City of London, and different Parts of the King-
dom; the Army and Navy; Baronets, Univerfities,
Hofpitals, &c. &c. Scotland. II. All the Peers,
Baronets; State, Law, Revenue, and Public Of-
fices, Univerfities, Phyficians, &c. Ireland. III.
Both Houfes of Parliament, a complete Lift of the
Baronets, all the Law, State, Revenue, and Pu-

blic Offices, Bankers, Deans, &c. &c. America.
IV. Governors, Law, and Revenue Officers, &c,
&c. Corrected at the Respective Offices. London:
printed for J. Debrett, (Succeſſor to Mr. Almon)
oppoſite Burlington - Houſe, Piccadilly; (2 Shil-
lings) kl. 8. S. 60. VI und 281. — 1790 S.
281 und 143. — 1791 *corrected to the 6. May.*
Printed for J. Debrett.

Ungeachtet des engen niedlichen Drucks, der Unvollſtändigkeit des Regiſters, und der nicht ganz
planmäfsigen Claſſificirung der Materien iſt dieſer
Staatscalender wegen feiner überaus grofsen Vollſtändigkeit, der Anzeige von fixirten Befoldungen
und Tafelgeldern, und vieler andern ſtatiſtiſchen
Zuſätze fehr merkwürdig.

Die erſte Abtheilung iſt blos ſtatiſtiſches Taſchenbuch, und enthält 1) Chronologiſche - und
Gefchlechts - Verzeichniſſe der Engliſchen Regenten feit Wilhelm dem Eroberer, und auch der übrigen Europäiſchen; 2) eine geographiſche Beſchreibung der vier alten Welttheile; 3) Verzeichniſs
der Feſttage; 4) Zeitrechnung von bemerkens-
werthen Vorfällen, zu welchen hier auch der Bau
von grofsen Brücken, die Erfindung von Wind-
mühlen, Holzfchnitten und Kutfchen, grofser Froſt
und Feuersbrünſte, und die Erfcheinung von Co-
meten gerechnet werden; 5) Anzeige von den Seffionen der Gerichte, welche bey den einzelnen
Dikaſterien mehr an ihrem Ort feyn würde; 6) Nachrichten von der Bank, der Münze, den Actien

der Oſtindiſchen und Südſee-Compagnie, und von den Wechſelgeſchäften; 7) Anzeige der Handels-Inſtitute und Banquiers.

Die zweyte Abtheilung iſt das Verzeichniſs der Staatsbeamten, 1) von England, a) Parlamente. Beym Oberhauſe die Titel, Landſitze, und die Wohnungen der *Peers* in London nach dem Alphabet, beym Unterhauſe die Wählenden und Gewählten nebſt ihren Landſitzen, auch Canzley-bediente nebſt der Art der Wahl und mit der Be. merkung, ob ein Mitglied ſchon in mehrern Parlamentern geſeſſen habe? b) Wappengericht und K. Orden. c) Alphabetiſche Liſte der Baronets, nebſt Anzeige ihrer Standeserhöhungen und Landſitze. d) Hofſtaat des Königs und der Königlichen Familie, (*Lord Chamberlain, Wages* 100 *l. a year, Board wages* 1100 *l.* und bey der deutſchen Capelle *Rev. Mr. Schröder* 284 *l. a Year*), e) Staatsminiſterium, (itzt, 117 Berechtigte *the privy Council* zu beſuchen, von denen aber mehrere nie ihr Recht gebraucht haben), fremde Geſandſchaften (unter welchen auch der jedesmalige Hannöveriſche Staatsminiſter in London angeführt wird) und die Conſulate. f) Im muſterhaften Abſchnitt von der Marine alle K. Schiffe, Admiralitätsgerichte, Seeofficiere nebſt deren Gehalt, den Schifswerften, Hoſpitälern und Verſorgungshäuſern. g) Vollſtändige Beſchreibung der regulären Landtruppen. — Standquartier, Uniform, Geſchichte der Errichtung der Regimenter, Gehalt, Anciennetät, alles in möglichſter Kürze.

g) Juftizbeamte; bey vielen ift das Gehalt, und
bey den Londonern find auch die Wohnungen angemerkt. — *h*) Finanzwefen: Accife- Impoft- Salz-
und Münz - Aemter, u. f. w. *i*) Geiftlicher Staat
mit Anzeige ·les Dienftalters, des Berufs und des
Gehalts; eine *Society for propagating the Gospel in*
foreign parts, Akademien zu Oxford und Cambrid-
ge, und eine Menge wohlthätiger Stiftungen.
k) Stadtregiment, Magiftrat, Policey und Miliz
von London, (S. 240 als ein merkwürdiges Beyfpiel der directen Theilnehmung der Englifchen
Prinzen an öffentlichen Aemtern — der Prinz von
Wallis Präfident eines *Lying in Charity for delivering*
poor married women). 2) Vom Königreich Schottland die oberften Stellen blofs fummarifch. 3) Das
Königreich Irland, wobey man die Verfchiedenheit
der Celtifchen Nahmen bemerkt. 4) Auswärtige
Befitzungen, mit fummarifcher Erwähnung des
Congreffes und der Gouverneure in den dreyzehn
vereinigten Staaten, auch feit 1791 die vornehmften
Beamten in Neu-Südwallis, und 5) die Hofhaltun-
gen der K. Prinzen.

(*With Additions.*) *A Companion to the Royal Kalen-*
dar, for the Year 1785. *Being a Lift of all the*
Changes in Adminiftration, from the Acceffion of
the prefent King, in October, 1760, *to the prefent*
Time. ·*To which is prefixed, a Lift of the Mem-*
bers of the two laft and prefent Parliaments, shewing
the Changes made in the Houfe of Commons, by the

L 3

General Elections in 1780 and 1784; With the Na-
mes of the Candidates where the Elections were con-
tested, the Numbers polled, and the Decisions since
made by the select Committees. Also the Dates when
each City and Borough first sent Representatives to
Parliament, the Right of Election in each Place,
and the supposed Number of Voters. The thirty eighth
edition, carefully corrected. To this Edition is ad-
ded, a summary Account of the Duties of the Great
Officers of State; a Table of the Duration of the
several Parliaments from Henry VII. to the present
Time; a List of those Places which formerly sent
Members to Parliament, and now do not; a List of
the Deaths of the principal Ministers during the pre-
sent Reign. With an Appendix, containing the Ca-
ses of controverted Elections as they lately appeared
before several Committees; with their Determinations
thereupon. And a complete Index of Names. Lon-
don: printed for J. Debrett, (Successor to Mr.
Almon.) opposite Burlington - House, Piccadilly;
G. Robinson, Pater-noster Row; and T. Cadell,
in the Strand. (1 Sh. 6 P.) 8. S. 170.

Ganz im Format und Geift des *Royal Kalendar* feit
1747. Der Titel vertritt die Stelle des Index. Das
Vorzügliche darin ift *a*) eine Lifte aller Mitglieder
von den letzten Sitzungen des Unterhaufes, nebft
einer ausführlichen Erzählung über ihre Wahl.
b) Die Veränderungen und Gefchäfte in den oberften Collegien nebft einem Nahmenregifter und
c) die juriftifche Erörterung der bey den Wah-

len der Volksrepräfentanten vorgefallenen wichtigften Streitigkeiten.

*The Court and City Regifter; or, Gentleman's com-
plete annual Calendar, for the Year* 1785; *eontai-
ning,* I. *New and correct Lifts of both Houfes of
Parliament.* II. *The Court Regifter.* III. *Lifts
of the Army, Navy, Univerfities, Public Offices,
Hofpitals, &c. With many Improvements, and the
Addition of fome new Lifts. London: printed for
J. Jolliffe, in St. James's-ftreet; J. Walter, at
Charing-Grofs;* (2 Shill.) kl. 8.

Enthält faft alles dasjenige, was im *Royal Kalendar*
und dem *Companion* fteht, bis auf die ftatiftifchen
Nachrichten. Nach *Meufels Literatur der Statiftik* (1790) S. 138 wird diefer Staatscalender alle
Vierteljahre ausgegeben. Diefes ift aber nur von
den Supplementen zu verftehen, welche die etwa-
nige Eröfnung des Parlaments im Lauf des Jahres
nothwendig macht.

(*MDCCXCII*) *The Polite Repofitory or Pocket Companion, Containing an Almanack, the Births, Mar-
riages &c. of the Sovereign Princes of Europe, Lifts
of both Houfes of Parliament, Officers of State,
Navy and Army, the Baronets of England and va-
rious other articles of ufeful Information, ornamen-
ted with elegant Engravings and ruled pages for Oc-
currences. To be continued annually. London, printed for W. Peacock.* 2. S. 88.

Kömmt feit wenigen Jahren ftets im December in
überaus zierlicher Form heraus. Der Titel zeigt
faft ganz den Umfang des Inhalts an, bis auf die
Banquiers und Handlungsgefellfchaften, und die
genealogifche Folge der Könige von England. Bey
den Peers und Baronets ift das Ernennungsjahr und
bey erftern auch der Titel des älteften Sohnes angegeben, welches das fchwere Studium der Englifchen Genealogie für den Ausländer fehr erleichtert. Bey den Gliedern des Unterhaufes die Com-
mittenten und die Landfitze, nebft der Anzahl der
Deputirten von einer jeden Graffchaft. Der Hofftaat der Herzoge von York und von Clarence wird
vom *Houfehold* des Königs, der Königin und des
Prinzen von Wallis durch die Benennung *Eftablifh-
ment*, unterfchieden. Zu den merkwürdigften Artikeln gehört die genaue Lifte der Seemacht mit
einer fehr detaillirten Bezeichnung der einzelnen
Schiffe. Auf die *Governors of Britifh Settlements in
America, the Weft-Indies* u. f. w. folgten auch hier
wie im *Royal Kalendar* bis zum Jahrgang 1790 der
Congrefs und die Gouverneure der vereinigten Staaten von Nordamerica, gleichfam als wenn deren
Unabhängigkeit noch nicht anerkannt wäre.

*The London Calendar for England, Scotland, Ireland,
America and the Eaft- and Weft-Indies with the
Companion, Bengal-Calendar, arms of the Peers
&c. and Almanack for the Year 1792. Printed for
John Stockdale Piccadilly.* 8.

Theilt fich in den *London Calendar* (2 Sh.) nebft *Almanack* (2 Sh. 10 d.) nebft *Companion* (4 Sh.) mit den
arms of the Peers (5 Sh. 6 d.) nebft der *Bengal lift*
(7 Sh.) und endlich *With appendixes* (9 Sh.) Er erftreckt fich fummarifch über alle Staaten des Königs und alle Claffen feiner Unterthanen, und pflegt
jährlich in der Mitte des Januars ausgegeben zu
werden.

α) Nach geographifcher Abtheilung.

England und Schottland.

*The new weftern Almanack, and Complete County Ca-
lendar, for the Year 1792. Particularly calculated
for the feveral Counties of Wilts, Hants, Dorfet,
Somerfet, Devon, and Cornwall. Upon a new,
approved, and much improved Plan. By Jofeph
Moon, Teacher of the Mathematics in Salifbury,*
gr. 8. (8 d.)

Die Einfchränkung des Titels auf die weftlichen
Graffchaften von England betrift blos den aftronomifchen Theil, indem das Nahmenverzeichnifs
das ganze Königreich England in Anfehung
der obern Civilbeamten und der Landmiliz umfafst. Ungeachtet des fchönen Drucks ift diefer
Almanach einer der wohlfeilften und als ein erfter
Verfuch fo gut eingerichtet, dafs die verfprochene
jährliche Fortfetzung von Nutzen feyn wird.

Grofsbritánnien und Irland.

The Royal Engagement Pocket - Atlas for the Year
MDCCXCII. *Vivant Rex et Regina.* 8. S. 92.

Das dem Titel beygefügte Motto findet man in
England fogar auf Comödienzetteln. An Zierlichkeit der Form übertrift diefer Staatscalender
alle übrigen, befonders wegen der 24 Vignetten
von *Angus.* Inhalt: a) Ritterorden, Geheimes
Rathscollegium, fämtliche Hofhaltungen, oberfte
Civilbeamte, Parlamenter, b) Bifchöfe und De-
canen, c) Gouverneurs und *Sherifs* in den Graffchaften, d) Magiftrat und Banquiers in London,
e) Kriegsftaat; bey der Landmacht fämtliche Staabsofficiere, mit Anzeige ihrer almähligen Beförderung, worin gewiffermafsen ein biographifches Frag-
ment liegt; bey der Seemacht die Admiralität,
Agenten und Befehlshaber aller Schiffe, nebft der
Anzahl der Kanonen bis auf die *Sheer·Hulks*, welche ohne Kanonen find.

S c h o t t l a n d.

Für diefes Königreich allein wird jährlich ein
wohl eingerichteter Staatscalender zu Edinburg,
fo wie für das Königreich

I r l a n d.

ein ähnlicher zu Dublin, beyde nach der Form
und dem Plan des Londonfchen *Royal Kalendar,*
ausgegeben.

Befitzungen in Oftindien

The East India Kalendar; or, Asiatic Register for
Bengal, Madras, Bombay, Fort Marlborough, China and St. Helena. For the Year 1792 on a more
extensive Plan than any hitherto offered to the public.
Containing complete and correct Lists of the Company's Civil, Military, Marine, Law, and Revenue Establishments; Public Offices, Bankers, Greek,
Armenian, Mogul, and Portuguese Merchants;
Compan'ys Agents at Home and Abroad; with a
correct List of British European Subjects refiding
in India, not in the Company's Service, &c. &c.
&c. London: printed for J. Debrett, opposite
Burlington - Houfe, . piccadilly. M. DCC. XCII.
(2 Sh. 6 d.)

Ueberaus vollftändig und brauchbar zur Erläuterung der Zeitungsartikel über Oftindien. a) Beamten des Königs und der Compagnie, beym Civil-
dienft und bey der Land- und See-Macht, fowohl
in London als in Oftindien, Agenten, Banquiers,
fremde Kaufleute, Künftler und fonftige bemer-
kenswerthe nicht im Dienft ftehende Angefeffe-
nen in Oftindien, in China und auf der Infel St
Helena, nach den auf dem Titel angezeigten
Territorial-Abtheilungen in alphabetifcher Ordnung; b) ein Verzeichnifs der Schiffe der Compagnie; c) Agenten der Compagnie in und auffer
England; d) Die Indianifch- genannten Collegien,
z. B. das Suder Dew anna adawlet, Shroffs und Pou-

daars, und auch das *Male* und *Female asylum* im Fort St. George, welches weibliche Directoren hat. Allenthalben ift das Datum des Patents, die Zeit der Seffionen, und fehr oft auch die Zeit der Ankunft in Oftindien, und das Schiff, auf welchem folche gefchehen, angegeben worden.

The Bengal Calendar for the Year 1792. *Including a list of the Hon. and United East India Company's civil and military fervants on the Bengal Establishment &c. Printed for John Stockdale, Piccadilly, and James Bate, Cornhill.* (2 Sh. 6 d.)
Enthält Anhangsweife auch die übrigen Etabliffements, hat alfo mit dem *East-India Kalendar* faft gleichen Umfang.

β) Nach Verfchiedenheit der Beamtenclaffen.

Land- und See-Macht.

A List of the Officers of the Army and Marines with an Index, a fucceffion of Colonels and a List of the Officers of the Army and Marines on half-pay. (May. 1789. S. 411. gr. 8.) — Jahrgang 1790. *War-Office* 1ᵗᵉ *February. The* 33. *edition.*
Inhalt: *a)* Genauefte Befchreibung der Landmacht auffer den Feldpredigern, Wundärzten, Zahlmeiftern und Agenten, auch die Stärke der Regimenter und die fucceffiven Beförderungsdata der Staabsofficiere, und bey den aufferhalb

Landes liegenden Garnifonen (S. 61.), die geo-
graphifch- aftronomifche Lage des Orts. Ein Nu-
minalregifter von 116 Seiten. *b*) Von der Sec-
macht die *Officers of the Marine forces*, welche zur
Befetzung der Schiffe in Friedenszeiten comman-
dirt werden. *c*) Das Verzeichnifs der auf halben Sold gefetzten Officiere, von S. 321 bis 411,
nach chronologifcher Ordnung der Reduction bey
den Regimentern feit dem Jahr 1712.

Handlungsfach.

Gentlemen and Tradesmen Pocket Ledger for the Year
1792. *Printed for C. and G. Kearsley in Fleet-
ftreet.* (1 S. 8 d.) 8.
Enthält unter dem völlig erfüllten Motto: *Businefs
and Pleafure united*, die Banquiers in London, und
auch das Ober. und Unterhaus in alphabetifcher
Ordnung. Der Herausgeber ift durch mehrere tabellarifche Verfuche über den Handel bekannt.
(S. *Reufs gelehrtes England* S. 222.)

Geiftlichkeit.

The Clerical and Universal Almanack for the Year
1791. (1 Sh.)
Zum Gebrauch der bifchöflichen Kirche in England. Ein ähnliches Buch kömt jährlich unter
dem Titel: *Eichton Thefaurus* heraus, fo wie
für die Aerzte ein Medical Register feit
1792.

The Chriſtian Lady's Pocket-book for the Year 1792.
London, ſold by J. S. Jordan, Fleetſtreet. (1 Sh.)
Enthält ſämtliche Prediger in London.

Fragmente zu Engliſchen Staatscalendern

befinden ſich in folgenden heraldiſch- genealogi-
ſchen Schriften.

1) *The complete engliſh Peerage or a genealogical and
hiſtorical account of the Peers and Peeresſes of this.
realm by* Frederic Barlow. *M. A. Vol.* 1. 2.
1773. 8. (12 Sh. 6 d.) *ed.* 2. *Vol.* 1. 2. 1775. 8.
(12 Sh.)

2) *Fieldings new Peerage of England, Scotland, and
Ireland, containing the descent and present ſtate of
every noble family of the three Kingdoms with an Index and their Mottos translated. London, Printed
for John Murray.* 8. S. 368.

Enthält *a)* die Wapen der Herzöge, Grafen, Ba-
rons und Viscounts in England, Schotland und
Irland. *b)* die Ehrenzeichen der Königlichen Orden. *c)* Eine detaillirte Geſchichte der adlichen
Familien. *d)* Erzbiſchöfe und Biſchöfe in Grofsbritannien und Irland, mit einer Anzeige des An-
ſchlags der Bisthümer aus archivaliſchen Nachrichten (*the king's books*) ihres wirklichen Ertra-
ges, Erhebungsjahrs und Ranges. *e)* Die ausge-
ſtorbenen Peers. *f)* Die ſeit 1265 neu verliehenen
Titel. *g)* Die Ritter der K. Orden. *h)* Die Fa-

miliennahmen und Titel der Peers und ihrer äl,
tern Söhne, nebſt den Mottos.

3) *The Pocket Peerage of Great Britain and Ireland,
corrected to the Year* 1791. *London, printed for
Rivington. A new Edition, being the Second.* 2
Vol. 12. (9 Sh.)
Enthält die Ordensritter in den drey Königreichen,
und die Einkünfte der Erzbiſchöfe und Biſchöfe.

4) *The present State of Great Britain and Ireland*, *be-
gun by Mr.* (Guy) *Miege, completed by Mr. Bol-
ton, London* gr. 8.
Wird ſchon ſeit langer Zeit alle 3 oder 4 Jahre erneuert. *Miege* ſetzte erſt die *Chamberlayniſche* Arbeit fort, und verfertigte nachher ſelbſt ein neues
Werk. Es giebt davon eine teutſche und ver-
mehrte Ueberſetzung: *Guy Miege* geiſt - und
weltlicher Staat von Grosbritannien und
Irland (überſetzt von *Joh. Bernhard Heinzel-
mann*). Leipz. 1718. 3 Theile in 4.

5) *Heinrich Ludolff Benthem's, Neu eröffneter
Engeländiſcher Kirch - und Schul-Staat, zum Nutzen aller nach dieſem Königreich Reiſenden, auch
anderer, inſonderheit der Theologie Befliſſenen, von
dem nunmehro ſeel. Herrn Verfaſſer ſelbſt von neuen
ausgefertigt, mit vielen nützlichen und angenehmen
Nachrichten, inſonderheit von denen berühmteſten
Gelehrten dieſer Nation, vermehret, und mit dien-*

*lichen Kupfern verfehen. Nebft einer Vorrede des
Generalfup.* M e n t z e r s *in Hannover, den Nutzen
der Reifen beurtheilend, wobey zugleich ein accura-
tes Verzeichnifs der jetzt in Engeland lebenden Bi-
fchöffe und ihrer Schriften, auch einige Anmerkungen über den Vorbericht diefes Buchs, mitgetheilet
werden. Leipz.* 1732. gr. 8.

Die erfte Ausgabe erfchien zu Lüneburg 1694.

II. *Staaten des Königs in Deutfchland.*

Ein Buchdrucker in Lauenburg, J o h a n n
C h r i f t o p h B e r e n b e r g, fuchte bey der Landesregierung im Jahr 1736 um die Erblaubnifs nach,
einen fogenannten S t a a t s c a l e n d e r zum
Druck und Verkauf befördern zu können, und am
15 Sept. 1736 wurde ihm dazu das Privilegium ertheilet, welches für feinen Sohn, den itzigen Verleger, am 26 Febr. 1768 auf fo lange Zeit erneuert
worden, als derfelbe dem Verfprechen des ordentlichen Abdrucks, der Ablieferung mehrerer Exemplare und ähnlichen Bedingungen nachkommt. Hier-
aus und aus den jedesmal auf dem Titelblatt feit
1739 erneuerten Entfchuldigungen und Bitten möchte man faft auf den Mangel der landesherrlichen
Auffcht fchliefsen, wenn nicht die Anordnung,
Genauigkeit und Vollftändigkeit des Inhalts deren
Dafeyn anzeigten. Das Manufcript wird nemlich
einem Geheimen Canzley-Secretär, itzt Hrn.
W e h n e r dem ältern, vorher zur Durchficht zuge-
fchickt,

ſchickt, und die Herausgabe um Neujahr jährlich
veranſtaltet.

Der Staatscalender von 1737 trug noch im Innern alle Unvollkommenheiten eines erſten Verſuchs an ſich, ob gleich ſein Format und Titel ein
modernes Anſehen hat. Er enthält gar keine Prediger, Schullehrer und Klöſter und auch nicht,
wie itzt, die Procuratoren, Oberförſter und Berg-
beamte, vom Militär aber nur die Staabsofficiere
und weder Auditeure noch Kriegsgerichte; überdem war er nicht paginirt und unterſchied die Familiennahmen von den Aemtern durch lateiniſche
Lettern. Aber almählig wurde er von 58 bis 240
Seiten ſo verbeſſert, daſs er itzt, vorzüglich bey
Zuſammenſtellung mit den ſtatiſtiſch- topogra-
phiſchen Sammlungen des Hrn Amtmanns
Scharf (1791. 8.) die Landesverfaſſung ſehr an-
ſchaulich darſtellt, und daſs man nur noch die Titularen darin vermiſst.

Zwey Bemerkungen können auch dem ungeüb-
teſten Leſer nicht entgehen; die eine über die
glücklichen Folgen einer conſequenten Regierung,
unter welcher alles im ebenen Gleiſe bleibt, die
andere über die Simplicität der Titel, welche faſt
ſämtlich dem wirklichen Beruf angemeſſen ſind,
und nicht durch den Strohm der Titelſucht in allen
benachbarten Staaten verändert worden. Der Ge-
heimecanzleyfecretär hat unmittelbaren Vortrag im Staatsminiſterium, und der Amt-

M

mann vereinigt in fich eine Unterregierung für mehrere taufend Einwohner.

Siebenfacher Königl- Grofs-Britannifch·- und Chur-Fürftl. Braunfchweig-Lüneburgifcher Staats-Calender, über Dero Chur-Fürftenthum Braunfchweig-Lüneburg, und deffelben zugehörige Lande, aufs 1737. Jahr u. f. w. Welchem allen beygefüget das Staats-Regifter von denen Königlichen Regierungen, und übrigen Hohen Civil- und Militair-Bedienten in den teutfchen Landen; Auch eine Genealogifche Verzeichnifs aller jetztlebenden Durchlauchtigften Höchft- und Hohen Häufer in Europa, nach dem Alphabeth. Zu Gottes Ehren und Nutz des Nechften, zum erftenmahl ans Licht geftellet von Nicolaus Rohlfs, mit Königl. GrofsBr. und Churf. Brf. Lün. Bewilligung. Lauenburg, gedruckt und zu finden bey J. C. Berenberg. Königl. privil. Buchdrucker. 8. (58 ungezählte Seiten.) — 1739. S. 86. — 1768. S. 184. (bey Johann Georg Berenberg.) — (omisf: fiebenfacher) Staatscalender auf das Jahr 1785. S. 224. — 1790. S. 232. und S. 28. — 1791. S. 240. und S. 28. — 1792. S. 240. und S. 28. (8 Ggr.)

Inhalt: a) Landesregierung, *Corps diplomatique,* Hofftaat und höhere Civil-Collegien für die Domänen, das Militär, die Juftiz und für die Geiftlichkeit in Hannover und Celle, nebft deren Subalternen. Bey den Staatsminiftern ift ihr Gefchäftskreis, und bey den Geheimencanzley-Secretären

die Expedition nicht angezeigt. *b*) Jagden und
Forften. *c*) Landfchaften nebft den damit in Verbindung ftehenden Beamten. *d*) Der Harz. *e*) Hohe Landesftellen im Brem- und Verdenfchen, im
Lande Hadeln und in der Graffchaft Hohnftein.
f) Medicinalwefen. *g*) Kriegsftaat; mufterhaft bearbeitet, mit Anzeige der Anciennetät, Staabsquartiere, Uniformen und Garnifonen, fo dafs man
nichts als die Vornahmen vermifst, für welche ein
fehr bequemer Raum übrig bleibt. *h*) Univerfität,
Wiffenfchaftliche und wohlthätige Inftitute, Schulen, Stifter und Klöfter. Bey letztern wünfcht man
das Erwerbungsjahr zu finden, dahingegen beym
Hamburger Domcapitel die Anzeige derjenigen
Präbenden überflüfsig fcheint, welche von der
Hannöverifchen Verleihung unabhängig find. Die
Richtigkeit der Titel von den Mitgliedern der Göttingifchen Societät der Wiffenfchaften ift hin und
wieder verfehlt. *i*) Geiftlichkeit nach den Stadt-
minifterien und den Diöcefen, ebenfalls ohne
Taufnahmen. *k*) Magiftrate und Beamte, ohne
Anzeige des Dienftalters. *l*) Poft- und Zollbeamte.
m) Sämtliche Stellen in der mit völliger Landeshoheit verpfändeten Reichsgraffchaft Bentheim.
Zuletzt ein Realregifter, Sperrgelds - Ordnung für
die Stadt Hannover, ein genaues und vollftändiges Gefchlechtsregifter und ein Poftzeiger.

. Im Jahrgang 1792 ift S. 57. das Cellifche Cre-
dit-Inftitut, und S. 151. die Landwirth-
fchaftsgefellfchaft hinzugekommen.

Bergwerksbeamte.

Allgemeiner Reichs - Schreib - Hiftorien - und Berg - Calender, auf das 1792 Jahr Chrifti, darinnen befchrieben die Wöchentliche Berg - Nummer, Quartal- Schlüffe, auch wann auf denen Königl. Grofsbritannifchen und Chur-Fürftl. Braunfchw. Lüneb. Harzifchen Bergwerken die Kuxe retardiret und caduciret werden, nebft einem Verzeichnifs Dero Königl. Chur- und Hochfürftl. Bergbedienten. So wol denen Bergwerks - Bedienten und Gewerken, als auch allen Haufs - Vätern, Stadt - Bürgern, Land- und Acker - Leuten zu befonderem Dienft und Nutzen verfertiget, auch mit allem Fleifs auf den Harzifchen Horizont berechnet, und herausgegeben von **Matthias Rohlfs.** *Arithm. & Mathem. Buxtehud. Clausthal, gedruckt und verlegt von Johann Heinrich Wendeborn.* 4.

Kömt unter dem zweiten Titel: *Clausthalifcher algemeiner Harz- Berg - Calender*, jährlich im November zu Clausthal heraus. Seit der mit dem Herzoglich - Braunfchweigifchen Haufe getroffenen Theilung, heifst das Bergamt zu Zellerfeld nicht mehr ein Oberharzifches Communion-Amt. Unter mehrern Abkürzungen ift die Bezeichnung der fieben Bergftädte mit a -g die einfachfte.

Kriegsftaat

Ift auf mehrere Weife ftatiftifch angezeigt worden.

a) (*Adam Friedrich Geisler*, *des Jüngern*) allerneuefter *Zuftand der Churfürftlich Hannöverifchen
Armee auf das Jahr* 1781. 8. (*bey Hendel in Halle.*)
Ift indefs nicht jährlich neu herausgekommen, wie
in *Meufels Litteratur der Statiftik* S. 364. fteht.

b) *v. Wiffel, Gefchichte der Errichtung fämtlicher
Chur- Braunfchweig-Lüneburgifcher Truppen.* 1784.
8. 2 Alph. 10 Bog.

c) *Abbildung der Chur-Hannöverfchen Armee-Unifor-
men.   Hannover und Leipzig* 1791. 8. S. 72.
(3 Rthlr.)

Enthält zwar die Chefs und Commandeure aller
Regimenter und Bataillone von deren Errichtung
an, ift aber übrigens fehr unvollkommen.   Vielleicht werden die von dem Hrn. Rittmeifter So-
then und vom Hrn. Lieutenant von Wurmb
angekündigten Werke-beffere Commentare zu einer
Churbraunfchweigifchen militärifchen Stamm- und
Ranglifte liefern.

Staaten der Republik der Vereinigten Niederlande.

Der fehr verdienftliche Holländifche Specula-
tions- und fogenannte Kleinigkeitsgeift läfst jährlich Almanache und Nahmenliften von allerley Art
entftehen.   Zum Beweife diefer Ausdehnung mag
der diefsjährige *Wonder Almanach van het Wonder-*

jaar 1787 *tot het Schrickeljaar* 1792 dienen, welcher
ein Verzeichnifs aller wegen der Unruhen verbann-
ten, oder mit Todes- und Zuchthausftrafe belegten
Perfonen enthält — oder der *Mufenalmanach voor
het Jaar* 1792 *met gecouleurde Plaatjes* — oder die
*Compleete Naamlyft van alle Boeken, Gefchriften,
Konftprenten in't Jaar* 1790 *en* 1791 — oder die vom
Buchhändler L a n g e v e l d in Amfterdam angekün-
digte *Naamlyft van alle de Bookverkoopers, Kunftkoo-
pers, Boekbinders, Plaatfnyders, Letterfnyders, Plaat-
drukkers, Plaatftampers; Tekenaars en Fynfchilders met
derzelver Woonplaatfen binnen de geheele Republik* —
oder endlich die monathlichen *Naamlyften der Ge-
houwden und Overledenen* in den Städten.   Eben fo
mannichfaltig, vollftändig und brauchbar ift die
Zahl der Adrefs- und Staatscalender, deren es für
jede Provinz und gröfsere Stadt, für die verfchiedenen Stände der Beamten, für Aerzte, Kaufleute
u. f. w. gibt.   Sie find zwar fämtlich privilegirt oder,
wie man in Holland fagt, octroyirt, allein ohne
dafs ihnen folches *eenig meerder credit en aanzien of re-
putatie* gibt, denn bey der dortigen Prefsfreyheit
find fie blos an die algemeinen Vorfchriften des
Groot Plakaat - Boekje, aber an keine unmittelbare
landesherrliche Afficht und Cenfur gebunden.
Sie werden daher fämtlich auf Koften der Privatperfonen gedruckt, welche gegen Ende des Jahrs
die mit Papier durchgefchoffenen Exemplare an
die Secretäre der Gerichte und Gefellfchaften zur
Berichtigung einzufenden pflegen.   Deshalb find

fie auch nicht fehlerfrey, die Liften der Magiftrate und Municipalitäten ausgenommen, welche
durch das Stadtwapen ihre Authenticität beglaubi-
gen. Von allen wird ein Exemplar in die Bibliothek zu Leiden geliefert. — Nach einer Vorrede
zu einem *Naamboekje* von 1706, ift das erfte Buch
diefer Art in Holland faft zugleich mit dem Jahrhundert erfchienen. — Auf Güte des Papiers und
Zierlichkeit der Form wird dabey fo wenig als bey
den Zeitungen und Zeitcalendern gehalten, und
der *Haagsche Princelyke en Koninglyke Almanach
voor het Jahr 1792*, der *door een der kundigste Poëten*
verfafst ift, verfpricht bey dem ihm beygelegten
Nahmen: *een van de nuttigste en vermakelykste in ons
Vaderland* wenig für die übrigen. Defto mehr wird
auf die Beyfetzung der verfchiedenen Ehrennah-
men in den Staatscalendern Rückficht genommen;
für die Generalftaaten *Hogmoogende Heeren*, für die
Staaten der verfchiedenen Provinzen *Edele mogende
Heeren*, für die Burgermeifter *Edele Groot Achtbare*,
für die Schöffen *Edele Achtbare Heeren*, für Grafen
Hooggeboren, für den Adel *Jonkheer* und *Hogwelge-
boren*, für Bürgerliche Staatsbeamte von Stande
Hoog-Ed. Gebor en Geftrenge Heer, für Advocaten
und Regimentsauditeure *Heer en Meefter*, für weibliche Beamte von Stande *Mevrouwe*, für die geringern *Juffrouw* und endlich bey den Unterofficien-
ten gar nichts. Zur möglichft deutlichen Bezeichnung der Perfon findet man bey fehr bekannten Familiennahmen oft die Bezeichnung des Vaters mit

M 4

Janzfon u. f. w. angegeben. Die Eigenthümlichkeiten der Sprache geben den Familien- und Amtsnahmen einen, der Hochdeutfchen Mundart ganz fremden Klang und einen falfchen Anfchein der Bedeutung. So find z. B. die *Gafthuismeefter* nicht Gaftwirthe, fondern Hofpitalsauffeher, die *defolaate Boedelkamer* ein Concursgericht, die *Stadsbank van Leninge* ein Leihhaus, die *Kranckbezoekers* oder *Zieketrooflers* Geiftliche Perfonen beyderley Gefchlechts, deren Beruf in Vorbereitung der Kranken und im Unterricht der Jugend befteht, daher fie auch zugleich *Catechizeer - meefters* und *Meeftereffen* heifsen, die *Houtvefter en Meeflerknuapen* Jagdrichter u. f. w. Auch der für den Republicanifchen Geift beynahe anftöfsige und taufendfach in den Staatscalendern vorkommende Regententitel führt deutfche Lefer irre, welche darin, aufser den Magiftratsperfonen, gewifs mehr, als Auffeher öffentlicher Anftalten und Stiftungen, z. B. der Schaufpiele, Spinnhäufer u. f. w. fuchen.

9) Nach geographifcher Abtheilung.

I. *Befitzungen in Europa.*

Naamregifter van alle de Heeren Leeden der Regeering in de Vereenigde Provincien met derzelver Gedeputeerden in de Generaliteits Collegien. Als mede de Heeren Leeden der Regeering des Landfchaps Drenthe, en der Steden onder het Reffort van de Generaliteit. Voor den Jaare 1790. Te Amfterdam, by de

Wed. Petrus Schouten en Reinier Ottens,
1790. *Met Privilegie van de Heeren Staaten von
Holland en Weflvriesland.* 8. S. 48. 108 und 192.
Unter diefem allgemeinen Titel findet man in einer
dreyfachen Abfonderung durch Seitenzahlen und
durch die bey jeder Provinz wiederholten Auf-
fchriften *van de Heeren Leeden der Regeering in de Pro-
vincie* fämtliche Provinzial-Civilbeamten im weite-
ften Sinn des Worts in den vereinigten Niederlan-
den, aber nicht die Generalftaaten und übrigen
Beamte für das Ganze der Republik. *Van Gelder-
land* S. 1-48. *Holland en Weflvriesland* S. 1-108. *Zeeland* S. 1-30. *Utrecht* S. 3-68. *Friesland* S. 71-114.
Over-Yffel S. 115-130. *Groningen* 130-140. die Landfchaft *Drenthe* und die *Generalitätslande* S. 141-192.
mit Anzeige des Ernennungsjahrs und andern ftatiftifchen Erläuterungen, nach dem Alphabet der
Städte, zweckmäfsig zufammengefafst. Ein Abrifs
von der Verfaffung der Staaten dient bey jederPro-
vinz ftatt der Einleitung.

*Almanach de la Cour, avec plufieurs Augmentations &
Corrections, pour l'année* 1766. *à la Haye, chez
Pierre Frederic Goffe, Libraire de S. A. S.*
12. S. 139. (mit einer geographifchen Charte.) —
l'année 1780. S. 199. — *l'année* 1790. S. 192.
Wird bis gegen das Ende des Jahrs forgfältig berichtigt und ift durch jährliche Verbefferung ganz
über die Grenzen eines Hofcalenders hinausgegan-
gen. Inhalt: *a)* genealogifches Verzeichnifs, wel-

M 5

ches in den letztern Jahrgängen verfetzt worden.
b) Hofftaat des Erbftatthalters. *c*) Generalität, Staabsofficiere, Gouverneure und Commendanten nebft
ihrem Dienftalter, dem Truppenbeftande, den Garnifonen und der Stärke der Regimenter. Auch die
im Holländifchen Sold ftehenden fremden Truppen.
d) Seeofficiere von den oberften Graden; feit dem
Jahr 1790 ein Verzeichnifs von der Zahl der Schiffe
und Canonen. *e*) Gouverneure und Directoren der
Befitzungen in Oftindien, Weftindien und Africa.
f) Die obern Gerichtshöfe in den fieben Provinzen.
g) Sämtliche Gefandte, fowohl im Haag als an allen andern Höfen; eine ungewöhnliche Ausdehnung. Zuletzt ein Poftzeiger.

Nieuwe Vaderlandfche Almanach voor het Jaar
  MDCCLXXXV. 12. S. 57.
Hauptzweck: ausführliche Nachrichten von *Vertrek*
en Aankomft der Poften, Scheepen, Schuiten en Koop-
mans-Bodens, aber fehr oft auch Nahmenverzeichniffe von Staatsbeamten.

Almanach en Politick Zakboekje voor de vereenigde Ne-
  derlanden. 1782. 12. S. 120.
Nicht eigentlich Staatscalender, aber folgender Aus-
zeichnung wegen bemerkenswerth. Die Tage find
ftatt unferer Heiligennahmen und übrigen Calender-
poffen zwiefach mit merkwürdigen an dem Tage vorgefallenen Begebenheiten aus der neuern allgemeinen und niederländifchen Gefchichte bezeichnet;

z. B. 19 *April*, auf der einen Seite *J. Adams erkend by
H. H. M.* 1782. und auf der andern: *Naam van Pro-
teflanten (Protefl van Ryksvorflen)* 1529. Die für Holland glücklichen Ereigniſſe und Geburtstage ſind
mit groſſer römiſcher Capitalſchrift, die un-
glücklichen aber mit deutſcher, die gewonnenen
Schlachten mit kleiner Capitalſchrift, die ver-
lohrnen mit ſchwarzen Druck- und merkwürdige
Perſonen mit Curſivlettern bezeichnet. Eine vortrefliche Methode, die, ungeachtet der in der *Berliniſchen Monathsſchrift, Januar* 1784. S. 62-73. enthaltenen Vorſchläge, bis itzt unbefolgt geblieben
iſt, und faſt gleichen Zweck und Nutzen mit dem
Vorſchlag der Herren Oberconſiſtorialräthe *Gedike*
und *Hermes* (Ebendaſelbſt, Octob. 1790. S. 368
und Decb. 1790. S. 556.) zu haben ſcheint, die gangbaren Münzen zugleich durch Veränderung ihrer
Form zu Denkmünzen zu beſtimmen. Der Schwierigkeiten ſind hier noch weniger; denn bey der
Ausprägung politiſcher wichtiger Begebenheiten
auf Münzen würde ſich vielleicht die Bedenklich-
keit ergeben, wie man in den Vorſtellungen eines
ruhmvollen Friedens oder einer dictirten
Convention den Ruhm des Ueberwinders mit der
billigen Schonung des Beſiegten vereinigen könne.

*Beknopte Genealogie der Voornaamſte Potentaten in Eu-
ropa. Volgens 't Alphabeth opgeſtelt door den Heere
Johan Hubner, Rechtsgeleerde.* 1779-1790. 8.
S. 48.

Wird als Anhang des *Naamregifter* verkauft. Ehedem war dem Prätendenten unter dem Artikel *En-
gelandt*, ein Plätzchen gegönnt, jedoch mit einer
hiftorifchen Notiz: z. B. gieng 1745 *naar Schotland,
en regte aldar een Rebellie aan, maar is weder verjaagt
worden* u. f. w. In dem Jahrgang 1790 ift diefer Zufatz weggelaffen.

Provinʒ Holland und Weſtfriesland.

*Naamregifter van de refp. Regeeringen d. Steeden, in d.
Vergadering v. H. E. G: M. geen Seſſie hebbende,
als mede v. de Collegien d. Ballieuw &c. mitsgaders
v. d. Heeren, Ballieuwen &c. v. omtrent 500 Dor-
pen en andere Heerlykheden in d. P. v. Holland en
Weſtvriesland.* 36ᵗᵉ *Druck.* 1790. kl. 8. S. 368.
Fing 1754 an. Titel und Regifter find hier eins.
20 Städte haben in der Staatenverfammlung (*geen*)
nicht Sitz und Sümme; daher ftehen hier unter den
angeführten 500 Dörfern nur 15 Städte.

*Naamregister der Leeden, Steeden, en Regeeringe der-
zelve, Uyt welke de Vergaderinge van Hun Edele
Groot Mogende de Heeren Staaten van Holland en
West-Vriesland beſtaat, In welke te vinden zyn, die
Sesſie hebben in de Respective Hooge Collegien, als
mede de beide Hoven van Justitie, en die van de Ka-
mer der Rekeningen der Domeinen, met derzelver
Suppoosten. Voor den Jare 1790. Te Alkmaar,
by Jan Hand, Met Privilegie.* 8. S. 108.

Wird auch in Amſterdam in die Sammlung der Provinzialcalender von Peter Schouten aufgenommen.
Im vorangedruckten Privilegium iſt zweyer Reſolutionen vom 28. Jun. 1715, und 30. April 1728 erwähnt, welche ſich aber auf den Buchhandel im
Algemeinen zu beziehen ſcheinen. Am 7. Febr.
1765 wurde wenigſtens erſt der Buchdrucker Jacob Maagh in Alkmaar auf 15 Jahre, und ſein
Sohn Abraham Maagh unterm 4. März 1780 aber-
mahls auf 15 Jahre mit der Bedingung privilegirt,
davon jedesmahl ein Exemplar an die Univerſität
zu Leiden abzuliefern, wenn der Staatscalender
durch Bemerkungen, Noten, Zuſätze und Correc-
turen, oder in Anſehung des Formats verändert
erſcheint.

Der auf dem Titel genannte Herausgeber heiſst
indefs *J. Hand*, welcher den Mechanismus ſeiner
Beſorgung ſehr aufrichtig in der Vorrede angezeigt: *ten dien einde heb ik een met wit papier doorſcho-
ten Exemplaar gereed, om de mislagen op te teekenen.*
Inhalt *a) Hun Edele Groot Mogende* die Staaten
und Ritterſchaft. *b)* Die Magiſtrate der 18 ſtimm-
habenden Städte. Z. B. von Amſterdam 10 Burgermeiſter, 50 *Schepenen*, 36 *Raden* und die *Regeering*,
verandert d. 2. Febr. 1790. *c)* Der groſse Rath, der
Hof von Holland, die Lehncammer und die Com-
miſſäre *tot de Zaken van de Pilotagie benoorden de
Maze.*

H a a g.

Bericht wegens de Gesteltenisse der Hooge Vergaderin-
gen en Collegien, in's Gravenhage, met de benaamin-
gen der Leeden, daurin sessie hebbende, derzelver Mi-
nisters, Béampten en Suppoosten, mitsgaders aan-
wyzing hunner Woonplaatsen: Dienstig voor alle
Persoonen, die in den Hage by dezelve Vergaderingen
en Collegien, iets te verrichten of te solliciteeren heb-
ben. Voor den Jaare 1779. in's Gravenhage, by J.
Thierry en C. Mensing, Boekverkoopers in de School-
straat. Met Privil. van Hun Ed. Groot Mog. d.
Heer. Staaten v. Holl. en Westvriesland. 8. S. 168.
— Voor den Jaare 1790. S. 168.

Ein fehr vollftändiges und jährlich im März erneuertes Adrefsbuch für den Haag, durch Anzeige der Wohnungen, des Dienftalters, des Ge-
fchäftskreifes, und auch fonft ftatiftifch erläutert.
Aufser den Generalftaaten zwey Hauptabfchnitte.
1) Beamte der Provinz Holland, und insbefondere im Haag S. 3-92. *a)* Finanz- und Juftizcollegien unter einander, *Gecommitteerde Raden, Re-*
kenkammer, Hof van Holland, Klynzegel (Petit
Sceau); mit allen Subalternen als *Deurwaarders*
(*Huisfiers*), *Bodens, Knegte, Uitroeper* und *Aan-*
placker (welche die Placate ankleben), *Brandmee-*
fter (bey Feuerfprützen), 131 *Notarisfen* im Haag,
148 Advocaten und 16 Procuratoren bey den Ge-
richtshöfen. *b)* Des Erbftatthalters Finanz- und
Deutfche Beamte. *c)* Dienerfchaft im Haag,

auch die Aerzte und ein *Breuchmeeſter*, die Kirchen, die *Ouderlingen*, welche auf die reine Lehre
der Prediger, und die *Diaconen*, welche auf die
Kirchenadminiſtration Acht geben — das Bürger-
militär nach deſſen *Vaandel* (Fahnen), die *Officieren der Schutterye* genannt. — *d*) Der bekannte Ort
Ryswik, wovon der Magiſtrat vom Haag *Am-
bachtsheer* iſt. 2) Collegien, welche von allen ſieben Provinzen beſetzt werden, alſo auch die Beamte für die Generalitätslande, nebſt Bemerkung der
Conſtituenten. Beym Department der auswärtigen Geſchäfte zwey *Secretaris der Cyffers.* — Der
Hofſtaat des Erbſtatthalters und die Geſandten und
Conſule ſehr vollſtändig. Am Ende ein Poſtzeiger
und Regiſter.

S t a d t   L e i d e n.

*Naamwyzer waer in gevonden worden de Naemen van
de — Heeren Regenten der Stad Leyden; Mitsgaders van verſcheidene andere Collegien en beämpten,
met derzelver Woonplaetſen. Voor den Jaare* 1790.
Te Leyden. kl. 8.

S t a d t   U t r e c h t.

*Naamwyzer van de Heeren Geeligeerden, Edelen en Rid-
derſchappe, en van de Regenten der Stad Utrecht;
benevens derzelver gecomitteerden, Officianten en bedienden. Over dezen Jaare.* 1790. *te Utrecht.* kl. 8.

Stadt Amsterdam.

Naamwyzer waerin vertoond worden de Naamen en Woonplaatſen van haar Ed. Gr. Achtb. de Heeren Regeerders der Stadt Amſtelredam dezes Jaars 1790. kl. 8.

Naamregister van alle de Heeren Kooplieden der Stad Amstelredam. Met aanwyzing van derzelver Woonplaatſen. Als meede de Naamen en Woonplaatsen der Joodſche Kooplieden. Alles op en Alphabetiſche order geſchikt. Zeer dienſtig voor de Comptoiren deszelfs Bediendens, Makelaars, Caſſiers, Cargadoors, Schippers, Beſtelders, Vreemdelingen &ct. Voor het Jaar MDCCLXVIII. Te Amstelredam by Maarten Magerus en Gerardus Lequien junior, Boekverkoopers in de Stilſteeg. Met Privilegie. kl. 8. S. 117.

Wird jährlich am 1. Febr. geſchloſſen, und enthält von ſämtlichen Handlungtreibenden in der Stadt die Tauf- und Familien - Nahmen und die Wohnungen, in alphabetiſcher Ordnung nach der Abtheilung in Chriſtliche (S. 1-110) und Jüdiſche S. 111-117.

II. *Beſitzungen in Aſien.*

Beſitzungen in Oſtindien.

Naam-Boekje van de Wel Ed. Heeren der Hooge Indianſche Regeeringe, gequalificeerde Perſoonen enz.

op

op *Batavia; mitsgaders de respective Gouverneurs,*
Directeurs, Commandeurs en Opperhoofden op de
Buiten Comptoiren van Nederl. India, zoo als de-
zelve in wezen zyn bevonden ultimo Maart 1789. Als
meede alle de Gouverneurs Generaal, zedert het Jaar
1610. Nevens de hooge en mindere Collegien en Be-
dienlens op de Buiten Comptoiren van Nederlands In-
día. Te Amsterdam, by de Wed. Petr.`Schou-
ten en Reinier Ottens, Boekverkoopers. 1790.
met Priv. v. d. Heer. Staaten v. Holl. en Westvries-
land. 8. S. 117.

Ein überaus lehrreicher Staatscalender, der sich über
den Civilstand, die Geistlichkeit aller drey Religionen und das Land- und See- Militär in samtlichen
Besitzungen, Gouvernements, Comptoirs und Eta-
blissements der Republik in Ostindien erstreckt,
und sogar *Pakbuysmeesters, Confrotists* u. s. w. begreift. Nahmentlic: die Factoreyen in Indostan,
die Besitzungen auf den Küsten der Halbinsel dies-
seits des Ganges, die Inseln im Indianischen Meer,
als Ceylon, der Archipelagus der moluckischen
Inseln, Java's Nord - Ostküste, Sumatra u. s. w.
Ein Nahmenverzeichnifs aller Generalgouverneure
vom Jahre 1610 bis 1778, und ein gut eingerichte-
tes brauchbares Register erhöhen noch mehr seinen
Werth.

Beknopte Beschryving der Oostindische Etablisfementen,
door Ary Huyfers, Oud-Koopmann in Dienst d.

N

N. O. Ind. Comp. — *Utrecht. by Paddenburg.* 8.
S. 422.

Ein fehr brauchbares Verzeichnifs aller Diener der
Compagnie in Indien von den Jahren 1776 und 1777.

III. *Befitzungen in Africa.*

*Naam-Lyft der Generaal-Directeurs geregeert hebbende
over de Noord-en Zuydkuft van Africa, beginnende
met den Jaare 1637. Mitsgaders de Bediendens van
de Weft-Indifche Compagnie, zo als dezelve tegen-
woordig in wezen zyn op de Kuft van Guinea. Te
Amfterdam by de Wed. Petr. Schouten en
Reinier Ottens, Boekverkoopers 1790. met Priv.
v. d. Heer. Staaten v. Holl. en Weftvriesland.* 8.

Die Seitenzahl läuft mit dem eben erwähnten
Naamboekje vom Holländifchen Afien S. 122 - 135
fort. Inhalt: *a*) eine Lifte aller Generalgouverneure von 1637 an. *b*) Geiftliche, Civil- und Mi-
litärbeamte auf der Küfte von Guinea zu St. Jago,
St. Georgio Dellamina, Axim und Accra. Die Befitzungen Friedrichsburg, Naffau-Oranien, das
Königreich Benguela oder Lubolo an der Küfte
Kongo, und die Colonien an der Küfte der Kaffern
find hier nicht beygefügt; übrigens find die Holländifchen Benennungen der Orte von. den deutfchen fo verfchieden, dafs fie faft unkenntlich
werden.

IV. *Befitzungen in America.*

a) *St. Euftaz und Saba.*

Lyfte van de hooge en mindere Bedienden van de Weft-Indifche Compagnie op St. Euftatius en St. Martin en Saba.

Macht in der Schoutenfchen Sammlung einen Theil des *Naamboekje van Batavia* S. 133-137 aus.

b) *Surinam, Rio Effequebo und Demerary.*

De Hooge Regeering, mindere Collegien, en Bediendens in de Colonie van Suriname, neevens een Lyft der Gouverneurs Generaal en Commandeurs, zedert den Jaare 1683. Te Amfterdam, by de Wed. P. Schouten en R. Ottens, Boekverkoopers 1790. met Privilegie.

Macht in der Schoutenfchen Sammlung die Seitenzahl 136-168 aus, und enthält aufser fämtlichen Beamten auf diefen Infeln noch ein Verzeichnifs aller Generalgouverneure und Commandanten feit dem Jahre 1683. Unter der Benennung von Surinam wird auch das Fort Zelandia, Paramairamba und Fort Naffau, alfo das ganze Holländifche Guiana verftanden.

β) Nach der Verfchiedenheit der Beamtenclaffen.

Landmacht.

Naamregifter der Heeren Militaire Officieren, den Capitein Generaal, de Generaals, Lieutenant-Generaals,

Generaals-Major, *Colonels*, *Lieutenant-Colonels*, *Majors*, *Capiteins*, *Lieutenants en Vaandrigs: der Cavallery*, *Dragonders*, *Infantery*, *Artillery*, *Ingenieurs en Mineurs*, *in Dienſt der vereenigde Provintien, met de Naamen der Gouverneurs, Commandeurs, Majors en Onder-Majors der Steden en Forten, onder het gebied van Hun Hoog-Mogende. Vermeerderd met een Lyſt der Chefs van alle de Regimenten, zo Cavallery als Infantery, zedert den Jaare 1713, tot den 1 Mai 1790. In's Graavenhage. By J. Thierry en C. Menſing, met Privilegie. 8. S. 260. (1779. S. 174.)*

Am 13. September 1774 erhielt der Buchhändler Hendrick van der Deyſter auf 15 Jahre davon den ausſchlieſsenden Verlagsfreybrief, welchen er im Jahr 1785 an den Zeitungsſchreiber Felix de Klopper verkaufte, der im Januar 1789 ſein Recht an die Buchhändler Thierry und Menſing im Haag abtrat. Dieſen gaben darauf am 11. December 1789 die Staaten von Holland auf 15 Jahre ein neues Privilegium, mit einer Strafe von 3000 Gulden auf den Nachdruck. Seit wenigſtens 25 Jahren kömmt daher dieſe Stamm- und Rangliſte jährlich heraus. Sie iſt vollſtändig und genau, hat aber auſser dem Dienſtalter und den Staabsquartieren keine ſtatiſtiſche Zuſätze. In den verſchiedenen Claſſen von Truppen liegt zwar die Abtheilung nach den Provinzen im allgemeinen, und die der Regimenter und Compagnien im einzelnen zum Grunde; dieſe Ordnung iſt aber noch

vieler Verbefferungen fähig. Inhalt: *a*) Generalität und Staabsofficiere der Cavallerie und Infanterie, welche bey der Anzeige ihrer Regimenter mehr
am gehörigen Ort feyn würden. *b*) Uebrige Officiere der Cavallerie. *c*) Infanterie, abgetheilt in Nationale, in Mariniers, Deutfche, Wälfche und
Schweitzer. *d*) Ingenieurcorps nach der Abtheilung von *extraordinaire* und *Guarnifoenen*, Mineurs
und Sappeurs. *e*) Artillerie. *f*) Fremde Truppen im Holländifchen Solde von Braunfchweig,
Anfpach und Meklenburg. *g*) Leichte Truppen.
h) Generalftaab. *i*) Dienerfchaft bey den Feftungen und Magazinen. *k*) Lifte von dem Garnifon-
ftande fämtlicher Truppen. *l*) Anzeige der in der
Benennung der Regimenter feit 1713 vorgefallenen
Veränderungen. *m*) Ein Sachregifter.

S e e m a c h t.

Naamregifter van de Ed. Mog. Heeren Gecommitteerde
Raden in de Collegien ter Admiraliteit, als mede de
E. E. Heeren Bewindhebberen van de Ooft en Weft-
Indifche Compagnie, in alle de Steden der Provin-
cien van Holland, Zeeland, Vriesland, enz. nevens
. de Bedienden derzelve. Te Amflerdam by de Wed.
P. Schouten en R. Ottens, Boekverkoopers
1790. met Privilegie. 8. S. 92.

Enthält die fünf Admiralitätscollegien, nebft den
davon abhängenden vielfachen Aemtern S. 1-59,
die Oftindifche Compagnie S. 59-82, und die Weft-
indifche.

Vierde nieuwe vermeerdede en verbeeterde Lyſt der Zee-
magt van de Republick der Vereenigde Nederlanden.
Te Utrecht, 1782. fol.

P o h l e n.

Mit den Staatsrevolutionen geht auch die Revolution der Staatscalender parallel, wovon Pohlen und Frankreich die neueſten Beweiſe liefern.
Die Pohlniſche Staatsveränderung gibt itzt nicht
allein zu der Entſtehung eines ganz neuen Almanachs bey *Zawadzki* in 2 Theilen Anlaſs, zu welchem die Reichstagscanzley die Materialien liefert,
ſondern ſie hat auch das Gebäude der vorhandenen weſentlich verändert. — Warſchau allein iſt
der Sitz der Pohlniſchen Staatscalender. Die daſelbſt befindlichen Buchdruckereyen von G röll,
der P i a r i ſ t e n, und der Exjeſuiten theilen
ſich davon den Verlag. In den beyden übrigen,
bey D u f o u r für die Cadettenſchule und in der
neuen ſogenannten freyen Buchdruckerey
von Johann Potocki, kömt keiner heraus. In
den Provinzen möchte allein von W i l n a aus, ein
ſolches Unternehmen erwartet werden können,
und ſo zahlreich die Dienerſchaft der reichen Pohlniſchen Gutsbeſitzer, eines R a d z i v i l, Braniicki
iſt, ſo iſt ſolche doch nie in gedruckte Liſten gefaſst worden. — Der innere Haushalt jener Staatscalender, iſt bis auf den darin vorzüglich vernach-

läfsigten Kriegsftaat ziemlich zweckmäfsig. In Anfehung der unabgebrochen fortlaufenden Zeilen,
der Lettern und des Papiers find fie dem Varren-
trappfhen Handbuch, und in Anfehung des
Formats unfern Mufenalmanachen gleich. Die Ge-
fchlechtscourtoifie, auf welche nach Pohlnifcher
Sitte weniger als auf die Vorzüge des Amts Rückficht genommen wird, ift darin, felbft bis auf das
.Ehrenwort *Imc. Pan* (Herr) bey Bürgerlichen
und das *Wielmozny* (Herr von) ganz ausgelaffen,
fo dafs der niedere Adel fich durch nichts als etwa
gröftentheils durch die Endigung des Nahmens *in
ski* und *wicz* auszeichnet. Beym hohen Adel
wird nur felten die fürftliche Geburt mit *Jas'nie
Os'wiewny* und die Gräfliche mit *Hrabia* bezeichnet,
und das der Excellenz gleichkommende *Jas'nie
Wielmoz.iy* für Staatsminifter und Ordensritter kömt
nur im Brieffty l vor. Eine andere Raumerfparung
gewähren die in der Sprache hergebrachten Abkürzungen, z. B. *W. X.* (*Litt.*) für *Wilkiego Xie'stwa*
oder das Grosherzogthum Litthauen; *W. Kor.* für
Wielki Koronny oder die Krone; *J. K. M.* für *Jego
Krolawskiey Mei*, Ihro Königl. Majeftät; *R. G.
U.* für *Ritus Graeco- Uniti.* Die Taufnahmen kommen mit den Deutfchen gröftentheils überein,
Adam, Stefan, Jozef, Antoni u. f. w., deftomehr
weichen aber die Familiennahmen ab, welche oft
einzeln fämtliche Confonanten in fich faffen, demungeachtet aber von den Pohlen fehr fanft und nur
vom Ausländer hart und unrichtig ausgefprochen

werden, z. B. *dzindzengienkotewicz, Tyszkiewicz,* und
endlich ein Herr *Kwegrawe brzdeprzoprzuozemszery-
bury,* deffen Nahme indefs im gemeinen Leben
abgekürzt wird.

*Kalendarz Polityczny dia Krolestwa Polskiego y. W.
X. Litewskiego podlug Merydyanu Warszawskiego
usozony. W Warszawie. Nakiadem i Drukiem Mi-
chala Grölla Księgarza Nadwornego J. K. Mci.*
(*Deutfch: Politifcher Calender des Königreichs Pohlen und Grosherzogthums Litthauen, nach dem
Warfchauer Meridian eingerichtet. Auf Koften und
in der Druckerey des Michael Gröll, Königlichen
Hofbuchdruckers.*) Tafchenformat.

1) *na Rok Panski* 1790. S. 378.

Voran der Zeitcalender auch für Rufsen, Juden
und Türken eingerichtet, und die Gala-Hof- und
Seffionstage der Gerichte nebft dem arithmetifchen
Verhältnifs der Pohlnifchen Meilen, ein Gefchlechtsverzeichnifs aller Fürften in Europa und
die Folge der Pohlnifchen Könige. Dann die
Beamtenlifte. *a*) Obere Reichsbeamte: als, Erzbifchöfe, Bifchöfe, Woywoden, Caftellane, Senatoren, Staatsminifter und die obere Kriegsbefehls-
haber. *b*) Ritter der beiden K. Orden und die Mal-
thefer, welche in Pohlen wohnen. *c*) Gefandte
von der Republik und an felbige. *d*) Geiftlichkeit
des vereinigten Griechifchen Bekentnifses, Vorfteher der Klöfter, Abteyen und Capitel, Prälaten,

Canonici. *e)* Hohe Civilbeamte in den Palatinats-
diftricten, Woywodfchaften, Grofs- und Krongü-
tern nebft den Uniformen. *f)* Beamte in den
durch Oefterreich, Preufsen und Rufsland abge-
riffenen Provinzen S. 213. 218. 225. 234. Eine nicht
unabfichtliche, wenn gleich dem Begrif eines
Staatscalenders widerfprechende Ausdehnung. So
wie im Römifchen Staatscalender die Bifchöfe *in
partibus infidelium*, fo werden auch vom Könige von
Pohlen noch immer mehrere Beamte für jene Pa-
latinate, als Staroften, Richter, Stolnik, Mund-
fchenk, jedoch ohne Befoldung ernannt, und noch
neuerlich ift eine Erweiterung diefer Rubrik hinter-
trieben worden. *g)* Criminal- und Civilgerichte.
h) Deputation der auswärtigen Angelegenheiten.
i) Eine bunte Reihe von weltlichen und geiftlichen
Commiffionen und Dikafterien, nebft den Advocaten. *k)* Hofftaat des Königs. *l)* Garden des Königs und der Republik. *m)* Magiftrat der Neu-
und Altftadt Warfchau. *n)* Generalpoftdirectorium
und Poftmeifter nebft Poft- und Wegezeiger.
o) Anlagen; diefes mahl die Stempelpapierverord-
nung, die letztjährigen Reichstagsprotocolle, ein
in Pohlen practifch-nützliches Tagebuch des
Gewinns und Verlufts im Spiel, Gedichte, und
endlich ein Realregifter.

.1) *Jahr 1792*. S. 373. und 84. mit der Beziehung
auf das Schaltjahr im Titel: *ktory iest rokiem
przeftepnym, maiacym dni* 366.

N 5

Wefentliche Veränderungen *a*) Statt des *Confeſl permanent* das *Confeil de ſurveillance*, welches im Pohlnifchen den fchönen Nahmen *Straz*, W a c h e führt, und aus dem Primas, 5 Miniftern und 2 Secretären beftehet. *b*) Statt der Deputation der auswärtigen Angelegenheiten die neu organifirte Canzley. *c*) Commiffion für die Nationalerziehung und die Societät für Elementarbücher. *d*) Policeycommiffion der b e i d e n Nationen (*Oboygo Narodow.*) *e*) Kriegs - und Schatzcommiffionen, die für Pohlen und Litthauen vereiniget worden. *f*) Affefforiat - und Referendariatgerichte, jedoch bis itzt noch ohne Anzeige der neuen Relations- und Curländifchen Gerichte. *g*) Die Appellations- gerichte für die freyen Städte in den Palatinaten M a z o w und R a v a. Im befonders paginirten Anhang das Gefetz vom 18 April 1791 für die freyen Königlichen Städte, und die Conftitution vom 3 May.

Kalendarzyk Politycny na rok przeſlepny 1792. w Warf- zawie. w Drukarni I. K. Mci. i. Rzplitey u. xx. Scholarum piarum. 24. (unpaginirt) deutfch: *Po- litifcher Calender für das Jahr 1792. Warfchau, in der Druckerey der Piariften.*
Wird jährlich vor Neujahr ausgegeben, und ent- hält völlig daffelbe Nahmenverzeichnifs, welches im *Kalendarz Politiczny* fteht, bis auf einige unbe- deutende Abweichungen, befonders bis auf die fummarifche Faffung der Untergerichte. Die An-

lagen beftehen hier in den Conftitutionen der
vier freyen Völker in England, Nordamerica, Pohlen und Frankreich, deren Freyheit indefs wefentliche, Verfchiedenheiten hat. —
Es find itzt 87 Caftellane und Ein Taufend drey-
hundert fechs und achtzig Pohlnifche Ordensritter, von welchen 367 das blaue Band haben.

Kalendarz Exjezuicki. 1792. 12.
Kömt jährlich im alten Collegium der Exjefuiten in
Warfchau heraus, und enthält ebenfalls ein fum-
marifches allgemeines Nahmenverzeichnifs.

Calendrier politique du Royaume de Pologne & du G.
D. de Lithuanie pour l'année 1781. à l'ufage des
Nationaux & des Etrangers. à Varfovie de l'im-
primerie de M. Gröll, Imprimeur-Libraire du Roi
& de la Cour, à l'enfeigne des Poëtes Polonois.
12. S. 218.
Diefes poetifche Schild trägt nicht. Zwar liefert
diefer Staatscalender kein fo vollftändiges Nahmen-
verzeichnifs-als der *Kalendarz Polityczny*, und vielmehr die Subalternen blofs fummarifch (z. B. *il y a*
12 *avocats & 12 agens*); aber der Anhang über gelehrte Anftalten, Poften, Reichstagsverhandlun-
gen und über das Münzwefen ift defto reichhaltiger.
Die Gala- und Gerichtstäge, die Pohlnifchen Benennungen neben den Französifchen, die Functionen bey den höhern Aemtern und die concentrirte
Ueberficht der einzelnen Abfchnitte find Zufätze,

welche ihn für Ausländer vorzüglich brauchbar
machen. Er erfchien zuerft im Jahr 1779 unter dem
Titel: *Calendrier hiflorique, géographique civil & militaire* und wird jährlich fortgefetzt.

*Etrennes mignonnes curieufes & utiles pour l'année Mil
fept cent foixante & dix. Avec privilège. à Varfovie chez M.* G r ö l l *Libraire du Roi & à Dresde
chez le même.* (ohne Seitenzahl kl. 8.)
Enthält die Erzbifchöfe, Bifchöfe und Canonici des
Katholifchen und vereinigten Griechifchen Bekenntniffes; den Senat; das Minifterium; die Ca-
ftellanen; die Kronämter, Staroften und Ritter der
K. Orden nebft den Räthen bey den Dikafterien in
Grofs - und Klein - Pohlen und in Litthauen.

D a n z i g.

*Das jetzt-lebende Dantzig, Anno 1791, nach der im
Monat Martio gehaltenen Verkührung der Aemter.
Danzig, gedruckt und zu bekommen bey D. L. We-
del, Es. Hochedl. Hochw. Raths und des acad.
Gymnafii Buchdrucker. 8. S. 100.*
Wegen der innern und politifchen Verhältniffe
diefer Stadt, verdient ihr Staatscalender eine genauere Anzeige. Er kömt jährlich im Anfange
des Aprils heraus, weil er nicht, wie faft alle Staatscalender, von Neujahr zu Neujahr, fondern wie
der Reichsftadt - Nürnbergifche von den im Lauf
des Jahrs feftgefetzten Amtswahlen an gehet. Das
Nahmenverzeichnifs bis auf das *Corps diplomatique*

ift vollftändig und wohl angeordnet, ohne die in
kleinen Republiken fo üblichen Titulaturen, ja
felbft ohne Wiederhohlung des Ehrennahmens
Herr, aber dagegen auch von ftatiftifchen Erläuterungen ganz entblöfst. Die Verhältniffe mit dem
König von Pohlen werden durch *regius* angedeutet;
die Diöcesanrechte des Bifchofs von Cujavien aber
darin gar nicht genannt. Inhalt: *a*) Regierungs-
ftaat nach den drey Ordnungen, auf deren Unterfcheidung die Regierungsform beruhet, und nach
dem Local der Rechten (Neuen) und der Alten Stadt und der 4 Quartiere abgetheilt. 4. Bur-
gemeifter, 19 Rathsherren, unter welchen ein Königlicher (Pohlnifcher) Burggraf ift, 35 Functionen und Deputationen, und 40 fogenannte Collegien von Herren, theils für das Stadtgebiet auffer
den Mauern, den Werder, die bekannte fri-
fche Nehrung und für die fogenannte Höhe,
theils für das innere Stadtregiment, unter welchen
die Deputation von 12 Perfonen zur Ausfin-
dung baarer Geldmittel bey der itzigen Lage des Danziger Handels mehr befchäftigt feyn
mag, als die zur Unterfuchung der Güter
und Einkünfte diefer Stadt. S. 30 auch 10
Deputirte zum Lotto, S. 31 Pfahl und Mott-
lauherren, S. 34 Herren zu Coërcirung
der Banquerouter, S. 37 vier Oberftlieutenants,
1 Sommer- und 1 Winter-Schäffer, 1 Hof-
und Altars-Herr und mehrere Gefchäftsbenen-
nungen, welche Fremden ganz unverftändlich find.

Bey der Juſtiz ein gerichtlich beſtellter Cura-
tor in Concurs- und Bödelſachen, 5 Procuratoren, 9 *Inſligatores*, 19 Mächtiger, 6 *Notarii
Regii (Poloni) publici iurati*, 24 geſchworne Männer. *b*) Kriegsſtaat überaus zahlreich nach der
Unterſcheidung des Bürger- und des Kriegsmi-
litärs. In jenem 13 im Kriegsrath, 4 Wachherren,
4 Oberſten, 4 Oberſtlieutenants, 48 Fahnen, jede
mit 1 Capitain, 1 Lieutenant und 1 Fähndrich, nach
4 Quartieren abgetheilt; Artillerie; 14 Officiere
bey der jungen Mannſchaft von Kaufge-
ſellen, Aelterleute und Schützenherren. Beym
Kriegsmilitär 6 im Malefizgericht, 2 Majore und
48 andere Officiere, 9 beym Staabe, 3 bey der Artillerie, 2 bey der Cavallerie und die Garniſon in
der Feſtung Weichſelmünde. *c*) Kirchenſtaat reformirten und lutheriſchen Bekenntniſſes.
Auch Preuſsiſche, Franzöſiſche, Engliſche und
Niederländiſche Gemeinen, 29 lutheriſche Landprediger und 22 Candidaten. *d*) Schulenſtaat.
In dieſem ſind die übrigen Beamte und einige ihres
bürgerlichen Gewerbes wegen angeſehene Perſonen zuſammen gefaſst. 10 Lehrer am Gymnaſium,
30 an andern Schulen, 5 Bibliothekare, 20 ausü-
bende Aerzte, 9 Apotheker, 5 Beamte und 57
Mitglieder der Naturforſchenden Geſellſchaft.

Rufsland.

In einer Literatur, welche im Jahr 1760 in der Landesfprache noch keine gedruckte Nachrichten über inländifche Einkünfte und Gefetze hatte, ift ein wohleingerichteter Staatscalender im Jahr 1765 ein merkwürdiges Phänomen. Diefes ift der Fall mit Rufsland, und durch die vorzügliche Aufmerkfamkeit der Akademie der Wiffenfchaften in Petersburg, find auch itzt die Spuren diefer Verfpätung fo gut verwifcht, dafs felbft die Gefchichte und Vervielfältigung der Calender in Rufsifchen Büchern ausführlich befchrieben ift. Von den guten fogenannten - hiftorifchen - geographifchen - ökonomifchen - unterrichtenden - oder den Comtoir - Wege - Reife - Rigaer und Revaler Deutfchen und Moskauer-Calendern, die jährlich erneuert werden, und fich fämtlich durch gemeinnützliche Beylagen auszeichnen, geben *Backmeister* in feiner Rufsifchen Bibliothek, (1772 St. Petersburg. 8.) I. Bd. S. 303. und II. B. (1787) S. 373 feqq. und *Georgi* in feiner Befchreibung der Rufsifch-Kaiferlichen Refidenzftadt Petersburg (1790. 8.) S. 302-305. ausführliche Nachricht. Beide erwähnen indefs keiner Provinzialftaatscalender, welche um fo nöthiger zu feyn fcheinen, da nicht in allen Theilen des Reichs die Rufsifche Sprache hinlänglich bekannt ift. — Die wefentliche Abweichung derfelben von allen übrigen Europäifchen

Sprachen, erfchwert ihre Verftändlichkeit für den Ausländer mehr als die Declinationsfähigkeit der Tauf- und Gefchlechtsnahmen, von welchen eine Claffe fich nach dem Taufnahmen des Vaters richtet, und auch mehr als die wenigen darin vorkommenden Abkürzungen, z. B. *CB.* Heilig, *KH.* Knäfs u. f. w. Der übrige Adel wird, wie in den Deutfchen Staatscalendern mit ꙗ, ꙗ, und ꙗ bezeichnet; das Ihro Kaiferliche Majeftät wird mit Univerfalbuchftaben bey den einzelnen Stellen oft und ohne Noth wiederhohlt, und unter allen Nebenbezeichnungen der Aemter ift der Zufatz: w i r k l i c h e r, der häufigfte und für den Rang auch der wefentlichfte.

МѢСЯЦОСЛОВЪ СЪ РОСПИСЬЮ ЧИНОВНЫХЪ ОСОБЪ ВЪ ГОСУДАРСТВѢ, НА ЛѢТО ОТЪ РОЖДЕСТВА ХРИСТОВА 1790. ВЪ САНКТ ПЕТЕРВУРГѢ ПРИ ИМПЕРАТОРСКОЙ АКАДЕМІИ НАУКЪ.

Mesäzoslow s' rospisju tschinownich osob ѡ⁰ gosudarstive. na ſeto ot roschdestwa Christowa.

Adrefscalender von den verfchiedenen Aemtern in den Gouvernementern. St. Petersburg in der Akademifchen Buchdruckerey. gr. 8. 1772. S. 217. — 1784. *Zeitcalender* S. XXI. Inhalt S. 489 und Regifter S. X. — 1785. S. XXI. S. 443. S. IX. — 1787. S. XXI. 387. IX. — 1790. S. XXI. 386. IX. — 1791. S. XXI. 380. VIII. (1 Rubel 10 Kopecn.)

Kömt

Kömmt feit 1765 jährlich im Februar oder März in
Ruffifcher Sprache bey der Akademie der Wiffenfchaften, und zwar faft mit jeder neuen Ausgabe
verbeffert heraus, wird aus den unmittelbar von
den Collegien eingefandten Liften nachgetragen,
und führt den zweyten Titel: Verzeichnifs der
Aemter in der Monarchie. Diefe folgen fich
in einer fehr zweckmäfsigen Ordnung. a) Höhere
Inftanzen: Confeil, Hofftaat, Cabinet nebft denjenigen Bergwerken, deren Ertrag in daffelbe fliefst,
Garden bis auf die Capitains, dirigirender Senat,
Heiligft dirigirender Synod nebft der hohen
Geiftlichkeit, den Archimandriten, Aebten, und
Confiftorien, Departement der auswärtigen Angelegenheiten nebft den Gefandten von und bey der
Kaiferin, Kriegs- und Admiralitätscollegium mit
allen Unterabtheilungen, Artilleriecorps, Generalpoftdirectorium, Bank. b) Akademien, die Ruffifche, die der Wiffenfchaften, der Künfte, die
medicinifche und die zu Moscow. c) Bau - Juftiz-
Revifions - Commerz - Münzcollegien und gerin-
gere Commiffionen und Canzleyen in Petersburg.
d) Sämtliche Gouvernements und Statthalterfchaften im Europäifchen und Afiatifchen Theil, Sibi-
rien mit eingefchloffen, welche zwey Drittheile
des Buchs füllen. Bey einem jeden derfelben find
der Generalgouverneur, der Gouverneur und die
Gouvernementsregierung, die Gerichtshöfe für
peinliche und bürgerliche Rechtsfachen, die Fi-
nanz- und die Rechencammer, die Canzley der al-

O

gemeinen Fürforge, das Oberlandgericht, die
Commendanten und Stadtvögte der Städte, das
Gewiffensgericht (welches alle Streitigkeiten vor
der proceffualifchen Einleitung gütlich beyzulegen
fucht), die Rathsverfamlungen und Magifträte,
und einige andere Provinzialgerichte, z. B. Brand-
tewein- und Salzcammer, kurz alle Civilbediente
vom Oberofficiersrange, angegeben. Es liegt dabey die Abtheilung der Statthalterfchaften in Provinzen, und bey diefen wiederum die von Diftricten und Kreifen zum Grunde. Moscow, Petersburg und Nowogrod find die drey erften.. Vom Militär findet man blos die Commendanten, und vom
Civil nicht die nach den Secretären kommenden
Beamten darin, weil fonft ein Folioband für diefes
koloffalifche Reich nicht zureichen würde. — Am
Ende ein Ortregifter.

Мѣсяцословъ. — *Mesäzoslow, der gemeine*
Ruffifche Calender. 8. 8 Bogen.
St. Petersburgifcher Calender auf das Jahr nach Chrifti
Geburth gerichtet auf die vornehmfte Orte des Ruffi-
fchen Reichs. St. Petersburg bey der Kayferl. Aca-
demie der Wiffenfchaften. 8. 1783. S. 148 — 1785.
S. 122. — 1786. S. 124.
Erfcheinen jährlich im September des vorhergehen-
den Jahrs und enthalten ftatiftifche Beylagen zu den
Staatscalendern; z. B. Verzeichniffe aller Städte
nebft Anzeige der Entfernung der Gouvernements-
ftädte von den Refidenzen Petersburg und Mos-

.cow und der Provinzialftädte von ihren Gouvernements. — Poftzeiger — Staatsbegebenheiten und
Zeitrechnungen von inländifchen Finanzeinrich-
tungen.

α) Nach geographifcher Abtheilung.

Revalfche Statthalterfchaft.

Von derfelben giebt nach *Meufels Viertem*
Nachtrage zu der Vierten Ausgabe des Gelehrten Teutfch-
landes S. 284 ein Hr. *E. A. W. Hörfchelmann* ein
Adrefsbuch in deutfcher Sprache heraus.

β) Nach Verfchiedenheit der Beamten-
claffen.

H o f f t a a t.

Almanach de la Cour à St. Petersbourg; de l'Imprime-
rie de l'Académie Impériale des Sciences. Pour l'an-
née 1784. S. 168. 12. — 1786. S. 176. — 1787.
S. 143. (in Ruffifcher Sprache 84 S.) — 1790.
S. 152. (kleineres 12 Format.) — 1791. S. 152.
(55 Kopeken.)
Erfcheint jährlich in drey Sprachen, in der Ruffifchen, in der Franzöfifchen und in der Deutfchen,
mit einem oder einigen Kupfern in fehr gefchmack-
voller Form und bis auf den Mangel des Regifters
wohl eingerichtet. *a)* Zeitrechnungen, aus der Ruffifchen Gefchichte z. B. von der Schöpfung der
Ruffifchen Flotte 94, von der Blatterneinimpfung im

Reich 22, von der Zerftöhrung der Türkifchen
Flotte 20 Jahre, von der Eroberung der Crimm,
von Einrichtung der Gouvernements, von Errichtung der Akademie der Wiffenfchaften u. f. w.
b) Genealogifches Verzeichnifs: das Anhalt-Zerb-
ftifche Haus erft in feiner alphabetifchen Ordnung,
der Grofsfürft als Herzog von Schleswig-Holftein,
und der Herzog von Würtenberg-Stuttgard als *ma-
rié à la Comteffe de Hohenheim.* Man findet auch hier
die Fürften *Carthuel, Cachet* und *Imirette,* welche
fonft unfere Europäifchen Genealogen nicht aufzu-
nehmen pflegen. *c*) Das grofse Verzeichnifs der
kaiferlichen Ordensritter S. 41-122. nach den Claffen und Motiven der Verleihung (z. B. aus Gnade
oder für 35jährige Dienftzeit) abgetheilt. Die nicht
adlich-gebornen Deutfchen erhalten hier das V o n,
felbft bey der dritten und vierten Claffe des Wlodi-
mirordens, weil nach den Statuten das Kreutz fogar den e r b l i c h e n Adel verleihet. Eine Notiz,
welche mehrern Deutfchen Gelehrten in Anfehung
des Herrn R i t t e r s *von Zimmermann* entgan-
gen zu feyn fcheint. *d*) Staatsrath. *e*) Hofftaat.
f) *Corps diplomatique;* unter andern ein Gefchäfts-
träger in Perfien. *g*) Höhere Landescivilgerichte.
h) Generale und Admiralität. *i*) Generalgouverneure und Gouverneure. *k*) Lifte der Feft- und
Galatage und ein unvollftändiger Poftzeiger.

Kriegsſtaat.

a) *Landmacht.*

СПИСОКЪ ВОИНСКОМУ ДЕПАРТАМЕНТУ,
И НАХОДЯЩИМСЯ ВЪ ШТАТѢ ПРИ ВОЙ-
СКѢ, ВЪ ПОЛКАХЪ, ГВАРДІИ, ВЪ АРТИЛЛЕРІИ,
И ПРИ ДРУГИХЪ ДОЛЖНОСТЯХЪ ГЕНЕ -
РАЛИТЕТУ И ШТААБ-ОФИЦЕРАМЪ, ТА-
КОЖДЕ КАВАЛЕРАМЪ ВОЕННАГО ОРДЕНА
И СТАРШИНАМЪ ВЪ ИРРЕГУЛИРНЫХЪ ВОЙ-
СКАХЪ, НА 1788 ГОДЪ, ВЪ САНКТПЕТЕРВУРГѢ
ПРИ ГОСУДАРСТВЕННОЙ ВОЕННОЙ КОЛЛЕ-
ГІИ 1788.

Spiſock Woinskomu Departamentu &c. (zu deutſch)
*Anzeige aller im Kriegsdepartement und Generalſtaabe,
in den Regimentern, in den Garden, bey der Artillerie und bey andern Stellen ſich befindenden Generale
und Staabsofficiere, wie auch der Ritter des militäriſchen Ordens und der Starſchine bey den irregulären
Truppen auf das Jahr 1788.* Petersburg, gedruckt
beym Kaiſerlichen Kriegscollegium. gr. 8. S. 386
und IX.

Kömmt ſeit geraumer Zeit ohne Beyfügung eines
Calenders zu unbeſtimmten Epochen, etwa um das
andere oder dritte Jahr, unter Aufſicht des Kriegs-
collegiums heraus und pflegt nur in Kriegszeiten,
wo jedoch ein ſolcher Staatscalender am nothwen-
digſten iſt, wegen der ſchnellen und häufigen Veränderungen, zu welchen die commandirenden Generale, wie ehedem Potemkin, für ſich oft be-
vollmächtigt ſind, und wegen der groſen Entfernung der Armeen von der Hauptſtadt nicht zu er-

fcheinen, daher aufser 1792 der hier angezeigte Jahrgang der letzte ift. Er liefert eine kurze, genaue und
richtige Ueberficht des Officiersftandes bis zu den Capitäns ausfchliefslich und enthält: a) den Etat der
Kriegscollegien in St. Petersburg und Moscow, die
Comtoire der Artillerie und Fortificationen, Haupt-
Kriegescommiffariate, Proviantgerichte u. f. w.
b) Die Generalfeldmarfchälle, Generale en Chef,
Generallieutenants und Generalmajore, 204 an der
Zahl. c) Die bey den Civilämtern oder gar nicht
wirklich angeftellte Generalität. d) 56 Brigadiere,
133 Oberften, 247 Oberftlieutenante, 613 Majore,
bey Curaffieren, Dragonern, Infanterie, auch beym
Ingenieurcorps, den Garnifonregimentern und der
Artillerie. e) 162 Commendanten und 111 Befehlshaber bey Bataillonen und leichten Truppen. f)
Von den Cofacken 3 Attaman (Oberften) und 90
Starfchinen (Capitäne) aber itzt keinen Het-
mann, oder mit andern Worten keinen unabhän-
geg Fürften diefer militärifchen Republik, wie
ehedem Rafumowsky in der That, Potemkin
aber nur dem Titel nach war. g) Die Ritter vom
Kriegsorden. — Alles diefes mit Angabe des
Dienftjahres und der fucceffiven Beförderung, nebft
einem Realregifter.

b) *Seemacht.*

Um das dritte oder vierte Jahr erfcheint eine
Anzeige von den Divifionen und dem Etat der
Flotte, welche für die Seemacht gerade eben fo

viel leiſtet, als der *Meſazoslow* für den Civilſtaat und der *Spiſok* für die Landmacht. Es enthält ſolche die oberſten Befehlshaber, das Admiralitätscollegium, das General-Kriegscommiſſariat, das Equipagen- Schiffbau- und Artillerie-Comtoir und die höhern Seeofficiere.

I t a l i e n.

Von den Staatscalendern in Italien läſst ſich, bey der Vielſeitigkeit dieſes Staatenſyſtems, noch faſt weniger eine algemeine Charakteriſtik entwerfen, als von den Deutſchen. Es giebt hier groſse und kleine, wie es z. B. das Verhältniſs der Siciliſchen Königreiche zu der *Republichetta di S. Marino*, zu welcher keine gebahnte Strafse führt, mit ſich bringt; es gibt trockne Nomenclaturen und ſtatiſtiſche mit Beamtenliſten verſehene Taſchenbücher. Von den Abſtufungen ihres Urſprungs gibt das Mannsalter des Römiſchen *Cracas* und die Wiege der Venetianiſchen *Minerva* den deutlichſten Beweis.

Indeſs kommen ſie auſſer der Sprache noch in einigen Puncten überein. Faſt in allen findet man die perſönlichen Titulaturen entweder gar nicht oder möglichſt abgekürzt, wie z. B. das *Exmo* im Genueſiſchen, die vielen *Duca* mit *Du. Principe* mit *Pr. Marchese* mit *M. Conte* mit *Co. Cavaliere* mit *Cav., Mons.* und *Sig., Domino* mit *D.* Dagegen ſind

die mannichfaltigen feinen Nüanzen der Dienstar-
ten genau angezeigt; die *onorari*, *straordinari*, *so-*
vranumerari, *sostituti* und *primari*, die con *voto deli-*
berativo, *col titolo e grado*, *cogli onori*, *con diritto di*
successione, und auch das *vaca*. So ist auch die Benennung der Collegien mit *Consiglio*, *Giunta*, *Udien-*
za, *Tribunale*, *officina* und *Deputazione* fast durchgängig dieselbe. — Das Bedeutende und der
Wohlklang der Geschlechtsnahmen, würzt bey allen das Trockne einer Nomenclatur. Letzterer
gründet sich bekanntlich auf das gleiche Verhält-
niss zwischen Vocalen und Consonanten, und auf
die der Sprache eigenen Diminutiven, jenes aber
auf ihre Entlehnung von schönen Gegenständen in
der Natur und Kunst, oder von körperlichen und
geistigen Eigenschaften, insbesondere auch von
den Liebkosungen der Liebe und Freundschaft.
Ein phantastischer Leser glaubt hier blos Engel
und Heilige (*Angelo*, *Santi*), Freunde (*Amici*),
und gute (*Buono*, *Ottoboni*, *Bonfiglioli*, *Buongio-*
vanni, *Dolcibene*), geliebte (*Caropreso*, *Amoru*, *Ca-*
ramonduno), schöne (*Mirabelli*, *Bellini*, *Altobelli*,
Bellisomi, *Bianchi*), fröhliche (*Allegrini*, *Ilari*), und
geschätzte (*Ammirati*, *Honorati*), Menschen zu finden, welche zwischen schönen Landsitzen, la-
chenden Fluren, schattigten Thälern, blumigten
Wiesen, duftenden Blumen und wohlschmecken-
den Früchten, (*Rubino*, *Fiorillo*, *Belmonte*, *Cam-*
pofianco), oder zwischen Werken der Kunst (*Por-*
tanova) lustwandeln. Zur Vollständigkeit des Ge-

mähldes gehören freylich auch die *Orſini*, *Pecori*, *Bovino* und *Porcini* hieher.

Bey der bekannten Weiſe des Bücherverkaufs in Italien überſchreiten dieſe Staatscalender nur ſelten die Landesgränze, und iſt daher die Schwierigkeit, ſie zu bekommen, bey allen gleich grofs.

K i r c h e n ſt a a t.

Relatione della Corte di Roma, de' Riti da oſſervarzi in eſſa: e de ſuoi magistrati et uffici, dal Cavaliere G i r o - lamo Lunadoro. In Roma 1635. 4. In Bracciano 1646. 12. In Roma 1654. 12. In Venetia 1664. 12. ibid. 1671. 12. ibid. 1677. 12. Rinovata ed accreſciuta da A n d r e a T o s i. Roma 1765. 12. Ora ritoccata, accreſciuta ed illuſtrata da F r a n eescantonio Z accaria. ibid. 1774. 2 Voll. in 12. Deutſch, nach der erſten Ausgabe, Frankfurt 1711. 2 Theile in 12. Nach der Ausgabe von *Toſi*, überſetzt von *G e o r g L u d w i g R a b e*, Pfarrer zu Weyhenzell im Anſpachiſchen. Halle 1771. 8.

Iſt mehr ſtatiſtiſches Handbuch, als Staatscalender, aber zu der Verſtändlichkeit des folgenden *Cracas* unentbehrlich.

Notizia *) *per l'anno MDCCLXXXX. Dedicato all' E*mo* e R*mo* Principe, il Sig. Cardinale Stefano*

---

*) Dieſe Anzeige iſt bereits in der Berliniſchen Monatsſchrift S e p t b. 1790. S. 234 - 263 abgedruckt, hier aber beträchtlich abgekürzt worden.

Borgia del Titolo di S. Clemente. In Roma.
MDCCLXXXX. Nella Stamperia Cracas preſſo
la fine del Corſo. Con licenza de Superiori, e Pri-
vilegio. S. 296. 12. — 1782. S. 352.

Er koſtet 15 Bajocch (etwa das Drittheil eines
Rheiniſchen Guldens), wird nach dem Namen des
Druckers auch wohl ſchlechtweg *Cracas* genannt,
und iſt theils wegen der Ungereimtheiten, theils in
ſtatiſtiſcher Rückſicht beſonders merkwürdig.

Inhalt: 1) Nebenſachen als *a*) Berechnungs-
tafeln: wie viel in Rom an beſtimmten Tagen der
Monate die Uhr um Mitternacht, beim Anbruch
der Morgendämmerung, und um Mittag, zeigen
muſs. Die Italiäner zählen bekanntlich den Anfang ihrer Stunden vom Untergang der Sonne an
und gehen damit bis zu 24, alſo bis zum folgenden
Untergang der Sonne, fort. Daraus wird z. B. die
folgende Angabe verſtändlich: Am 1. Jan. iſt es
um 7 Uhr Mitternacht, um 12¼ Uhr Tagesanbruch,
um 19 Uhr Mittag. *b*) Anzeigen über das Läuten
der Glocken in Rom zu Einberufung der Studenten und der Mitglieder der Collegien. —
c) Verzeichniſs der Ferien bei den Banken, Leih-
häuſern, Leibrentenanſtalten, und dem Lottozie-
hen. Solche Ferien ſind z. B. bei der Wahl und
Krönung des Papſtes, ſeinem erſten feierlichen
Ausgang aus dem Vatican, ſeiner Beſitzergrei-
fung; ferner wenn er zu einer Reiſe, wobei er
auſserhalb Rom übernachtet, abgeht, und von
derſelben zurückkehrt; bei der Ankunft oder Ab-

reife eines Cardinallegaten; bei Erwählungen, Auf-
zügen, und Begräbniſſen der Cardinäle, Einſeg-
nung und Weihung eines Heiligen, Proceſſion
für einen neuen Heiligen mit der Hauptſahne, An-
tritttsaudienz eines Bothſchafters. Sie dauren von
einem halben bis zu anderthalb Tagen, je nachdem die Anſicht der bei dieſen Vorfällen üblichen
prächtigen Zubereitungen und Functionen beluſti-
gen kann. Hieher gehört dann auch der Ueber-
tritt eines Kätzers zur katholiſchen Religion, und
die Feier eines ganzen Tages, wenn viel
Schnee gefallen iſt. *d)* Anzeige der Kirchen, wo groſse Meſſen geleſen und öffentliche
Communionen gehalten werden, nebſt einer Liſte
der Seelen (*anime*) in Rom. 83 Pfarrkirchen,
3 Biſchöfe, 2936 Prieſter, 3138 Mönche, 1526 Nonnen, 797 Studenten, 1141 Arme in den Hofpitä-
lern, 27 Beghinen, und 119589 Communionsfähi-
ge; ein Mohr, wahrſcheinlich ein getaufter, die
148 Kätzer, Tüıken und andere Ungläu-
bige (eine ſeltſame Zuſammenfaſſung!) kommen
beſonders vor. Noch ſeltſamer iſt die ausdrückliche Bemerkung, daſs die Juden — unter den hier
rubricirten Römiſchen Seelen nicht mit gezählt
ſind. *e)* Tabelle der von 1765 bis 1789 Gebohrnen
und Geſtorbnen zeigt, daſs die geſammte Bevölkerung Roms in dieſem Zeitraum um 3279 Perſonen zugenommen hat, und führt bei Vergleichung
mit den Tabellen, welche man von 1719 an in *Le
Bret's Magazin* (**VI,** 117. f.: **VII,** 554. f.) findet,

zu intereſſanten Bemerkungen. *f*) Verzeichniſs
der Klöſter, Convente und Ordenshäuſer, nach ihren verſchiednen Abtheilungen (unter welchen
auch eins *per le Zitelle eſpoſte* iſt) mit den Kranken-
und Verpflegungshäuſern nach der Verſchiedenheit der Nationen, des Geſchlechts und der Krankheit.

2) Staatsbeamte, deren Vielfältigkeit beweiſet, daſs man in Rom um der Ehre und der Erwar-
tung reicher Pfründen willen dient.

A) Geiſtliche Gerichte. *a*) 12 Conſiſtorialad-
vocaten, welche unter andern in den öffentlichen
Conſiſtorien und bey Canoniſation der Heiligen
Reden halten, und das Pallium für die Erzbiſchöfe
erbitten müſſen. *b*) Oeffentliche Lehrer an der
Akademie *della Sapienza*, ausgediente Profeſſoren
und Sprachlehrer. *c*) Akademien und gelehrte
Anſtalten. Am bekannteſten ſind die Gregorianiſche Univerſität, das Kircherſche Antiquitäten-
und Naturhiſtoriſche Cabinet, das Collegium von
ausübenden Aerzten, u. ſ. w.; am merkwürdigſten
aber das Collegium *de Propaganda Fide*, welches
aus mehrern Cardinälen, aus andern Prälaten, aus
einem apoſtoliſchen Protonotar, und einem Secretär beſteht, welche aber in dieſem Calender nicht in
Einer Reihe aufgeführt werden. Da es bekanntlich die apoſtoliſchen Miſſionarien erzieht, erwählt,
examinirt, und abſchickt, und die zu dieſen Miſ-
ſionen nöthigen Bücher in ſeiner eignen Druckerei
abdrucken läſst, ſo wird man ſich die hier ange-

führten Profefforate für alle gelehrte itzt lebende
Sprachen leicht erklären können. Die Chefs find
zum Theil als Staatsmänner bekannt, welche auf
Reifen fich die Kenntnifs von den politifchen Verhältniffen der Höfe erworben haben. *d*) Apoftolifche Examinatoren der Geiftlichkeit, welche unter der Aufficht des Oberhausmeifters (*Maeftro del
Sagro Palazzo*) ftehen. *e*) Cardinäle nach ihrem
Dienftalter, welches mit einer von *Benedikt XIV*
am 10. Apr. 1747 gefchehenen Ernennung anhebt.
Neben der Abtheilung in Bifchöfe, Priefter und Dia-
kónen, find die Titel, welche jeder von einer Kirche
der Stadt Rom annimmt, ihre Legationen, ihre Erz-
bisthümer und Bisthümer, in Ländern der Gläu-
bigen und Ungläubigen, ihre Decanate, Protecto-
rate, Prälaturen, und ihre geiftlichen und weltlichen Departementer, fehr genau verzeichnet. Um
die höchft unnatürlichen Verbindungen der heterogenften Aemter in derfelben Perfon zu verftehen, mufs man fich mit der Verfaffung und befonders mit den verfchiedenen Untercollegien (*Con-
gregazioni*) bekannt gemacht haben. So hat z. B.
ein Cardinal zugleich die Departementer von (*ci-
devant*) Avignon, Loretto, den Fabriken, Waffer-
leitungen, vom Ceremoniel u. f. w. Er kann überdem in mehrern Congregationen fitzen, und bey
einigen derfelben, wie z. B. bey der *Congregazione
del S. Ufficio* der Fall ift, blofs Secretär feyn. Das
Wort *Confift.* bedeutet die Congregation, worin die
Gegenftände über die Errichtung, Vereinigung und

Veräufserung der Kirchen- und über die Confifto-
rialbeneficien zur Unterfuchung im Confiftorium
vorbereitet werden. *Concilio* ift die Congregation
über die von der Tridentifchen Kirchenverfamm-
lung abhängigen Schlüffe. *Efam. Vefc.* über die
Wahl und Refidenz der Bifchöfe. *Ind.* (*Sc. de' libri
difefi* von Pius IV.), die Cenfur und das Verbot
der als fträflich angegebenen Bücher. *De' Monti,*
über die Reduction und Privilegien der liegenden
Gründe. *De' Confini,* wegen Veräufserung der
Schlöffer und Herrfchaften des Papftes. *Quindenni,*
über die Erhebung der Annaten von den Kirchen-
gütern der Mönche. *Mant.* Adminiftration von
Mantua. *Gravam.* über Befchwerung der Unterthanen mit Auflagen und Steuern. *Baron.* wegen
Abbezahlung der Schulden, welche die Barone im
Kirchenftaat haben. *Prefetti* über die moralifchen
Conferenzen, die in den Stadtkirchen gehalten werden, und über die Taxe des Mofts nach den canoni-
fchen Regeln. Endlich die *de' Promovendi,* über die
Eigenfchaften der Candidaten und den Zuftand der
ledigen Kirchen. *f) Souveräne und Fürften in Europa.*
Voll von Ungereimtheiten und Unrichtigkeiten.
g) Alphabetifches Regifter der dem Römifchen
Stuhl unterworfenen *wirklichen* und *Titular-Erzbi-
fchöfe* und *Bifchöfe* in den vier alten Welttheilen, in
welchem jedoch auch der Bifchof zu B a l t i m o r e
in Maryland fich findet. Durch ein *P.* werden die
im Kirchenftaat, durch ein *N.* die im Königreich
Neapel liegenden, durch *N. R.* die vom Landes-

herrn zu befetzenden Bifchofsfitze bezeichnet. Die
Vacanzen find durch die blofse Erwähnung des
Bisthums fummarifch ausgedrückt; und diefe Leere. findet fich auch, dem Päbftlichen Staatsfy-
ftem zufolge, itzt bey dem Bisthum Osnabrük.
Lübek, welches nie einen katholifchen Bifchof
bekömmt, exiftirt in diefem Verzeichnifs gar nicht.
Die im Weftphälifchen Frieden fäcularifirten und
überhaupt die proteftantifchen Stifter find gar nicht
genannt; alfo auch eben fo wenig die Bifchöfe,
welche nach Angabe glaubwürdiger Schriftfteller
der Papft für alle ehemals der Päpftlichen Jurisdiction unterworfen gewefene Bisthümer zu ernen-
nen pflegt. Bisweilen heifst ein Erzbifchof, wenn
er noch ein Bisthum befitzt, von diefem letztern
Adminiftrator; z. B. Maynz von Worms, Trier
von Augfpurg. Von den Streitigkeiten des Päpftlichen Hofes mit dem Neapolitanifchen erfieht man
hier die nächften Folgen, da das Erzbisthum Ca-
pua, und die Bisthümer Galpi, Gajazzo
und mehrere, nicht befetzt find. Weniger begreiflich ift es, dafs einige auch in andern Ländern,
z. B. Cuenza in Spanien, feit mehrern Jahren als
vacant angegeben werden. Der neue Nordamericanifche Bifchof ift noch nicht angeführt. Auch
fcheint der Papft die Preufsifche Befitznehmung
von Weftpreufsen (eben fo wie ehemals die Königliche Würde), oder wenigftens doch die neuefte
Benennung diefer Provinz nicht anzuerkennen, da
die Bisthümer Culm und Ermeland und Cu-

javien als noch in Polen liegend, angegeben
werden. Die Rubrik *Suffraganeo* umfafst alle Weih-
bifchöfe. Das Ganze ift voll unauftehlich grober
Druckfehler. *h*) 13 Patriarchen und der Apoftolifche Vicarius in Rom, nebft den Patriar-
chalvicarfen der drey unabhängigen Domkir-
chen St. Lateran, St. Peter und St. Maria; die bey
den feyerlichen Functionen des Papftes affifti-
ftirenden Bifchöfe; die Bifchofs-Exami-
natoren, 23 an der Zahl; und die Generale
und Generalprocuratoren der regularen
Orden nach dem Rang, den fie in der Päpftlichen
Capelle haben. *i*) Prälaten, welche theils mit
Gehalt verfehene (*partecipanti*) theils blofs den
Rang habende Apoftolifche Protonotarien
find. Man kauft diefe Würden, welche eine Art
von Leibrenten geben, wegen des Vorrechts der
Kleidung, des Ranges, und des Gerichtsftandes.
Die Herren können (wie Kayferliche Pfalzgrafen)
Notarien machen, legitimiren, und auch die Doctor-
würde ertheilen. *k*) Obercriminalgericht über den
Kirchenftaat (*Confulta della Santa Romana ed Univer-
fale Inquifitione*) befteht aus dem Inquifitor, einem
Beyfitzer, den Confultoren des heiligen Officium,
dem Qualificator (der die für fchädlich ausgegebnen
Bücher unterfucht,) und dem Capo-Notaro, der
ein untergeordneter Beamter ift. Es befchäftigt
fich vorzüglich mit denjenigen Verbrechen, welche
fich auf Katzerey beziehen. *l*) Oberbeichtvä-
ter (*della Sugra Penitenziaria Apoftolica*). Der Car-
dinal-

dinal Oberpöniteptiar (itzt der Staatsfecretär Ze-
lada) hat den Vorfitz, welcher die Abfolution von
allen Sünden und Vergehungen, fogar oft bey Weltlichen, ertheilt, Simonianifche Provifionen
giltig macht, und von der Verbindlichkeit der Eide, der Ehe und des Gelübdes
unter gewiffen Bedingungen difpenfiren kann. Die
Unterpönitentiarien abfolviren in refervirten
Fällen. Der Reggente unterfchreibt die Memoriale, und der Datario fügt das Datum hinzu; der
Revifore überfieht die Abfaffung, und der Cano-
nifta giebt in mifslichen Fällen feinen Rath. m) Das
feit 1746 auf den itzigen Fufs eingerichtete Ober-
appellationsgericht, unter dem Namen der
Sagra Rota bekannt. n) Rentcammer, deren
Präfident der jährlich zu erwählende Cardinal-Cäm-
merling und Archidiaconus der Römifchen Kirche
ift. Ihm find mehrere Prälaten (*Chierici di Camera*)
zu Hilfe gegeben, als zur Erhebung des Zinfes,
zur Aufficht über den Getreidevorrath und den
Kornhandel (*Prefctto dell' Annona*), über Monopo-
lien und Betrügereyen bey Lebensmitteln (*della
grafcia*), über die Armatur (*Commiff. Gen. dell' armi*),
über die feften Plätze und Thürme an der Seeküfte
(*Commiff. dell Mare*), über die Münzen, über die Erhaltung der Strafsen, Brücken und Wafferleitun-
gen, über die Schiffer, welche Waaren auf der Ti-
ber verführen (*delle Ripe*), über die Archive, Gefängniffe u. f. w. Unter den übrigen Rentbedien-
ten hält einer die Regifter über die Einkünfte (*Com-*

P

puti∫ta), ein andrer befördert die gerichtlichen Sachen (*Sollicitatore*), und ein Advocat führt die Pró-
ceſſe der Armen unentgeldlich.   Ungeachtet des
ſtarken Perſonale, welches ſich ſeit der merkwürdigen Inſtruction vom 15. Dec. 1777 ſehr verändert
hat, bringt die Mannigfaltigkeit der Auflagen eine
faſt Franzöſiſche Verwirrung in den Finanzen hervor.   Die Subalternen und die Seſſionstage ſind
ebenfalls hier verzeichnet.   o) Collegium über die
genaue Beobachtung der alten Kirchen-
gebräuche (*Con∫ultori de' Sagri Riti*), das zugleich
über die Canoniſation der Heiligen und die Rang-
ſtreitigkeiten bey öffentlichen Verrichtungen ent-
ſcheidet.   p) Commiſſion zur Ertheilung und Un-
terſuchung der Indulgenzen, und zur Aufſicht
der Reliquien, (*Congreg. dell' Indulgenze e Sagre
Reliquie*) zur Prüfung und zum Verbot ſchäd-
licher Bücher.   q) Die vortragenden Räthe im höchſten Juſtizgericht (*Prelati ponenti della Sag. Con∫ulta*) ſorgen zugleich mit den
Beyſitzern des *A. C.* (*Auditoris Camerae*) für den
Geſundheits- und Ruheſtand und für die canoni-
ſche Wahl der öffentlichen Beamten.   Die Räthe
del buon Governo haben die Oberaufſicht über alle
Caſſen, Auflagen, Concurſe und Gefängniſſe; ſie
heiſſen ebenfalls *Ponenti*, weil jeder das Intereſſe
der ihm unterworfenen Communität vorträgt.   r)
Baucommiſſion für die Ausbeſſerung der Pe-
terskirche, welche aber, ihres fortwährenden Be-
ſtandes und der Einfachheit des Gegenſtandes un-

geachtet, Fehler genug begehen foll. Sie beforgt
indefs zugleich die Anwendung der Vermächtniffe
und Almofen zum Bau diefer Kirche. Congregation vom Heiligen Haufe zu Loretto, und
von Avignon; und die *Immunita Ecclefiaftica*,
welche über die Gränzen der Kirchenjurisdiction,
über die Fähigkeit der Verbrecher zum Genufs der
Kirchenfreyheit, über den Zuftand der Gefange-
nen, und über die von weltlichen Communitäten
auf geiftliche Perfonen gelegten Abgaben die Aufficht hat. Die Berichtserftattungen der Bifchöfe,
wenn fie nach Rom (*ad limina, fc. SS. Apoftolorum*)
kommen, find einem befondern Gericht unterge-
ordnet, in welchem der Concipient der Antworten
Eftenfore heifst. s) Kirchenvifitation (*vifita
Apoftolica*), welche über die Meffen und Kirchen-
difciplin die Aufficht hat und zweymal im Jahr zur
Loskaufung der Verfchuldeten die Gefängniffe be-
fucht. t) Gnaden- (*Segnatura di Grazie*) und Ju-
ftiz-Expedition. Das Tribunal *dell' A. C.*
(*Udirore de Camera*) befteht aus 2 Civillieutenanten,
2 geiftlichen Beyfitzern und 1 Criminalrichter; es
ernennt und fetzt den Richter ab, und hat cumula-
tive Gerichtsbarkeit in erfter Inftanz. Es ift damit
ein eignes Auditoriat für die Simonie verbunden.
Abbreviatori del Parco maggiore haben den Namen
von der Entwerfung der Bullen nach dem Inhalt
der Suppliken, welche neben der Unterfchrift der
Canzleyrefcripte ihr Hauptgefchäft macht, und von
der gröfsern Abtheilung, in welcher fie im

P 2

Collegium fitzen. Die 22 Räthe der kleinern Abtheilung find hier nicht angezeigt. *u*) Das Tribunal des Cardinalvicarius übt die Jurisdiction über die Stadt und einen Bezirk von 40 Italiänifchen Meilen aus. Es fitzt darin auch der Prediger und ein Deputirter zur Predigt für die Juden, wie auch ein Commiffär zur Aufzeichnung derjenigen Juden, welche den Vortrag in der katholifchen Lehre mit angehört haben; als wozu jeden Sonnabend 100 Manns- und 50 Frauenperfonen kommen müffen.

B) Weltliche Gerichte; *a*) Gouverneur von Rom mit feinen Polizeybedienten und denen im Capitolium wohnenden (*in Campidoglio vi fono*), der Römifche Senator, welcher wegen feines groffen Anfehens in neuern Zeiten immer ein Ausländer zu feyn pflegt. Er ftellt faft den weltlichen Fürften im Kirchenftaat vor, und heifst zur Erinnerung ehemaliger Zeiten noch immer: beftändiger *Gonfaloniere* (Pannierträger) des römifchen Senats und Volkes. Unter ihm ftehen die *Confervatori* (Vorfteher der ökonomifchen Verwaltung), der *Prior di Capo Rioni*, als erfter Viertelcommiffar, und Lehnsrichter, 2 Civil- 1 Appellations- und 1 Criminalrichter, ein *Avvocato dell' Inclito Popolo Romano*, und mehrere Subalternen; wie auch das Gericht (*Tribunale dell' agricoltura*) welches die ökonomifchen Streitigkeiten zwifchen Gutsherren und Bauern in erfter Inftanz fchlichtet. *b*) *Cariche diverfe*, Bedienten der Ausfertigungscanzley der Bul-

len (*dataria*), über Ehedifpenfationen, über Collation
der dem heiligen Stuhl vorbehaltnen Beneficien,
Annaten, Gnadenfachen, u. f. w. in wie fern fie
nicht von den Pönitentiarien und dem Secretär der
Breven beforgt werden; *Piombatore*, welcher die
Apoftolifchen Briefe mit Bley und Schnüren befie-
gelt, und Schreiber von heimlichen Bullen; der
Promotore della fede, der widerfprechen mufs, wenn
die Kirche ein neues Wunder anerkennen will;
ein Herr *del Conceffum*, welcher die vom Datarius
ertheilten Conceffiönen ausfertigt; ein *Uditore delle
Contradette* über die Proceffe, wo *in contumaciam*
gefprochen wird; ein Herr *per obitum*, der die Ver-
gebung der durch den Tod erledigten Pfründen
ausfertigt; ein *Prefetto delle Componende*, der die
Strafgelder unter die Armen vertheilt; einige *Chierici del Regiftro*, welche die Bittfchriften regiftriren
laffen; ein *Signor delle Confidenze*, welcher die Simonie bei Refignationen und Vertaufchungen ver-
hindert; ein *Sotto - Sommifta*, der fummarifch die
Apoftolifchen Schreiben recognoscirt; ein *Pro Sommifta*, der fie unterfchreibt, und endlich ein *Sub-
Datarius*, der die Memoriale annimmt. Unter allen diefen ftehen vermifcht der Galeerenrendant,
der Generalpoftmeifter, der Comthur zum H. Geift,
der Commandant der Engelsburg, der Caplan der
Schweizergarde, ein Richter über die Bezahlung
der Dienftboten und Tagelöhner (*delle Mercedi*),
die Auffeher der Kunftcabinette und Reliquien,
der Bibliothekar des Vaticans, und eine Menge

Fiscäle. c) Ceremonienmeifter, welche den Heil. Vater jedesmal an die Ordnung der Functionen erinnern, die Affiftenz-Canonici bei den grofsen Meffen, Wachskerzenträger (*acoliti Ceroferarj*), das anfehnliche Perfonale der Capelle und die grofsen Liften des Päpftlichen Minifteriums und Hofftaats, deffen Benennung mit *famiglia Pontificia* ein Deutfcher vielleicht anftofsig finden mögte. Cardinal Staatsfecretär; Cardinal-Secretär der apoftolifchen Breven, Secretär der Memorialien, an welchen fich alle Gefandten der katholifchen Fürften wenden, der Proauditor, welcher das Verdienft der zu befördernden Prälaten unterfucht, der Maggiordomo, welcher die Oberauflicht über die Hofftaatscaffe hat, der *Maeftro del S. Palazzo*, welcher die canonifche Legalität der Vorträge beim *Papft* im Pallaft unterfucht, der Aufbewahrer der koftbaren heiligen Kleider (*Guarda-Roba*), die Geheime Canzley nebft dem Chiffreur, die Ausfertiger der Breven nach der Verfchiedenheit der Sprachen, und mehrere Hofbediente, Die 112 *Prelati Domeftici*, von denen nur Einer *in partibus* ift; die Geheimen Cämmerer, wovon 52 Supernumerar find; die 23 Ehrencämmerer im Violetkleide (*Camerieri d'onore in abito Paonazzo*), zur befondern Aufwartung beim Papft, von welchen Einer (ein Deutfcher aus Franken) *extra urbem* (wahrfcheinlich zur Begleitung Sr. Heiligkeit aufferhalb der Stadt) angeftellt ift; und die adelichen Geheimen Capläne. Leibtrabanten (*Cavalieri di guardia, o fiano Lanzie fpezza-*

te), Hofcavaliere mit Degen und Mantel (*di Spata e Cappa*), wovon 38 Supernumerare und 45 Titulare find, die gemeinen Capläne, Cammeradjutanten, und *Buſſolanti*. Letztere ſtehen bei den Audienzen vor der Thür, und haben den Namen von dem Zwiſchenraum zwiſchen den in Italien nicht ungewöhnlichen doppelten Thüren (*buſſola*). Unter dieſer Rubrik findet man einen A b t Tafeldecker und Gaſtbeſorger, 4 wirkliche und 4 ſupernumeräre Vorſchneider, die Schildträger, Fouriere und auch einen *Officiale extra omnes del Conſiſtorio*, welcher vielleicht zur Regiſtrirung der Reſolutionen zuletzt im Seſſionszimmer bleiben muſs. *d*) Beichtväter, Leibärzte und Haushofmeiſter. *e*) Nuntien zu München, Cölln, Florenz, Luzern, Paris, in Polen, Portugal, Spanien, Venedig, Wien, und Malta, wo der Nuntius Inquiſitore heiſst; *f*) die Vicelegaten oder Statthalter: zu Bologna *Archetti*, Ferrara, Romagna, und Urbino; die erſten Staatsbeamten in den itzt abgeriſſenen Provinzen Avignon und Venàiſſin, die Gouverneure in Rom und den übrigen Städten des Kirchenſtaats; wie auch die durch Breven zu den kleinen Gouvernements beförderten Doctoren der Rechtsgelahrtheit (*Governi di Dottori, che ſi danno per Breve*), wobey mehr Titel und Rang, als Einkommen, in Anſchlag gebracht wird. Den Beſchluſs machen einige Acciſe- und Zollbediente theils nach den Gegenden, theils nach den Eſswaaren benannt, und ein ſehr ſummariſches Realregiſter.

Die Menge der aus diefem Staatscalender erfichtlichen Adjunctionen, *con futura fucceffione*, der
Anwartfchaften und der den Müfsiggang befördernden Ordenshäufer; die Verbindung von fehr verfchiedenen Aemtern in derfelben Perfon (z. B. des
zweyten Vorfchneider - Amts mit dem Secretariat
des Cardinal - Vicarius); die grofse Anzahl der
Fiscäle; die, vom Aemterhandel herrührende Abwechfelung des Perfonale, der Mangel eines Berg-
werksdepartements ungeachtet des Befitzes aller Arten von Mineralien, und dergleichen Angaben
mehr — beftätigen in vollem Maafse die Nachrichten, welche man von der üblen Verwaltung des
Kirchenftaats von jeher in Deutfchland gehabt hat.
Uebrigens trift man fo viel Sonderbarkeiten, fo viel
Unordnung und fo viel Unvollftändigkeit in keinem andern Staatscalender an. Unordnung, da
verftorbne Staatsbeamte darin als lebend aufgeführt,
und die Departementer und Gerichte zum Theil
durch einander geworfen werden. Unvollftändigkeit, da z. B. auffer den Gouverneuren das Land-
und Seemilitär (*Boffi, Corazze, Cavalleggieri, Ba-
rigello, Sbirri*), die 101 Apoftolifchen Schreiber,
die 27 Schreiber und 24 Procuratoren *gratiae mino-
ris*, die 100 *Giannizzeri*, die 10 Archivcorrectoren,
die *Spedizioneri*, die Commiffäre zur Austrock-
nung der Pontinifchen Sümpfe, u. f. w. fodann die
Erbämter (*Principi del Soglio*, der *Vellixifer &c.*),
die fremden Gefandten in Rom, die Ritter des heiligen Peters, des goldnen Sporns, und des Chrifti-

Ordens, und felbſt die Päpſte in chronologiſcher
Reihe nicht darin aufgezeichnet ſind.

Beide Fehler findet man nun aber in einem
faſt unglaublichen Grade, in dem bereits oben erwähnten Geſchlechtsregiſter der Fürſtlichen Häuſer
in Europa vereinigt, welches mit *Naſcità de' Principi e Sovrani dell' Europa* überſchriebén iſt. Die
Pleonasmen, die Namenverdrehungen, die Wiederholungen, und die Unrichtigkeiten in den Ge-
burtsjahren und in der vor jedem Namen ſtehenden Anzeige des Alters, befonders in Anfehung
der Proteſtantiſchen und aufser Italien liegenden
Höfe, verunzieren faſt jeden Artikel. Vollends
unverſtändlich werden aber diefe dadurch, dafs
gar keine Familienverbindung angegeben, und die
verheiratheten oder zu andern Befitzungen gelangten Geſchwiſter vom Stammhaufe getrennt, auch
einige Rubriken ganz verwechfelt worden ſind.
Einige bereits ausgeſtorbne Häuſer werden noch
als lebend aufgeführt, einige noch exiſtirende hingegen entweder ganz weggelaffen, oder mit andern
zuſammen geſchmolzen. Kurz, es giebt der Fehler fo viele, dafs man die gefliſſentlichen kaum von
den unwillkührlichen zu unterfcheiden vermag,
und jene bei der Recenſion aller Unrichtigkeiten
nicht fo fehr in die Augen fallen würden. Sehr ge-
fliſſentlich, aber eben deshalb deſto lächerlicher,
ſind ohne Zweifel die Unrichtigkeiten bey An-
führung des Königlich - Grofsbritanniſchen Hau-

ſes *); welches nach dem bekannten Syſtem des Römiſchen Hofes, nicht bey England, ſondern unter
Hannover, und zwar bloſs als Herzoglich aufgeführt wird, ohne der Churwürde und des Erz-
ſchatzmeiſteramts dabei zu gedenken. Die Kron-
prinzeſſinn heiſst in dieſem Verzeichniſs Karolina
Auguſta ſtatt Charlotte Caroline Mathilde. Die
Prinzeſſinn Sophie findet man darin gar nicht; und
des Königs Frau Schweſter kömmt bloſs bei Braunſchweig als Auguſta von Braunſchweig-Hannover,
vor. Unter, der Rubrik von England ſtand dagegen ſonſt neben Karl Eduards von Stuart Wittwe,
der Cardinal von York. — Die Königliche Würde
des Preuſsiſchen Hauſes iſt bekanntlich, nachdem
ſie im Jahr 1701 vom Römiſchen Hofe mit vieler
Heftigkeit beſtritten worden, almählig von demſel-
durch Auswege und Umſchreibungen, nachher in
öffentlichen Breven, und ſeit 1787 auch in dieſem
Calender anerkannt worden. Seitdem iſt nicht allein der Marquis von Brandenburg in den Churfürſten und König verwandelt, ſondern auch durch
die Erwähnung einer verwittweten Königin von
Preuſsen retroactive dem Groſsen Friedrich die
Königswürde zugeſtanden. Die Titulatur im Brief-
wechſel des Papſtes mit des itzigen Königs Majeſtät vom Jahr 1788 hat dieſer Berichtigung das Sie-
gel vollends aufgedrückt. Der Beyſatz eines pro-

---

*) Ausführlicher habe ich dieſes gerügt in den *Annalen der
Braunſchweig-Lüneburgiſchen Churlande*, Jahrg. IV. (1790),
St. 3. S. 726.

clamirten Königs von Preufsen kömmt indefs
wieder vor; welcher unfchickliche Ausdruck aber
nicht gefliffentlich zu feyn fcheint, da man fich deffen auch bey den Königen von Neapel, Spanien,
Schweden, und felbft bey dem uneingefchränkte-
ften Monarchen, dem Grofsfultan, bedient hat. Wefentlicher wäre es wohl, zu bewirken, dafs der
Kronprinz nicht mehr *Principe Ereditario*, fondern,
wie die Kronprinzen von Schweden und Dännemark, *Principe Reale;* die Frau Erbftatthalterin
nicht mehr *Federica Sophia di Brandenburgo*, (welcher hier noch eine dreyjährige Prinzeffin Tochter
Henriette Maria angedichtet wird), und die ver-
wittwete Frau Herzogin von Braunfchweig-Lüneburg nicht mehr *Filippa Carlotta di Brandenburgo* genannt werde. Der vorige König wird als Friedrich der Dritte, und der itzige dem ungeachtet als Friedrich Wilhelm der Zweyte gezählt. — Etwas mehr Ordnung ift bey den katholifchen königlichen Höfen beobachtet. Beym Oeft-
reichifchen Haüfe ift indefs bey Erwähnung
des verftorbnen Kayfers der ihm gebührende Beyfatz: Römifcher Kayfer, ferner unter feinen
Gefchwiftern der Generalcapitän der Italiänifchen
Staaten und die Aebtiffin in Klagenfurt, ausgelaffen worden. — Der Verfaffer fcheint übrigens doch,
ungeachtet aller diefer Mängel, auf Vollftändigkeit
einigen Anfpruch machen zu wollen, da er in fein
genealogifches Verzeichnifs nicht allein mit wahrer unrömifcher Toleranz den Grofsfultan, wie-

wohl ohne deſſen Familie und Serail; ſondern auch
ein anderes Haus aufgenommen hat, welches man
ſonſt nicht mehr findet. Es iſt dieſes das Herzogliche Haus Mirandola, aus welchem hier „Maria Fitzjames Stuarda *Colòn* (Colonna) von Portugal, die 65jährige Herzogin-Wittwe des Herzogs
Franz Maria aus dem Hauſe Pico,“ vorkömmt. Bekanntlich ward letzterer im Spaniſchen Succeſſions-
kriege vom Kayſer in die Acht erklärt, und das Fürſtenthum als ein Reichslehn dem Herzog von Mo-
dena überlaſſen.

Republik Venedig.

*La Minerva Veneta, osſia Breve Dettaglio iſtorico del
Veneto Miniſtero con altre notizie utili e necesſarie.
1792. Si vende dal Librajo Colombani a S. Bar-
tolommeo.*

Einer in der Florentiniſchen Zeitung, *Notizie del
mondo.* 1792. Nro. 11. befindlichen Nachricht zufolge, iſt in Venedig das vorliegende Nahmenverzeichnifs der Staatsbeamten (*Magiſtrature, Tribu-
nali, Offizi, Ufficiali e Miniſtri*) itzt zum erſtenmahl
herausgekommen, und zwar noch unvollſtändig,
aber doch mit hiſtoriſch ſtatiſtiſchen Nachrichten
über die Verfaſung der politiſchen Gerichtsſtellen
verſehen. Bis dahin ſoll dieſe Republik gar keinen
Staatscalender gehabt, und nur in Bergamo eine
Nahmenliſte bisweilen ausgegeben ſeyn. — So wenig man nun unter dieſer ſtolzen Benennung eine

Nomenclatur fuchen möchte, fo trügerifch ift der
einem Staatscalender angemeffene Titel eines literarifchen Tafchenbuchs, das feit 1785 unter folgendem Titel jährlich in Venedig heraus kömmt:

*Annuale Veneto Iftruttivo e dilettevole, Corredato di Cu-
riosi Aneddotti e fingolariti varie e di tutto ció che
alli due oggetti riguarda. per l'anno 1790. Numero
V. Venezia 1790. Preffo Pietro Torre. Con licenza de Superiori e Privil. kl. 8. S. 216.*

Für Deutfchland hat diefes *Annuale* das befondere
Intereffe, dafs dabey lediglich der Gothaifche
Mufenalmanach zum Mufter genommen worden. In der zweckmäfsigen Auswahl der Auffätze
hat es auch die Vollkommenheiten des Vorbildes
beftmöglichft erreicht, und die hiftorifchen Abhandlungen über die Republiken Venedig, Genua
und Holland, über die Mahlerey und über die Sitten und Gebräuche der Türken, find von vorzüg-
lichem Werth. Sehr fehlerhaft hingegen ift die
Volkslifte von 125 Städten, ein ftatiftifcher Auffatz
über Deutfchland, worin jedoch Göttingen als
eine *univerfita celebre* anerkannt wird, und das Gefchlechtsverzeichnifs. Die Trennung der Materien in den verfchiedenen Jahrgängen ift höchft
unbequem.

Republik Genua.

*L'anno 1788 di Genova; preffo Gravier. 12. (120
unpaginirte Seiten.)*

.Die gröfsere Hälfte ilt ein hiftoiifch - ftatiftifches
Tafchenbuch, in welchem die Folge der Dogen
vom Jahr 1339, und der Bifchöfe von 1047 an,
der Inhalt der neueren Gefetze und die Genuefi-
fche Literatur und Schiffarthsliften, die ftehenden
Artikel find. Dazu hat man diefesmahl die Lifte
der von 1600 bis 1783 gefchloffenen Friedenstracta-
ten, und in fremden Landen neuerlich ergangenen
Verordnungen, wie auch ftatiftifche Berechnungen hinzugefügt. Man vermifst bey den letzten
Zufätzen Genauigkeit und Zufammenhang, und
unter andern ift aus dem Entwurf des Preufsifchen
Gefetzbuchs die Subftitution der Ehrengerichte für
die Duelle als ein wirklich beftehendes Gefetz angeführt. Das Nahmenverzeichnifs umfafst blos
fummarifch den Geiftlichen - und den Civilftaat,
aber nicht die Land- und Seemacht. *a*) Senat, diefesmahl 9 *Governatori* ftatt 12. *b*) Die *Camera*, 5
Procuratoren und 8 *Perpetui*. *c*) 111 *Giusdicenti e*
Ministri im ganzen Gebiet der Republik, welche
jährlich am 1 May neu gewählt werden, bis auf die
Gubernatoren, welche zwey Jahre diefe Stelle behalten, nach der Abtheilung in *Governatori*, *Com-*
misfari, *Capitani*, *Podefta*. *d*) 175 *Famiglie nobili*
componenti il Governo di Genova, d. h. welche nach
der ariftokratifchen Regierungsform den grofsen
Rath ausmachen, und deren alphabetifche Nahmenlifte jährlich befonders gedruckt wird. Diefe
führt durch alle Scenen von *Schiller's Fiesko*
hindurch, deffen *Doria* hier *D' oria* gefchrieben

wird. *e*) 7 Bifchöfe und 3 Suffraganen. *f*) Gefandten der Republik zu Madrid, Paris, Wien,
Turin und Rom und 41 Confule; auch die fremden
Gefandten und Confule. *g*) Die *Univerfita de' Stu-
di*, mit 31 Profefforen, und die 1786 geftiftete *So-
cieta Patria* mit 50 Mitgliedern. *h*) Die Seeaffecu-
ranzgefellfchaft.

Grosher{ogthum Toscana.

*Almanaco Fiorentino per l'anno Bisestile
MDCCLXXXVIII. Arrichito di Notizie utili e
interesfanti. Firenze per Gaetano Cambiagi,
Stampatore Gran Ducale con Privilegio di S. A. R.*
12. S. XXIV und 192.

Privatunternehmung des Buchdruckers, und daher mit ftatiftifchen Nachrichten über Einkünfte,
Steuern und Abgaben, mit den Liften der Cardinäle, Patriarchen und Nuncien, mit dem genealogifchen Verzeichnifs, worin unter der Rubrik:
Stuarda, der Prätendent vorkommt, und mit Poft-
und Mefszeigern reichlich ausgefteuert, und in fo
fern gewiffermaafsen ein Seitenftück des *Lunario
per i contadini della Toscana per l'anno* 1790. *compilato
per Decreto della R. Accademia Economica dei Georgofili di Firenze* 12. S. 160. welches ebenfalls jährlich
herauskömmt. Im Nahmenverzeichnifs zeigt fich
nur noch ein fchwacher Schatten der ehemahligen
Republik, deren Beamtenlifte zum Theil im *Il Se-
nato Florentino o fia Notizia de' Senatori Fiorentini dal*

fuo principio final presente, *data in Luce da* D. M.
Manni 1722. 8. *Seconda Edizione ampliata. Firenze*
1772. 8. enthalten ift. *a*) Bifchöfe mit Anzeige des
Ernennungsjahrs. *b*) Hofhaltungen des damahligen Grosherzogs und der Familie; bey erftern
nach den Departementern des *Cavallerizzo Maggiore*
und des *Maggior Domo Maggiore*; unter andern 2
Mattematici, 15 *Guardarobi*, 76 Cammerherren, 33
Donne della Real Corte; aus dem Deutfchen ift neben den wohlklingenden Italiänifchen Benennungen der Cammer-Haitzer beybehalten. Die
nachher erfolgte Regierungsveränderung hat ohne
Zweifel diefen ganzen Abfchnitt umgefchmolzen.
c) Von der Land- und Seemacht die Chefs, Commendanten und Gouverneure und vom Militärorden vom H. Stephan 8 Grofskreutze. *d*) Gefandte
und Confule vom und beym Grofsherzoge mit der
Bemerkung: *in tutte le corti agifcono per* S. A. R. i
Miniftri dell' Imperiale e Reale Corte di Vienna. *e*)
Summarifch mit ftatiftifchen Angaben die vorzüglichften Stellen, nach der Abtheilung des fogenannten alten und neuen Staats. In Florenz der
Staatsrath, die Beamten bey der Bildergalerie, der
Magiftrato fupremo mit 21 Senatoren, die *Accademia
delle belle arti* und *dei Georgofili*, Bibliotheken, *Mufeo
di Fifica e d'Ifloria Naturale*, *Spedale degl'Innocenti* zu
Pifa, 51 Profefforen bey der dortigen Univerfität.
Im Sienefifchen noch ganz die alte Verfaffung.
Zu Livorno ein zahlreiches *Dipartimento di Sanita.*
f) Die von des verftorbenen Kayfers Majeftät 1772

ange-

angeordneten 40 Obergerichte von 5 Claffen (*Vicaria-
ti*) und 57 Untergerichte in 3 Claffen (*Podefterie* —
nicht 65 wie Hr. *Büfching* Th. 4. S. 274 fagt) und 19
Vicari Feudali. g) Die *Cancellieri Comunitativi* nach
ihren 5 Claffen.

Staaten des Königs beyder Sicilien.

Für diefe kömmt jährlich zu Neapel ein Staatscalender heraus, welcher gewöhnlich mit nicht fehr
gefchmackvollen Titelkupfern, Bildniffen und Charten geziert ift, und ohne einen gemeinfchaftlichen
Titel zu haben, in folgende zwey Hauptabfchnitte
mit fortlaufender Seitenzahl fich theilet:

1) *Notiziario di Corte. Anno* 1789. 12. S. 122.
Mit einem Zeitcalender und Gefchlechtsverzeichnifs, und mit ftatiftifch-hiftorifchen Nachrichten, nicht blos über die Staaten des Königs, fondern
über ganz Europa, z. B. über die Zeitfolge aller
gekrönten Häupter, über Stern- und Wetterkunde,
Maafs, Gewicht und Poften, über Ausfetzung des
heiligen Sacraments u. f. w. verfehen. In das Gefchlechtsverzeichnifs ift der Prätendent, und, der
Rubrik ungeachtet, auch der Kaifer von Marocco
aufgenommen. S. 103-120 folgt das mit *Duca, Principe* und *Marchefe* reichlich angefüllte Nahmenverzeichnifs. a) Der Hofftaat; 7 Oberhofchargen,·
129 *Gentiluomini di Camera*, 20 *Maggiordomi*, 46
Dame di Corte, 24 *Cappellani*, 55 Ritter des heiligen

Januarius; von dem militärifchen Conftantinor-
den 30 Groskreutze, 48 *Cavalieri di Gjuftizia*, 58 *di
Grazia*, und 31 *Donatori*. *b*) 30 Grands von Spanien, welche des Königs Unterthanen find. *c*) Gefandten, Agenten und Confule, fehr vollftändig;
auch die Dollmetfcher in Conftantinopel. *d*) Staatsrath und 3 Staatsfecretäre (nicht vier, wie Hr. Büfching 8te Ausg. Th. 4. S. 440 fagt.) *e*) Das *Con-
figlio, di azienda* und die fchon des Nahmens wegen
merkwürdige *Giunta degli Abufi*.

2) *Notiziario di Citta.* S. 125-240.

Umfafst fummarifch den Civil- und geiftlichen
Staat und zwar, ungeachtet des eingefchränkten Ti-
tels, vom ganzen Königreich, mit kurzen Anzeigen
des Urfprungs und Gefchäftsbezirks der Collegien.
Vom Kriegsftaat wird S. 170 *a suo tempo* ein *diftinto
Notiziario* verfprochen.   Inhalt: *a*) die 7 Reichs-
erzämter (*Offici del Regno*), unter welchen der *Grand'
Ammirato* noch allein ein Tribunal hat und der *Gran
Cancelliere* die Doctoren in allen Facultäten ernennt.
b) Tribunale, Deputationen, *Giuntà*, *Banco* und
Confulate, für Fabriken, Einkünfte, Landespolicey,
Münzen, fromme Stiftungen, Handel, (z. B. *arte
della lana*) ein *tribunale contro a quello del S. Officio*
mit dem Beyfatz *per invigilare contro chi intrapren-
da cofa che fenta d'inquifizione*, weil letztere 1746 ab-
gefchafft worden, eine *borfa di Cambi* nebft dem
Wechfelcurs.   *c*) Gelehrte- und Erziehungsanftalten, *Accademia Ercolanenfe*, *delle Scienze*, und *del*

Difegno, Bibliotheken und Cabinette, die *Univer-*
fita de' Regi fludj mit 50 Profefforen, die *Accademia*
Militare mit ihren in 10 Claffen getheilten Lehrern,
viele *Scuole, arcivefcovili, normali, nautiche* u. f. w.;
Univerfita éretta da S. M. Catholica in Altamura, Collegio *de' Dottori*, die mannichfaltigen *Convitti*, unter
andern auch die *Confervatori di Donne.* d) Die Gerichte über die Land- und Seemacht. e) Unter der
Ueberfchrift von *Stato politico* die hohen Juftizgerichte, *Camera di Chiara, della Sommaria, Vicaria*
Criminale; auch im Finanzfach *Giunta della pofta,*
delle ftrade; eine *Giunta del riftoro di Meffina* und
fämtliche *Udienze, Governi* und *Giudicati* in den
Provinzen. f) Der Geiftliche Staat mit Einfchlufs der Cardinäle, 21 Erzbifchöfe und Bifchöfe
mit Anzeige ihres Ernennungstages, und der Volkslifte der Diöcefen. Wegen des itzt beygelegten
Streits über das Ernennungsrecht des Papftes fteht
hier bey den meiften *vaca;* auch ein *Deputato pur*
la revifione de' libri und Lifte über Feyertage, Gerichtsferien, die *luoghi pii* der Hauptftadt, die Nahmen der zahlreichen grofsern Abteyen, die Commenden der Militärorden von St. Jerufalem und
von Conftantin in und aufser dem Reiche. In einer
angehängten Tabelle wird die Volksmenge der
Provinzen des Reichs auf 4,452,860 Seelen angegeben.

Staaten des Königs von Sardinien.

Ein die fämtlichen Staaten umfaffender Staatscalender, genannt *Almanaco Sardo*, foll jährlich im
December zu Turin herauskommen.

Calendario per la real corte di Turino. 1792. *Dalla reale
Stamperia.* Con permisfione. 24. S. 112.
Ift nicht fowohl, wie der Titel fagt, Hofftaats- als
fummarifcher Landescalender, und kömmt jährlich
im December heraus. Inhalt: *a)* Gefchlechtsregifter und Cardinäle. *b)* Höhere Geiftlichkeit;
5 Bifchofsfitze itzt ledig. *c)* Ordensritter nach der
Anciennetät; 21 von der *Annunziata*, 50 Groskreutze von Moritz und Lazarus. *d)* 9 Staatsminifter und die Gefandtfchaften. *e)* Finanzcollegien auf dem feften Lande. *f)* Hofhaltungen, fehr
zahlreich und mannichfaltig; bey der des Königs
1 *Piccolo-Grande di Corte*, 18 *Limofinieri*, 76 *Gentiluomini di Camera*, 31 *Gentiluomini di Bocca*, 12 *Scu-
dieri.* So verhältnifsmäfsig bey allen übrigen Mitgliedern des Königlichen Haufes. *g)* Höhere Landesftellen in Sardinien. *h)* Univerfitäten zu Caglia-
ri; 3 *Profesfori di Teologia*, 5 *di Leggi*, 4 *di Medicina*, 5 *di arti liberali*; fo auch zu Safsari, zu Turin,
nebft den dortigen Collegien und K. Akademien
der Wiffenfchaften und der Mahlerey und Bild-
hauerkunft, ein ausführliches und in literarifcher
Rückficht fehr merkwürdiges Nahmenverzeichnifs.
Im Anhang Münz- und Pofttabellen.

Il Corſo delle Stelle oſſervato dal Pronostico moderno
Palmaverde, Almanacco Piemonteſe per l'anno 1774.
Dove s'indicano le mutazioni dell' aria ec., *il Gior-*
nale de Santi, le Feſte di queſta Metropoli, l'espoſi-
zione del Venerabile nelle quarant'ore, le Naſcite de'
Sovrani e Principi dell' Europa ec., *ed altre nuove*
particolari notizie. *Torino, nella Stamperia*
Fontane. *Con licenza de Superiori, e Privilegio di*
S. R. M. 12. S. 176.

Voll von Berechnungen über Zeit- und Sternkun-
de, über Zins- und Münzfuſs, Kornpreiſe, Poſten, Feſt- und Feyertage, Genealogie und Geſchichte. Auſferdem die Biſchöfe und Aebte mit
der Anzeige ihres Lebens- und Dienſtalters, die
Ritter beyder Orden nebſt Anzeige ihrer Verfaſ-
fung, das Staatsminiſterium, die Generalität und
die höhern Landesſtellen.

Calendrier de Savoie pour l'année de grace MDCCXC.
Anneci, chez C. M. Durand, Imprimeur du Roi.
Avec permisſion. 24.

Wird vom Notarius *Muffat St Amour* zu *Anneci*
auf feine Koſten jährlich herausgegeben, und iſt
faſt ganz nach dem Plan und Umfange des *Calenda-*
rio per la real corte di Turino eingerichtet, jedoch
nach der Abtheilung des feſten Landes von
der Infel, unter welchen jenes vorangefetzt wird,
obgleich auf der Infel die Königliche Würde ruht.
a) Kirchlicher Staat. Aufser dem Papſt und dem
Cardinalscollegium, die Biſchöfe und Aebte, die

Q 3

inländifche Geiftlichkeit nach den *eglifes Gallicanes ultramontaines* und *de Sardaigne*, und nach der Ordnung ihrer Diöcefen. *b*) Weltlicher Staat: die Ritter der *Annunziata*, unter welchen bekanntlich der Abt von St Gallen beständig fogleich nach den Prinzen des Königlichen Haufes feinen Platz einnimmt. — Der Hofftaat, Gefandten mit Unterfcheidung der *Envoyés extraordinaires* von den *Miniftres plénipotentiaires.* — Vom Militär die zahlreiche Generalität und Staabsofficiere. — Von den Mitgliedern der Akademie der Wiffenfchaften ift die Zahl der 40 inländifchen Mitglieder, und nur allein der Nahme des Präfidenten angegeben.

α) Nach geographifcher Abtheilung.

Herzogthum Savoyen.

Etrennes de la Savoye, pour l'année 1776. Chambery, chez Jean Lullin, Libraire. avec permiffion. 24. Wird feit 1776 jährlich von einigen Gelehrten ausgegeben, und enthält neben vielen hiftorifch-ftatiftifchen Nachrichten die höheren Militär- Civil- und geiftlichen Stellen im Herzogthum nach deffen verfchiedenen Graffchaften, wie auch die Aerzte und Apotheker in Chambery, mit Anzeige ihrer Wohnungen.

Turin.

Für diefe Refidenz ift bisher alle zwey Jahre ein grofser Adrefscalender erfchienen, deffen Her-

ausgabe aber feit geraumer Zeit unterbrochen worden. Diefer umfafst, etwa nach dem Plan des
Hamburger und Altonaer Adrefsbuchs, fämtliche
angefehene Einwohner der Stadt nebft ihren Wohnungen.

β) Nach Verfchiedenheit der Beamten-
claffen.

Kriegs ft a a t.

*Stato della Generalita nelle Regie armate, Ufficiali
dello Stato Maggiore delle Piazze e delle Truppe di
S. S. R. M. Dalla Regia Stamperia di Torino.
1792. Fol.*

Eine vollftändige, jährlich erneuerte und mit dem
Hofcalender gewöhnlich verbundene Tabelle. Inhalt: *a)* Die zahlreiche Generalität, 3 *Capitani generali,* 17 *Generali,* 27 *Luogotenenti* und 39 *Maggiori
generali,* 52 Gouverneurs, Commandanten und *Maggiori,* und 47 Brigadiere. *b)* Feftungscomman-
danten. *c) Fanteria d'ordinanza* und *provinciale* bis
zu den Majoren einfchliefslich. *d)* Cavallerie mit
Einfchlüfs der Majors. *e)* Sämtliche Officiere von
den 4 Garden *del Corpo, Swizzera, della Porta* und
del Vicere. f) Infpectionen und Kriegsgerichte.
Als Commentar dazu ift fehr brauchbar der: *Etat
général des Uniformes des Trouppes de S. M. le Roi de
Sardaigne. Deffiné et gravé par Ant. M. Stagnon,
des Sceaux du Roi. 1790. Turin. 2 Vol. 4.*

Q 4

S c h w e i z.

Die Helvetifchen Staatscalender kommen im
Formul- und Titelwefen und in der Vernachläfsigung des Aeufsern, z. B. der unterlaffenen Pagini-
rung, gröfstentheils mit einander überein. Sie er-
fordern fämtlich wegen der Eigenthümlichkeiten
der Sprache, wegen der oft vom Local hergenom-
menen Benennungen der Aemter, wegen der verwickelten ftaatsrechtlichen Verhältniffe und wegen
ihrer Entblöfsung von ftatiftifchen Erläuterungen,
das Lebens- und Dienftalter abgerechnet, gründliche Vorkenntniffe. Nicht für alle Cantone und al-
liirte oder affociirte Staaten find fie abgefondert,
und Neuenburg ift wahrfcheinlich der einzige Theil
der Schweiz, deffen Beamtenlifte in drey Staatscalendern aufgeführt wird, in dem *Helvetifchen Calender*, und in dem oben S. 115 und S. 119 bey den
Staaten des Königs von Preufsen angezeigten *Preuf-
fifch- Weftphälifchen Provinzialcalender* und dem *Etat
de Neufchatel*. Indeffen pflegen die Nahmenverzeichniffe der vornehmften Beamten den zu Bern,
Bafel, Neuenburg und Trogen jährlich in Quartform herauskommenden Zeitcalendern beygefügt
zu werden, welche vielleicht wegen der Figur der
Verkäufer auf dem platten Lande, die fonderbaren
Titel: *Der hinkende Bot*', *le Meffager boiteux*, führen.
Auch findet man in einigen gröfsern Werken Beyträge zu Staatscalendern, wie z. B. für die Geiftlichkeit, in dem folgenden Buche: *Eidgenöffifch*

Catholiſches Kirchen - Regiment, oder deren hohen Stän-
den zugewandt verbündeten Orten und freygemein-herr-
ſchaftlichen Landvogteyen des Catholiſchen Schweitzer-
landes, ſowohl Welt- als Ordens-Geiſtlichkeit, in zwey
Theil abgeſondert und zuſammengetragen von Franz Jo-
ſeph Leonti Meyer von Schauenſee, Chorherrn bey Leo-
degari zu Lucern. Lucern 1761. 2 Theile in 8. welches für die Jahre 1762. 1763. 1764 und 1765 fortgeſetzt worden.

Die Taufnahmen der Schweizer ſind gröſtentheils auch in Deutſchland gäng und gebe, die
Geſchlechtsnahmen aber zum Theil aus den Franzöſiſchen, Italiäniſchen und Deutſchen Sprachen
zuſammengefügt, und daher ſehr auffallend. z. B.
G o u m o e n s, F l o g e r z i, T ſ c h i f f e l i und in
Graubündten die S p a r a g n a p a n, J e r i m a u n,
R i z a P o r t a u. ſ. w. Eine andere Auszeich-
nung der Schweizer Staatscalender iſt der Ausfall
des Abſchnitts vom Hofſtaat, und die Entblöſung
vom ſogenannten hohen Adel; der niedere alte
Adel wird, wie in Holland, durch J k r, J u n k e r,
und der neue durch v o n oder *de* angedeutet; ſteht
aber letzteres vor den Taufnahmen, ſo ſoll es nicht
ſowohl den Adel, als die Verſchiedenheit mehrerer
Nahmensverwandten, bezeichnen, wie z. B. im Ba-
ſelſchen H e r r *de* P e t e r G e m u ſ c u s.

Die Organiſation des Civilſtaats richtet ſich begreiflich nach den bekannten Abweichungen in
der Verfaſſung der ariſtokratiſchen und demokrati-
ſchen Cantone. Indeſs findet man die Benennun-

gen˜ von Sanitätsrath, Staatscanzley,
Kriegsrath, Landeshäuptern und Am-
mann faſt durchgängig in allen.

Helvetiſcher Calender für das Jahr .... Zürich bei
Geſsner. 24. 1791. S. 110. — 1792. S. 142.
(39 Kr.)

Dieſer höchſt nützliche Staatscalender kömmt unter
dem zweyten Titel: *Regierungs- Kirchen- Kriegs- und*
Litterar-Etat der ganzen Helvetiſchen Eidgenoſsſchaft,
derſelben gemeinen Herrſchaften und zugewandten Orten,
ſeit 1780 jährlich in Zürich, dem Mittelpunkt der
Schweizeriſchen Literatur, heraus, wurde ehedem
von *Salomo Geſsner* verfaſst, iſt in Anſehung
der Jahrgänge 1789 und 1790 in der *Allgemeinen*
Deutſchen Bibliothek. B. 98. St. 2. S. 590. 591. und 92
B. 2 St. S. 605.607. und in der *Allgemeinen Literatur-*
Zeitung 1791. No 77. S. 615 angezeigt und in vielen Zeitſchriften, z. B. in *Haufens Staatsmateria-*
lien, B. I. St. 6. S. 662-665, und im *Hiſtoriſchen Por-*
tefeuille 1782. X. S. 1235 benutzt worden.   Bey den
Beamten iſt darin faſt durchgehends das Lebens-
und Dienſtalter angegeben.   Inhalt: 1) Civil-
Etat,   a) Die XIII Cantone.   Bey Lucern 18 im innern Rath zur Winterſeiten
und 19 zur Sommerſeiten; bey Uri 11
Standeshäupter, beym Canton Schwyz 18 Standeshäupter, 6 im Sanitätsrath, bey Unterwald
13 Landeshäupter ob und 8 nid dem Kernwald,
bey Glarus die Religion mit C. und R. unterſchie-

den, bey Zug 6 Landeshäupter, bey Bafel alter
und neuer Rath, 30 Rathsherren und 30 Meifter,
bey Freyburg 24 im täglichen Rath, bey Solothurn 10 Alträthe und 22 Jungräthe, bey Appen-
zell 15 Landeshäupter im Innern Rhoden und
12 im Aeufsern nach Verfchiedenheit der Religion. *b)* Die Gemeine Herrfchaften fo wie
fie von den acht alten Orten allein, oder
von 2, 3 oder 12 Orten zu 2 Jahren um
bevogtet werden — Schultheifse und Burgermeifter einiger freyen Municipalftädte und Orten
der Eydgenoffenfchaft. *c)* Zugewandte Stände: Abt zu St. Gallen nebft Kuchimeifter,
Burfarius und 5 Geheimenräthen; Stadt St.
Gallen nebft alten, neuen und ftillftehen-
den Zunftmeiftern, und 1 Director im Stillftand; die Republik der III Bündten im hohen
Rhätien; die Republik Wallis, nebft Landeshäuptern, Zehendrichtern, Pannerherrn und Grofscaft-
lan; Stadt Müllhaufen; Stadt Biel; Fürftenthum
Neuburg; die Republik Genf, bey welcher 4 regierende Syndici, 1 Ehrenrath (Jacob Nekar,
Kön. Franzöf. gewef. Staats- und Finanzminifter)
22 wirkliche und 7 entlaffene Rathsherren, 11 Sanitätsräthe, und 12 Commercienräthe; der Bifchof
von Bafel, 19 Domherren, 10 Landvögte. *2)* Kir-
chen-Etat. Prediger und Lehrer von allen drey
Bekenntniffen; lateinifche Benennungen von *ludi*
& paedag. moderator, Fleckenpfarrer, Profefforen der Rudimenten, *Secretarius ceremoniarum,*

Punctator, *Triumvir*; unter andern 10 Profefforen
zu Laufanne und 38 zu Genf, von welchen 28 zugleich Pfarrer find. 3) Kriegs-Etat; Chefs,
Staabsofficiere und Ordensritter von den 12 im
Franzöfifchen Dienft ftehenden, von den 4 Spanifchen, 3 Sardinifchen, 4 Sicilianifchen und 6 Holländifchen Regimentern und auch von den Päpftlichen Schweizer-Leibwachen. Bey allen das Er-
richtungsjahr des Regiments, deffen Vaterland unter den verfchiedenen Cantonen und die Anciennetät der Officiere. 4) Literatur- und Kunft-
Etat; ein in feiner Art einziges Verzeichnifs aller
Beamten bey öffentlichen literarifchen Gefellfchaften, Sammlungen, Inftituten und Bibliotheken in
der Schweiz, aller Buchhändler, Buchdrucker und
Künftler, aller Privatbefitzer von Kunftcabinetten,
grofsen Bibliotheken und Kupferverlagen u. f. w.
und endlich auch der Unternehmer von Lefegefellfchaften und Erziehungsanftalten; z. B. zu Uri ein
Cryftallenverlag, zu Zürich der Kunftfaal, der
Mufikfaal, 3 Buchhändler, 10 Münzcabinette u. f.
w. — 5) Im Anhang literarifche Abhandlungen;
z. B. diesmal der Befchlufs der Gefchichte des
Jünglings Thomas Platter, die Bergjäger, das
Alpengewitter, Bourrits Reife auf den Mont-
blanc, Poft- und Münzzeiger, und fechs radirte
fchöne Schweizerlandfchaften von Gefsner und
Hefs.

Stadt und Ort Zürich.

Hat fechs für die verfchiedenen Beamtenclaf-
fen von einander abgefonderte und jährlich erneuerte Staatscalender, welche wegen der Gleichheit des Formats und Drucks mit dem Zeitcalender
zufammen gebunden zu werden pflegen. Statifli-
fche Zufätze findet man aufser dem Lebens- und
Dienftalter nicht darin.

1) *Regimentsbuch, oder Klein und Grofse Räthe der
   Republic Zürich.   Zürich, bey von Orell, Gefsner,
   Füfsli und Comp. MDCCXCI. 8. S. 32.*
   Inhalt: *Senatus natalis* und *baptiflalis*, *Eteologia* des
   kleinen und grofsen Raths, Conftafel, Meifter
   Räthe und Zwölfere jeder Zunft nebft Abbil-
   dung ihrer Wapen, die verfchiedenen Claffen von
   Vögten; welches alles die Vermifchung der arifto-
   kratifchen und demokratifchen Regierungsform fehr
   deutlich bezeichnet.

2) *Hoch-Obrigkeitliche Tribunalien, Commiffionen und
   Verordnungen, welche die Stands- Civil- und öcono-
   mifchen Gefchäfte behandeln.   Nach Alphabetifcher
   Ordnung eingerichtet.   Auf das Jahr Chrifti 1791.
   Bey von Orell, Gefsner, Füfsli und Comp. 8.
   S. 24.*
   Inhalt: Ankenmarkt, 7 Büchercenforen, 14 Mit-
   glieder der Exulantencommiffion, 2 Nach-
   gänger, 14 beym Ofeng'fchau, 15 bey der

Patroullecommiſſion, 14 bey der Reformation.

3) *Die Stadt- Land- und übrigen Schreiber - Stellen,*
wie auch Gemeine Bürgerliche Dienſte Löbl. Stadt
und Landſchaft Zürich. Auf *das Jahr Chriſti*
MDCCXCI. Zürich, bey von Orell, Geſsner,
Füſsli und Comp. 8. S. 16.
Umfaſst die geringfügigſten Aemter; 29 Schreiber
in der Stadt, 15 Landſchreiber der äuſsern Vogteyen und 24 der innern, 12 Stundenruffer.

4) *Die Kirchen- und Schul-Diener der Stadt und Land-*
ſchaft Zürich, Sammt der Cluſſe der ExſpeЄtanten,
ſo einer Ehrwürdigen Synodo zu Zürich einverleibt
ſind: Wie auch aller Züricheriſchen Geiſtlichen, ſo
in Eydgenöſſiſchen und andern Landen ſtationirt ſind.
Zürich, bey von Orell, Geſsner, *Füſsli und*
Comp. 1791. 8. S. 14.
Inhalt: *a*) inländiſche Pfarrer ſowohl in der Stadt—
(der St. Peter-Pfarrer Caſpar Lavater, geboren
1741, erwählt 1786) als auch im Gebiet Zürich nach
9 Capiteln; in ausländiſchen Dienſten z. B. Stolz
zu Bremen und Häfeli zu Wörlitz; im Thurgau
nach 3 Capiteln; und endlich im Rheinthal. *b*) Pfarrer in andern Eydgenoſſenſchaften Lan-
den und Ausländiſchen Dienſten.

5) *Durchlauchtiger Weltbegriff, oder kurze Vorſtellung*
der vorderſten Häupter und Regenten des Erdkraiſes,

sonderlich in Europa, welche bey gegenwärtiger Zeit sich im Leben und Regierung befinden; Wonebst auch zum Theil die Jahre ihrer Geburt, auch ihrer Wahl oder angetretenen Regierung, so viel man in Erfahrung bringen können, beygefügt worden, durch Genealog. — Jop. — Hilum. Zürich, bey von Orell, Gesner, Füsli und Comp. 1791. S. 16.

Unter diesem myftifchen Titel findet man auch die Burgermeifter, Schultheiſse, Landammans und Biſchöfe, Gefürftete Aebte, Prälaten und Pröbfte in der Schweiz und die Abgeſandten bey der Eidgenoſſenſchaft; unter letztern der in der Diplomatik nicht ganz gewöhnlichen Titel: *Oberfter Chargé d'affaires.*

6) *Fabriquen und Handelshäuſer der Stadt Zürich. 1791. Zürich, beym Elfaſſer. 8. S. 16.*

Zuerft die Firmas (Raggionen) und dann die Gewerbe nach dem Alphabet.

Stadt und Ort Bern.

Erneuertes Regimentsbuch über des Löblichen Standes und Republik, Bern, Weltliche und Geiftliche Verfaſſung. Auf Oftern 1791. Mit Hochoberkeitl. Freyheit. Bern, gedruckt bey Rudolf Albrecht Haller. 8. (40 unpaginirte Blätter.)

Die zweckmäſsige Abfaſſung eines Berner Staatscalenders hat wegen der doppelten und faft dreyfachen Landesſprache und wegen der höchft ver-

wickelten Verfaſsung dieſes Cantons mehrere
Schwierigkeiten, welche man auch in den Mängeln
des vorliegenden wahrnimmt, der jährlich herauskommt. Die Beamten in den deutſchen und wäl-
ſchen Landen ſind zwar durch die Sprache, und
die Ariſtokraten im kleinen Rath durch den Beyſatz: Mein hochgeacht gnädiger Herr,
Ihro Gnaden und: Mnhrr. ausgezeichnet, ja
faſt alle Abſchnitte ſind mit dem Genitiv: Meiner gnädigen Herrn rubriciret, welches gegen das Strichleins Hl und das Mſtr ſehr abſticht.
Allein die Entlehnung der Amtsbenennungen vom
Local, und die Abweichungen der Schweizerdeut-
ſchen Sprache erſchweren die Verſtändlichkeit des
Ganzen. Folgendes zur Probe. Ein Musha-
fenſchafner, (Aufſeher über die Freytiſche für
Studirende), ein Mäsfeker, (*verifieur des Méſures*),
ein Schwellimeiſter, (über Dämme in dem
Aarſtrohm), ein Feurg'ſchauer, die Geſell-
ſchaften des Diſtelzwangs, der Mitlen-
Löwen, und der Affen unter den Herren
Sechszehnern von Bürgern, ein Alt-Ven-
ner (*banneret*), ein Nachſchauer unten-aus;
Ohmgeltner (Erheber einer Auflage auf den
Wein), Böspfäniger (Erheber einer andern
Weinabgabe), Heimlicher; Chorgericht (Conſiſtorium), Inful-Collegium (Krankenhaus-Auf-
ſicht), Schallenhaus (Zuchthaus), Anken-
wäger (Butterwäger); Engimeiſter (Aufſeher
eines öffentlichen Spatzierganges) Bremgartner
(von

(von der Benennung eines Waldes), Bahnwar-
ten unten-aus, Sigriften (Küfter). Ueberdem fchwankt die Anordnung zwifchen dem pu-
bliciftifchen und dem alphabetifchen Syftem, und
aufser dem Geburts- und Erwählungsjahr findet
man keinen einzigen ftatiftifchen Zufatz darin. Inhalt: c) 27 Gnädige Herren des Kleinen
Raths, und itzt 219 des Grofsen Raths, nach
dem Alphabet der Familien, und die Herren
Sechszehnere von Burgern. b) Tribunale,
Cammern und Commiffionen, deutfch und wälfch
unter einander, in alphabetifcher Ordnung, z. B.
Aarencommiffion, Aenetburgifche, Exu-
lantencammer, Profelytencammer, wel-
che aus einem Präfes, einem Profeffor, zwey Pfar-
rern, einem Secretär und einem Weibel beftcht.
c) Die deutfchen Landvogteyen nach dem Alphabet der Orte. d) Die vier gemeinen Aemter mit löblichen Stand Fryburg. e) Aemter in der Stadt. f) Landvogteyen wälfchen
Lands. g) Gemeine Aemter, z. B. Baden, Thurgau, Luggarus. h) Verledigte Vorpöften,
Aemter und Dienften. i) Canzley- und Staats-
bediente. k) Stadtquartier- und Feuerhauptleute,
14 Landmajoren deutfchen- und 7 wälfchen Lands.
l) Bedienungen in- und aufsert der Stadt;
unter diefer unbeftimmten Rubrik ein Allerley, z.
B. Wälfchweinfchenk, Zeugwart, Fün-
delinpfleger, 22 Zollcommiffen. m) Meiner Gnädigen Herren Bediente, fo die

R

Farbe tragen. *n*) Fürſprechen vor **M. G.
H.** Räth und Burger, 10 Standsweibel, **8**
Standsläuffer, 8 Ueber- und Stadtreuter, 5 Sigri-
ſten. *o*) Pfarreyen, Helfer und Schuldienſte nach
folgenden Abtheilungen; 26 in der Hauptſtadt,
135 auſſer derſelben im Lande, die im *pays de Vaud*,
die auſſerhalb Landes, und die Feldprediger in
Baden, Frankreich, Holland und Piemont. Sodann die Candidaten im h. Predigtamt.

Stadt und Ort Baſel.

*Neues Regiments-Büchlein, oder Verzeichnuſs der Vor-
geſetzten im Welt- und Geiſtlichen Stande Löbl.
Stadt Baſel, von Johann Baptiſtä 1791. bis
wieder dahin 1792. Mit Hoch-Obrigkeitlich gnädig
ertheiltem Privilegio. Gedruckt und verlegt bey Joh.
Heinr. Decker, Löbl. Univerſität Buchdrucker.
8. (32 unpaginirte Blätter.)*

Inhalt: *a*) Nahmen und Wapen der 4 Häupter
der Stadt. *b*) Neuer und Alter Rath, in jedem
15 Rathsherren und 15 Meiſter nebſt den 21 Ehren-
zünften, deren Sechſern und Wapen. *c*) Vor-
geſetzte auf den drey Ehrengeſellſchaften Reb-
haufs, Hären und Greiffen. *d*) Canzley,
bey welcher auch ein oberſter Knecht angeſtellt iſt. *e*) Geheime Räthe oder Dreyzehner
Herren. *f*) Sämmtliche Finanz- und Polizey-
beamte, welche zum Theil Doctoren der Rechte
ſind, nach dem Alphabet der Collegien, z. B. 18

Appellationsherren, 6 Allianzfachende-
putirte, 4 bey der Büchercommiffion, 18
Collect- und 3 Dreyerherren, 7 Ehege-
richtsherren auf 3 Jahre, 3 Fifchmarkther-
ren, Gerichte der Mehrern und Mindern
Stadt, 12 Haushaltungsherren, 5 Keller-
herren, 6 Landvögte auffer den Ennetbür-
gifchen, 8 Reformationsherren, 4 Stall-
herren, 4 Wundfchau- und Hebammen-
herren. g) Vorgefetzte des Kriegsftandes. h) Profefforen der Univerfität, 3 in jeder der drey alten
Facultäten, und 9 in der Weltweisheit. i) Stadt-
und Landpfarrer; auch die auffert dem Vaterland in Dienft ftehenden und die Candidaten, fo
in und noch ohne Dienften find, unter welchen einer bereits im Jahr 1749 examinirt worden.

Stadt und Ort Schafhaufen.

Verzeichnifs Unferer Gnädigen Herren und Oberen Von
Klein- und Groffen Räthen der Statt Schaffhaufen,
wie folche von Pfingften 1791. bis Pfingften 1792.
das Regiment und die davon abhangende Tribunalia
und Dicafteria, als Staats- und Stands- Militar-
Civil- Policey- Inn- und Aufsere Vogtey- Cantzley-
und andere Sachen verwalten; und endlich mit was
Perfohnen die Aemter und andere Burgerliche Dienfte
befetzet find. Schaffhaufen, bey Johann Ulrich
Schwarz. 1791. 8. S. 24.

Die Aemter in der Stadt, find von denen in deren
äufsern und neun innern Land- und Obervog-

teyen abgefondert. In jener der grofse und kleine
Rath, und die zwölf Zünfte. Was in die auf dem
Titel angezeigten Rubriken nicht hineinpafste, ift
in ein Gemifch von allerhand Dikafterien
geworfen, deren Benennungen von der Polizey
größtentheils entlehnt find. Stuben (Collegien),
Rebleut (Weinlefer), Rügert (in Bern Heimlicher, eine Art Volkstribune), Grofs-Wei-
bel (*Grand-Sautier*, Criminalreferendar), Säck-
lin-Herren (Auffeher des Klingebeutels),
Auffahls-Herren (beym Concurs der Gläubi-
ger), Hinderfaffen (eine Claffe von Einwohnern, die nicht das Bürgerrecht haben); Ennet-
birgifche Vogteyen (Jenfeit des Gebirges, d.
h. in Italien belegen), Paradifer-Amtmann
(Erheber der Einkünfte von einem Klofter, das
diefen Nahmen führt).

Geiftlichkeit.

Verzeichnifs des jetzt-lebenden Wohl-Ehrwürdigen Mi-
niflerii der Stadt und Landfchaft Schafhaufen, wie
auch der Herren Profesforum Collegii humanitatis,
Praeceptorum Gymnasii, Cantorum und Provifo-
rum der Deutfchen Schul MDCCXCI. Schafhau-
fen, zu haben in der Hurterifchen Buchdrucke-
rey zum Jordan. 8. S. 8.

Der Titel drückt den ganzen Inhalt aus. Unter
den Profefforen der berühmte *Joannes Müller*
in Maynz; auch ein Legationsprediger der Generalftaaten, und fämmtliche Candidaten.

Die drey Bünde der Graubündner.

Neuer und Alter Regiments-Calender Loblicher Stadt
Chur auf das Jahr 1791. In welchem — zu finden
Nahmen der Herren Häuptern und Ehrengefand-
ten, welche ao. 1790 dem Algemeinen Lobl. Bunds-
tag zu Chur beigewohnt. Verzeichnifs der Bündne-
rifchen Herren Staabs- und andern Offiziers in Ho-
land und Frankreich, wie auch der Evangelifchen
Hln. Geiftl. Lobl. Gm. drey Bundten. Gedruckt bey
Conftantinus Pfeffer. 8. (ohne Zeitcalender
22 S. unpaginirt).

Ein jährlich erneuerter Staatscalender und herrli-
cher Beytrag zur Staatskunde diefes am wenigften
bekannten Theils der Schweiz. Inhalt: 1) Civilftaat. a) Magiftrat der Stadt Chur. b) Die fünf
Zünfte von Schuhmachern, Rebleuthen, Schnei-
dern, Schmiden und Pfiftern (Beckern). c) Beam-
tete und Geiftliche zu Chur, auch ein Philofophi-
fches Collegium, welches aber keine Vorlefungen
hält. d) Ihro Weifsheiten, die Häupter und
Ehrengefandte, nach dem Alphabet der abfendenden Hochgerichte. Diefer Ehrennahme ift wie
die übrigen, Ihro Hochwürden, Junker u.
f. w. ftets forgfältigft wiederhohlt. e) Sanitätsräthe,
deren Beruf hauptfächlich den Viehhandel mit Italien betrift. f) Amtsleute, Pannerherrn, Vicla-
rien, Podefta in den Unterthanenlanden, in den
Landfchaften Worms und Cläven, Freyherrfchaft
Haldenftein und in der Landfchaft Veltlin, welche

wegen der Streitigkeiten mit Mayland noch neuerlich bekannt geworden. 2) Militär; Schweizer-
garden in Holland und Frankreich, Bündner-Re-
giment in Holland, und Bündnerifche Officiere in
Holländifchen und Französischen Regimentern.
3) Geiftlichkeit, in lateinischer Sprache, weil
folche neben der romanifchen, italiänischen und
deutfchen dort gesprochen wird. Aus der zahlreichen Familie Salis findet man Beamte in allen
drey Ständen; übrigens ift hier blos die reformirte
Geiftlichkeit nach ihren Colloquien, und nicht,
wie im Helvetifchen Calender, die katholifche angeführt.

– Vollftändiger foll der fogenannte Rhaeti-
fche Staatscalender feyn, welcher jährlich in
kk 8. zu Chur bey Bernhard Otto feit kurzem
herauskömmt.

Frankreich *)

Frankreich hat feine Erfindung vorzüglich innerhalb feiner Gränzen vervielfältigt. Mit der Al-

*) Die Faffung diefes Ausdrucks überhebt mich der für die
Sprache der Statiftik noch unentfchiedenen Wahl zwifchen der
Beybehaltung des Worts: Franzofen, und den Vorfchlägen
der Herren *Wieland, Girtanner* und anderer, fie Frank-
reicher, Franzen, Franken, (*Francs de l'Ouest*) Weft-
franken zu nennen. In der Englifchen Sprache ift das: *the*

manachsfucht hat auch das Bedürfnifs der Staatscalender fich vermehrt, und jede Provinz, jede grofse
Handelsstadt hat jährlich erneuerte Nahmenverzeichniffe nicht allein von einzelnen Ständen der
Staatsbeamten, fondern auch von andern angefehe-
nen Einwohnern. Wie weit diefe Ausdehnung ge-
gangen, zeigen fchon die Titel eines *Almanac des
gens qui vivent noblement*, zu gut Deutfch, derjenigen, bey welchen man umfonft gut
fchmaufet, einer *Lifte des gens fans culotte avec
leurs demeures* 1792, (der armen Mitglieder der
Nationalverfamlung) des *Almanac des Douze Miniftres*, des *Almanac des Filles de joie* (1792), der fogar nach *Archenholz*. Minerva, Februar
1792. Nro II. S. 419. einen Selbftmord veranlafste,
der *Lifte des Cocus de Paris* 1792., des *Almanac-
Dauphin* für den nicht dienenden Stand, im Gegenfatz vom *Almanac Royal*, und ähnliche, zum
Theil auch mit ftatiftifchen Nachrichten bereicher-
te, Nahmenverzeichniffe.

In diefer jährlichen Wiederkehr mehrerer
Dutzende von Staatscalendern, haben das fogenannte zweyte und dritte Jahr der Freiheit
einen Stillftand bewirkt, und noch im vierten
ift das Staatscalenderwefen in einer Krife,
welche feinen Zufammenhang mit der Wiedergeburt des Staats auf das deutlichfte bezeichnet.

French King fchon lange üblich, ausgenommen in der Titulatur des Königs, dem der Titel eines König von Frankreich hinführo alfo allein eigen bleiben würde.

Die durch alle fünf Species der Rechenkunſt
gehende Umformung der Aemter, und die Vacanzen, welche durch Entlaſſung oder Verſetzung,
durch Entſagungen, Entweichung oder Auswanderung entſtanden, kurz der ſchwankende Zuſtand
aller Aemter hat die Verfertigung von ſolchen
Nahmenverzeichniſſen wo nicht unmöglich gemacht, doch überaus erſchweret. Nur von wenigen Departementern ſind ſie im Jahr 1792 heraus
gekommen, und der bekannte *Almanach der Seemacht* gar nicht. Dagegen haben die Clubs und
Patrioten die Nation durch politiſche Almanache
zu entſchädigen geſucht, zu welchen man faſt alle
literariſchen Taſchenbücher umgeformt, und auf
dieſe Art das Volk mit der neuen Verfaſſung, vorzüglich mit der *déclaration des droits de l'homme*, der
Abſchaffung des Adels und den Aſſignaten bekannt
gemacht, wovon der *Calendrier des héros*, der *Triom-
phe du Patriotisme*, der *Almanac du Père Gérard* und
andere den Beweis geben.

Die Unähnlichkeit zwiſchen den v o r und den
ſ e i t der Revolution herausgekommenen Staatscalen-
lendern, von welchen hier die Inhaltsanzeigen zu-
ſammengeſtellt werden, iſt ſo grofs dafs man kaum
die Brüderſchaft darin erkennt. Auf der einen
Seite z. B. eine Schaar von *Ducs*, *Comtes*, *Écuyers*,
Grandeurs, *Excellences*, *Commandeurs* und *Chevaliers*,
wie ſie itzt das a u s w ä r t i g e Frankreich zeiget,
in 38 Generalgouvernementern, die Parlamenter
und buntſcheckigten Untergerichtshöfe, Bannge-

- richte, Strafsen- und Landreiter. Auf der andern
Seite die neuern Benennungen der regierenden
Dynaftie, die Nationalverfammlung, in den 83
Departementern, 249 Diftrictsdirectorien, 44000
Municipalitäten und 8000 Primarverfammlungen,
welche itzt *Büfching's, Fabri's* und *Hammers-
dörfer's* Erdbefchreibungen von Frankreich zur
Antiquität machen, — höchft einfach benannte
neue Beamte, als Friedensrichter, Deputirte u. f. w.
deren periodifche Abwechfelung hinführo nicht allein den Französifchen Staatscalendern eine faft ma-
gifche Veränderlichkeit geben, fondern auch wegen der gröftentheils in den März und May fal-
lenden Wahlen eine andere Jahreszeit der Herausgabe als um Neujahr bewirken wird.

Mit dem Inhalt haben fich auch zugleich die
äuffern Verhältniffe verändert. Ehedem war diefe
ganze Bücherclaffe gröftentheils ausfchliefsend mit
der Bedingung eines guten Abdrucks auf gu-
tem Papier privilegirt. Allein bey der itzigen
Aufhebung aller ausfchliefsenden Freybriefe in
der Französifchen Literatur, vertritt der Staat nie
mehr die Stelle des Verlegers, und der Zufatz:
avec titres de proprieté und *avec privilége*, den man
noch auf einigen findet, ift blos eine Art von Pro-
teftation. Mit der zunehmenden Zahl wird fich
nun auch leicht die innere Güte verringern, weil
die Verleger, wie z. B. beym *Almanac Royal* felbft
bey Befreyung von der grofsen Pachtfumme, auf
keinen jährlichen Gewinn von 40,000 Livres mehr

rechnen, und daher auch auf die Einfammlung der
Beyträge nicht mehr fo viel Koften und Mühe ver-
wenden können.

α) Nach geographifcher Abtheilung.

· Staaten in Europa.

Almanach Royal.

1) *préfenté à Sa Majefté pour la première fois en* 1699.
à Paris, chez le **Breton,** *premier Imprimeur ordi-
naire du Roi, rue de la Harpe.* *Avec Approbation
& Privilege du Roi.* gr. 8. MDCCLXVII. (mit fortlaufender Seitenzahl) S. 535. — MDCCLXXII.
S. 352 und CCX. — MDCCLXXIII. S. 566.

Die Gefchichte diefes Erftlings ift fchon oben S. 9
angezeigt und eine phyfiognomifche Skizze davon
ift von *Mercier* im *Tableau de Paris* (Edit. 1782)
T. 4. S. 5. meifterhaft entworfen. Als Adrefsbuch von Paris betrachtet, ift er mufterhaft bearbeitet, aber auch als Staatscalender der Monarchie
in Anfehung der ftatiftifchen Zufätze, überhaupt
aber wegen der Authenticität von jeher bekannt.
Aufser dem Zeitcalender, und dem Gefchlechtsverzeichniffe der Französifchen Könige und Köni-
ginnen und der itztlebenden Europäifchen Fürften
hatte er ehedem folgende Abfchnitte. a) Geiftlichkeit mit Einfchlufs der Capitel, Pfründen,
Seminarien und milden Stiftungen, und mit Anzeige der Einkünfte, des Stiftungsjahrs und der Taxe

der Römifchen Curie. *b*) Prinzen und Pairs. *c*) Marfchälle von Frankreich, Generallieutenante, Brigadiere, Gouvernements, militärifche Anftalten. *d*)
Ritter der Königlichen Orden nach der Anciénne-
tät. *e*) Grands von Spanien und diejenigen Ritter
vom goldnen Vliefs, welche in Frankreich fich auf-
halten. *f*) Gefandte an den König und vom Könige. *g*) Hofhaltungen; von denen *Mercier*
fagte; *combien de noms divers & qui cherchent à parer
leur fervitude!* *h*) *Confeils* mit allen Unterabtheilungen. *Que de bouches*, fährt derfelbe fort, *fucent &
rongent le Corps politique!* *C'eft le catalogue des vampi-
res, anéantiffez en idée tous ces noms; la nation ne
fubfifteroit-elle pas encore?* oh, *très-bien, je Vous l'af-
fure.* *i*) Höhere Civilämter mit Anzeige des Stiftungsjahrs, der Zeit und des Orts der Verfammlungen, der Gerichtsferien und des Bezirks, bey
den Parifern auch der Wohnung. *k*) Intendanten
und Canzleyen. *l*) Parlament zu Paris und davon
abhängige Obergerichte, als *Chambre des Comptes,
Cour des Monnoies.* Im Jahrgang 1772 S. 220. das
bekannte Parlament vom 13. April 1771. *m*) Cha-
telet. *n*) Magiftratur von Paris. *o*) Univerfitäten
und Akademien zu Paris; Cenforen, Bibliotheken,
Dolmetfcher, Botaniker. Hier hebt eine neue Pa-
ginirung mit Römifchen Zahlen an. *p*) Finanz-
Caffen- und Handlungsbeamte, als Generalpächter,
Poftbeamte, Indifche Compagnie, Confule, Agenten u. f. w. *q*) Aerzte, Wundärzte, Apotheker,
Banquiers, vollftändige Schiffarths - Poft - Markt-

Fuhrwerksliften, Privatbibliotheken, Gaffenerleuchtung und ein fehr gutes Realregifter.

2) *Année biffextile MDCCXCII, préfenté à Sa Majefté pour la premiere fois en 1699 par* Laurent d'Houry, *Editeur à Paris. De l'Imp. de* Testu, *fuccesfeur de la veuve d'*Houry, *rue Hautefeuille, no.* 14. gr. 8. S. 680.

Itzt der Seitenzahl nach der gröfte Staatscalender in der Welt, und von feinen Vorgängern im Inhalt durchgehends verfchieden, übrigens aber eben fo reich an ftatiftifchen Erläuterungen. Inhalt: 1) Zeitcalender, Gefchlechtsregifter mit den conftitutionellen Benennungen der regierenden Dynaftie und Cardinalscollegium; 2) Geiftlichkeit; Metropolitane und Bifchöfe nach den zehn Diftricten, nebft Anzeige der Departements; Geiftliche im Departement Paris nach 33 Pfarrdiftricten, Hofpitäler in Paris; 3) die Conftitutions - Urkunde; 4) Nationalverfammlung; 745 Deputirte nach dem Alphabet und nicht nach den drey angenommenen Wahlverhältniffen abgetheilt, mit Anzeige ihres bürgerlichen Amts, Supplirende nach den Departements, Präfidenten und Secretäre feit dem Anfange der Sitzungen, *Comités*, *Bureaux* und Subalterne, Präfidenten der conftituirenden N. V.; 5) Staatsminifter, Commiffäre, Gefandte vom Könige und an Ihn; 6) Directorien der 83 Departements nebft einer geographifchen Charte und Anzeige der Diftricte und Tribunäle, wegen

der fpäten Wahlen fehr unvollftändig; 7) Beamte
in den *Bureaux* der 6 Staatsminifter und der Königlichen Commiffäre, nach ihren Unter-Abtheilungen; 8) Chefs der Land- und Seemacht, letztere
auch in Anfehung der Colonien, nebft allen fremden Confulen, wie auch das Artillerie- und Inge-
nieur-Corps; *Décoration militaire du troifième & fe-
cond degré*; Gouverneure der 5 Königlichen Luft-
fchlöffer und des Invalidenhaufes; 9) Juftiz:
a) Hohes Nationalgericht nebft den *Hauts-Jurés,*
fo wie es in den Departements auf die Anklage
vom 12. November 1791 organifirt worden, *Tribunal de caffation*, nach den zwey Sectionen *des Re-
quêtes* und *de caffation*, den *Suppléans* und *Avoués;*
b) Diftrictstribunale im Departement von Paris
nach dem Decret vom 16. Auguft 1790 in 6 *arron-
diffemens*: als, *Juges, Suppléans, Commiffaire du Roi,
Accufateur public, Imprimeurs, Bureau de paix & de
conciliation*, nebft den *Tribunaux d'appel; c)* 6 Cri-
minaltribunale in Paris, nebft *Interprètes* und *Avoués;*
d) Notarien, *Huiffiers- Commiffaires- Prifeurs*, das
Tribunal de commerce, wobey man die *Juges, Confuls,
Officiers, Gardes* und *Agréés* findet; *e) Juges de
paix;* bey jedem 6 *Affeffeurs*, 1 *Greffier*, 1 *Huiffier*,
4 *Commiffaires de police* in den 48 Sectionen von Paris; *f)* Nationalgendarmerie des Departements;
10) Wahlherren (*Électeurs*), ebenfalls nach den 48
Sectionen der Stadt und den 16 Cantonen des Departements, nebft Anzeige des Alters und der bürgerlichen Verhältniffe; 11) Univerfität, *Académie*

françoise und fämmtliche Akademien und Inftitute
für Künfte und Wiffenfchaften in Paris, nebft ftatiftifchen Nachrichten über die Provinzial-Akade-
mien (ein fchon lange meifterhaft bearbeiteter Abfchnitt); 12) Municipalität von Paris; *Confeil géné-*
ral de la Commune, 96 *Notables,* und Abtheilungen
nach *Departements, Adminiftrations, Bureaux, Tri-*
bunaux, alles wegen der fpätern Wahlzeit fehr unvollftändig; 13 Policeybeamte in Paris, nebft einem
Bureau des nourrices & des recommandereffes pour leur
location; payeurs des rentes nach 40 *parties* abgetheilt
nebft den Zahlungstagen; Banquiers, fo wie fie in
der Lifte des Finanzminifters aufgezeichnet find,
Agenten; 14) *Force publique de Paris; État-Major*
& Capitaines der Nationalgarde von 6 Legionen,
deren jede 10 Bataillone hat; des Bataillons *des Vé-*
térans volontaires; der zwey Bataillone von Kindern, *les Eléves de l'Efpérance de la patrie* und *Dé-*
fenfeurs de l'Autel de la patrie genannt; der 3 Regimenter Linientruppen und 2 Bataillone leichter Infanterie; 15) Handelsgefellfchaften, nebft ftatiftifchen Tabellen; 16) Finanzcollegien; z. B. die
neue *Commiffion des monnoies, Regies nationales, Éta-*
pes & convois militaires, Receveurs de Capitations & Ving-
tiémes; 17) *Huiffiers des Tribunaux, Jurés-Crieurs* u. f. w.
welche wegen der fpätern Organifation nebft an-
dern Artikeln nicht an die gehörige Stelle haben gefetzt werden können; 18) Medicinifch-chirurgifche
Anftalten, auch das fonderbar benannte *Hofpital*
des Incurables; 19) über Poften und Märkte.

*Almanach Royal, année biſſextile MDCCXCII. à
Paris, de l'Impr. de Testu, ſucceſſeur de la veuve
d'Houry.* 24.

Ein unpaginirter wohlfeiler und kurzer Auszug der
vorzüglichſten Abſchnitte im groſsen *Almanac
Royal,* in welchem unter andern die ſtatiſtiſchen
Erläuterungen, die Wohnungen und die Diſtricts-
directorien ausgelaſſen, der Zeitcalender und das
Geſchlechtsregiſter aber eben ſo ausführlich abgefaſst ſind. Bey jedem Abſchnitt wird beſonders
auf die Octav-Ausgabe verwieſen.

*Dictionnaire de la Conſtitution & du Gouvernement
François, contenant la dénomination de tous les nouveaux Officiers publics, les formes de leur élection ou
nomination, leurs Fonctions, leurs Traitemens,
leur Coſtume, les nouvelles Inſtitutions Civile, Politique, Militaire, Judiciaire, Eccléſiaſtique & Finan-
cière; les Loix de chacune des branches de l'Adminiſtration de l'Etat, les Droits & les devoirs des Citoyens, la définition des nouveaux termes les plus uſi-
tés, quelques-uns de ceux qui ne doivent plus être employés, &, lorsque la clarté l'exige, les Décrets en-
tiers, qui ont rapport à chaque objet traité dans cet
Ouvrage.* 1791. à Paris chez Guillaume, Jun.
S. 600. (6 Livres.)

*État eccléſiaſtique, militaire, civil, littéraire & munici-
pal des Provinces de France.* 8. S. 296.

Ist der zweyte Theil des S. 85. angezeigten *Etat des Cours de l'Europe par l'Abbé de la Roche-Tilhac.*

Almanach des 83 *Departements ou Almanach national géographique, utile aux Citoyens de toutes les classes & de tous les Departements.* kl. 8. — *pour l'année* 1791. *première législature de la Constitution Françoise.* S. 142. — *année* 1792. *à Paris chez la veuve Duchesne.* S. 102. (1 Livr. 10 S.)

Entstand zuerst 1791 und wird von einem Hrn. *Champin* mit Berichtigung und Hinzufügung der Hauptstädte in den Departements jährlich fortgesetzt werden. Inhalt. *a)* Alphabetische und Vergleichungstabellen der ökonomisch- politischen Geographie, nebst geographischen Charten im verkleinerten Maafsstabe und die Gröfse und Grenzbeschreibung jedes numerirten Departements. *b)* Kirchliche Eintheilung von Frankreich in zehn Metropolitandistricte. *c)* Befchreibung des Departements von Paris nach feinen 48 Sectionen und 16 Cantonen, nebst der Nahmenliste und den Wohnungen der Beamten; der *Procureur général- Syndic,* 22 *Membres du Conseil,* 8 *Membres de Directoire;* die Municipalität, *M. Pétion maire,* 16 Administratoren, 6 Gerichtstribunale, und in jedem 5 Richter und 4 *juges suppléans,* die *Juges de paix* und *Commissaires de police* in jeder Section, und im District St Denis; im *Conseil général* 144 Notabeln, und 48 Ehrenmitglieder. *d)* Im Jahrgang 1791 das itztlebende Königliche

nigliche Haus; *Roi & Reine des Français*, *Meſſieurs*
de France u. ſ. w.

Almanach National, *pour l'année* 1790, *contenant*,
1º *les époques des Etats Généraux anciens; la liſte*
des Membres de l'Aſſemblée nationale; le journal de
ſes travaux depuis le 27 *Mai; les arrêtés & décrets*
qui en ſont émanés. 2º *Les noms des Membres dés*
Départemens & des Municipalités des villes principa-
les du Royaume; les arrêtés & réglemens relatifs à
leur régime intérieur & aux localités. 3º *L'Etat mi-*
litaire de la Garde nationale de Paris, & des Milices
patriotiques établies dans les diverſes villes. 4º *Les*
Sociétés de bienfaiſance qui ſe ſont formées dans la
Capitale & ailleurs, avec la liſte de ceux qui les com-
poſent, l'eſprit de leurs réglemens, & les réſultats de
leurs opérations. *A Paris, chez Cuchet, libraire,*
rue & hôtel Serpente. 8. S. XXIV. 223. 86. u. 104.
Inhalt: *a*) Alphabetiſche Liſte der Geiſtlichkeit, des
Adels (vor deſſen Aufhebung) und der *Communes*
in den *Bailliages* und *Sénéchauſſées* nebſt den Deputirten zur Nationalverſammlung. *b*) *Députés-ſuppléans*
à l'Aſſemblée Nationale. *c*) Deren *Comités.* *d*) Nationalgarden nach dem Alphabet von 23 Städten
mit Anzeige der Uniform aller Officiere, Adjutan-
ten, Prediger, der Stärke der Compagnien und der
Organiſation. *e*) Pariſer Nationalgarde nach ihren
Abtheilungen in *ſoldés* und in Diviſionen. *f*)
Maiſon philantropique, *établie en* 1780; *g*) *Aſſocia-*
tion de bienfaiſance judiciaire; Mitglieder von bey-

S

derley Gefchlecht. *h) Société de la Charité ma-
ternelle.*

*Almanac patriotique pour l'année 1792. à Paris chez
Varin, Libraire.* 8. (12 S.)
Enthält, aufser der Vergleichung des alten und neuen
Abgabenfyftems, die Lifte aller Departementer und
der Abgeordneten zur Nationalverfammlung.

Departement von Paris.

1) *Almanac Parifien en faveur des Etrangers & des
Voyageurs. Paris,* 1764. *P. I. II.* — 1792 *chez
la veuve Duchesne. P. I. II. S.* 240 und 514.
(2 l. 8 f.)
Ein alphabetifches Verzeichnifs aller Merkwürdigkeiten der Stadt, welches auch die Banquiers, *Gouverneurs, Agens en Place* u. f. w. enthält.

2) *Étrennes comme il y en a peu, ou Mélange agréable des
plus jolies chofes en tout genre. (Quatrième année, à
Falaife.* 1791. 12. S. 128.)
Enthält die Bifchöfe, den Staatsrath, die Staatsmi-
nifter und Staatsfecretäre und das Departement von
Paris.

3) *Almanach des Tribunaux du Departement de Paris.*
1791, *à Paris chez le libraire Pain.* 12. (16 fous.)
Enthält die Nahmen und Wohnungen der Departe-
mentsbeamten.

4) *Almanach Royal, des Tribunaux & Corps Admini-
ftratifs du Département de Paris. Avec un tarif du*

droit de timbre fur les billets à ordre & lettres-de-chan-
ges, & fur les quittances de rentes, préfenté à M.
Duport, miniftre de la juftice. Mis en ordre, vérifié
& publié, pour la première fois, par J. L. Mafcré,
citoyen français, l'an quatrième de la liberté 1792.
A Paris, de l'Imprimerie de Fiévée, rue Serpente,
n°. 17. 8. S. 321. (1 l. 16 fous.)

Ift zwar ein viel vollftändigeres Werk, als der eben
angezeigte *Almanach des Tribunaux* von 1791, zu deffen Unterfcheidung die Vorrede eines jeden Exem-
plars von diefem von dem Verfaffer eigenhändig
unterzeichnet worden; aber es trägt neben der Entblöfsung von ftatiftifchen Nachrichten doch fehr
deutliche Spuren von Eilfertigkeit und Mangel an
Hilfsmitteln an fich. Inhalt: *a*) *Tribunal de caffa-*
tion mit allen Subalternen; die *Avoués* nach dem Alphabet; *b*) *Bureaux de conciliation, tribunaux civils &*
criminels, bey welchen die neue Wahl der *Secrétai-*
res - greffiers de police nicht nachgetragen worden, in
Beziehung auf die *Gazette des Tribunaux par L. F.*
Gauffret; bey der *Jurisdiction confulaire* die *agréés pour*
porter la parole à l'audience; *c*) Adminiftrationsbeam-
te; *d*) Policey, noch nicht ganz organifirt; *hommes*
de loix, défenfeurs officieux, papier timbré u. f. w. Am
Schlufs ein Realregifter.

5) *Le petit Defiré des Français, Etrennes de la Liberté.*
1792. à Paris, chez Langlois. Avec titres de
propriété. 24.

Enthält aufser fämtlichen Bifchöfen, den Marfchäl-
len von Frankreich und dem hohen Nationalge-
richte die Beamten des Departements.

*Almanach du Département de l'Oife *). Année Biffex-
tile 1792, & IIIᵉ de la liberté. A Beauvais, chez
Desjardins, Imprimeur du Département.* kl. 8.
S. 152.

Soll von nun an jährlich am 1 November gefchloffen werden, und die Nahmenlifte *des fonctionnaires
publics & des perfonnes, qui par leur profeffion ont un
rapport immédiat avec le public*, in diefem Departement enthalten, die *Inftitutions nationales* und Nationalgarden ausgenommen; da aber das *Confeil général* des Departements erft am 15. November 1791
feine Sitzungen eröfnet hat, fo ift diefer erfte Verfuch nur eine fehr unvollftändige Skizze geblieben.
Inhalt: *a)* Eine genaue und vollftändige biftorifch-
ftatiftifch - geographifche Befchreibung des Departements nach deffen 9 Diftricten und 66 Cantonen. *b)* Geiftlicher Staat; Bifchof, *Confeil, Seminaire,
Paroiffes*, nach den Cantonen. *c)* Civilftaat; *De-
putés au Corps législatif, Corps Electoral, Hauts - ju-
rés, Tribunal de caffation, Tribunal criminel, Confeil-
général, Directoire,* 3 *Bureaux d'adminiftration géné-
rale, des Impofitions & des Travaux publics,* und *des
biens-nationaux;* in den Diftricten *Municipalités* und
Notables, Tribunaux de Diftrict nebft *Avoués* und
Huiffiers, Tribunaux d'appel, Bureaux de conciliation

*) Ehemahls *Beauvaifis.*

& *de jurisprudence charitable*, *Tribunaux de paix*, *Ju-*
risdictions confulaires, Notarien, Aerzte, Wundärzte,
Apotheker und Hebammen, Erziehungsanftalten;
die 3 Directionen *de l'Enregiftrement des domaines &*
droits y réunis, wobey *Receveurs* und *Verificateurs des*
patentes und *des poftes* nebft dem Pofttarif; Märkte,
Ertrag des Verkaufs der Nationalgüter. *d)* Kriegs.
ftaat; Nationalgendarmerie, und *Volontaires natio-*
naux. e) Abrifs der Statiftik des Departements.

Almanach. des Départements de l'Isle & Vilaine, des
Coftes du nord, de la Loire inférieure, du Morbihan,
& du Finiftère, compofant la ci-devant Province de
Bretagne, pour l'année Bisfextile 1792. III͏e de la
liberté. A Rennes, chez J. Robiquet, Imprimeur
du Département de l'Isle & Vilaine, rue Royale.
12. S. 176.
Inhalt: *a)* Gefchlechtsregifter mit unanftändigen
Bemerkungen über die Staatsverfaffungen und die
Ausfichten zu deren Veränderung bey dem Nahmen
eines jeden Monarchen, welche, wenn diefesBuch
auswärtigen Debit zu erwarten hätte, in die Literatur der Staatscalender gar leicht die bisher darin
noch ganz fremde Rubrik von verbotenen Büchern bringen möchten. *b)* Conftitutionsurkunde
nebft Commentar. *c)* Beamtenlifte, ftatiftifch erläutert und nach den Diftricten und Cantonen der
fünf auf dem Titel genannten Departements, hier-
nächft aber nach dem Civil- Militär- und Geiftlichen Staat abgetheilt. Die Benennungen der Col-

legien find wie in dem eben angezeigten Oife-
fchen Departementscalender; hier noch aufserdem
das Collège und die Société des amis de la Conftitution
zu Rennes.

Almanac de la ville de Sens: chez la veuve Tarbé &
fils. 1792. 12. (12 Sous.)

Enthält die Geiftlichkeit, Juftizbeamten, Municipalität und Nationalgarden des Departements der
Yonne nach feinen fieben Diftricten, des ehemahligen Senonois in Champagne, und des nördlichen
Bourgogne.

Bourdeaux, Marfeille, Lyon, Nantes, Valenciennes, Ryffel.

Für diefe und wahrfcheinlich noch mehrere
grofse Handelsftädte in Frankreich, werden jährlich
Adrefsbücher mit Anzeige der Wohnungen von
den angefehenften Einwohnern gedruckt.

Gouvernement vom Elfafs *).

Almanach d'Alsace pour l'année 1789. A Strasbourg
chez Lorenz & Schouler, Imprimeurs du Directoire de la Nobleffe, fous les petites arcades. Avec
Permiffion & Privilège du Roi, & fe trouve à Colmar chez Decker, Impr. du Roi & de Noff. du
Conf. souv. d'Alface. kl. 8. S. 301. — 1785. S. 314.

*) Itzt Departements du Haut- & du Bas-Rhin.

Am 17 März 1784 erhielt Herr Profeſſor *Oberlin*
in Strasburg auf 10 Jahre das Verlagsprivilegium
mit der Bedingung, den Abdruck in Anſehung
des Papiers und der Lettern gut und innerhalb des
Königreichs zu veranſtalten, das Manuſcript vorher dem Siegelbewahrer vorzulegen, und in deſſen
Bibliothek ſowohl als in den Louvre und an den
Canzler Maupeou Exemplare abzuliefern. Seit
dieſer Zeit findet ſich Geſchichte, Staatsrecht und
Statiſtik des Elſaſses mit der Beamtenliſte der Provinz und dem Adreſsbuch von Strasburg, auf eine
ſo muſterhafte Weiſe in dieſem Staatscalender vereiniget, daſs ihn die itzigen zahlreichen Schriftſteller über die Gerechtſame der Deutſchen Fürſten
im Elſaſs mit wahrem Nutzen gebrauchen können.
Alſace iſt hier im weiteſten Sinne des Worts oder
mehr nach *Bougeant*, *La Guille*, *Pfeffel*,
St Didier und *Schoepflin*, als nach den
Grundſätzen der letztjährigen Deutſchen Literatur
über die Staatsverhältniſse dieſer Provinz genommen. Hätte Hr. O. mit einiger Auswahl die Beſitzungen und Rechte der Deutſchen Fürſten darin
angezeiget, ſo möchte dieſer Staatscalender als
Hilfsbeweis bey manchen Anſprüchen angeführt
werden. So hätte ſich vielleicht die Anzeige der
Beſitzungen des Fürſtbiſchofs und des Domcapitels von Strasburg S. 189, der *Nobleſſe
immédiate* S. 402, und des Johanniter und des
Deutſchen Ordens, ſodann die der Herrſchaften Sulz, Rappoltſtein, Lützelſtein und

S 4

Bifchweiler, und der zehn Vereinftädte
(S. 193 *Colmar, Haguenau, ville jadis Imp. de la Pref.
d'Hag.*) vertheidigen laffen, um fo mehr da auf
der andern Seite die Diöcefan- und Metropolitan-
rechte der Deutfchen Bifchöfe darin getreulich anerkannt find, (S. §6 *L'evêché de Spire s'etend fur une partie
de la baffe Alface & des fubdélegations de Weiffenbourg
& de Landau*). Allein in eben der Maafse find
auch diejenigen Befitzungen aufgeführt, welche
aufser den Gränzen des Elfafses liegen, als die
Speyerfchen Aemter zu *Altenfladt & St Remy*
unter den *Bailliages de la baffe Alface*, mit der An-
merkung: *Sgr. M. le Pr. Ev. de Spire, en qualité de
Prevôt du Chapitre de Weiffenbourg*, der geiftliche
und weltliche Staat der Graffchaft Hanau-Lich-
tenberg (S. 91 und 195 *Seigneur M. le Landgrave
de Heffe-Darmftadt: Commiffion foreftale: autorifée
par lettres-patentes du Roi*), und die Graffchaft
Dachsburg (S. 167 *Seigneur M. le Prince de Li-
nange*), welche beide ausdrücklich in der Reftitu-
tionslifte des Ryswiker Friedens ftehen, und auch
die Pfalzzweybrückifchen Befitzungen Kle-
burg, Gutenberg, Selz und Hagenbach
(S. 170. 171 *Sgr. M. le Duc des Deux-Ponts*), welche nur durch Misbrauch zum Elfafs gezogen worden, u. f. w. — Inhalt: 1) Geiftlichkeit; a) katholifchen Bekenntniffes nach den vier Diöcefen,
mit Anzeige der Refidenz und Gerichtsfprengel
der Bifchöfe, der Verfammlungen und Inftanzen,
der bifchöflichen Gerichte, der Gefchichte, Ver-

faſſung und Adminiſtration der Domcapitel, und
ſelbſt der Kleidung der Domherren; b) lutheriſchen und reformirten Bekenntniſſes, mit eben
denſelben ſtatiſtiſchen Erläuterungen. 2) Militär; die Gouvernements und Staabsofficiere, nebſt
der Folge der Gouverneure ſeit 1648, und der Geſchichte und Beſchaffenheit der Feſtungen, auch
Marechauſſeen nach den Standquartieren. 3) Civilſtaat, im Ober- und Unter-Elſaſs, und auſſer-
dem in alphabetiſcher Ordnung mit Einſchluſs der
unmittelbaren Reichsritterſchaft im Unter - Elſaſs
und des Cantons Ortenau. Der Abſchnitt von der
Stadt Strasburg iſt zugleich Adreſsbuch, und das
Realregiſter ſummariſch. Die Abhandlungen betreffen theils die ganze Provinz, ihre natürliche, politiſche und literariſche Geſchichte, Münzen, Poſten, Chauſſeen, Finanzen, Generalpächter und
Juden, theils die Stadt Strafsburg, und zwar deren
wiſſenſchaftliche Erziehungs- und milde Anſtalten
bis auf die Leſegeſellſchaften, Gebäude, Handel,
Schiffarth, Fuhrweſen, Intelligenzcomtoir, Gaſſen-
erleuchtung, Bevölkerung, Luft und Witterung.

Stadt Strafsburg.

Der Stadt Strafsburg Regimentsverfaſſung, In Anno
1784. Strafsburg, Gedruckt bey Johann Franz
Le Roux, Kön. u. Canzl. Buchdr. 8. S. 94.

Kömmt jährlich heraus, und iſt nach dem Range
und den Verhältniſſen der Collegien und einzel-

nen Stellen abgetheilt, von den Ein- und Zwan-
zigern an bis zu den Boten, nebſt einem alphabetiſchen Realregiſter.

Gouvernement von Lothringen und Bar *).

*Almanac de Lorraine & Barrois. Année Mil-Septcent-
Quatrevingt-Six. A Nancy, chez la veuve Charlot,
Imprimeur du Parlement & de la Chambre des
Comptes. Avec Privilège du Roi.* MDCCLXXXVI.
12. S. 256.
Die Wittwe *Charlot* erhielt dazu am 25 Nov.
1778 das K. Privilegium. Die Trierſchen Metro-
politan - und Diöceſanrechte ſind hier vollſtändig
angeführt, aber dagegen die zur Zeit des Wiener
Friedens Reichs - und unmittelbare Beſitzungen,
z. B. Forbach, Villers u. ſ. w. als unterwür-
fig behandelt worden. Uebrigens fehlt es dem
Staatscalender nicht an ſtatiſtiſchen Erläuterungen.
Inhalt: *a*) Finanz- und Juſtizbeamte nach den ver-
alteten Benennungen von *Tournelle*, *Aides*, und
nach dem Alphabet der Orte. *b*) Geiſtlichkeit;
nebſt den Malthefer- und Deutſchen - Ordenscom-
menden. *c*) Wiſſenſchaftliche Inſtitute, im Verhältniſs zu der Gröſse der Provinz ſehr zahlreich.
Im Anhang tabellariſche Nachrichten über viele
Gegenſtände der Provinzialverfaſſung, höhere

*) Itzt aus den *Departements de la Meuſe, de la Moſelle;
de la Meurthe* und *des Vosges* zuſammengeſetzt.

Staatsbeamte in Paris, Gefchlechtsverzeichnifs und Realregifter.

β) Nach Verfchiedenheit der Beamten-claffen.

L a n d m a c h t.

État militaire de France — pour l'année 1791. *Trente-troifiéme Edition par Mr de Rouffel.* à *Paris chez O n f r o y, Libraire, rue St Viƈlor, N^to* 11. *MDCCXCI.* 8. S. 360. (2 livr. 15 f.) — *année* 1792. *trente-quatrième édition.* S. 376.

Kömmt nach *Meufels Literatur der Statiftik* S. 105 und nach dem Titel des Buchs feit 1758 jährlich am Neujahrstage mit den bis zum 15 October vorgefallenen Veränderungen heraus. Die 4te Auflage von 1761 *par les S^rs L o n c h a m p s & Chevalier de M o n-t a n d r e* wurde mit dem Artikel der Marine bis 1766 vermehrt, welcher aber feit 1767 wieder ausgelaffen ift. Defto ausführlicher ift die Nahmenlifte der Landmacht, welche bis zu den Unterlieutenants geht, deren Organifation und die Benennungen itzt aber fo verändert find, dafs nur allein in den Wörtern: *trente-quatrième édition* auf dem Titelblatt die Spur einer Fortfetzung bleibt; z. B. fämtliche Regimenter itzt nach Nummern benannt, keine *Marechauffée* und kein M a j o r mehr, *fous-officiers* ftatt *bas-officiers* u. f. w. Die Fortdauer der faft täglichen Veränderungen, vorzüglich noch im December 1791, das Schwanken zwifchen Connivenz und

Umformung, und die unvollendete Organisation
ganzer Departementer, z. B. des Invalidenhaufes
und der Haustruppen, hat in die Ausgabe von 1792
eine Legion von Fehlern und Lücken hineinge-
bracht, die durch Striche, durch *vacat* und *non or-*
ganisé angezeigt worden. Zugleich ist aber daraus
auch eine so verworrene Classificirung der Materien
und ein so grofser Nachtrag entstanden, dafs z. B.
die Infanterie und die Nationalgendarmerie an drey
Orten vorkommen. Für diese unvermeidlichen
Mängel hat indefs der verdienstvolle Herausgeber
durch die vollständigsten statistischen Erläuterungen entschädigt. Der Geschäftsbezirk eines jeden
Collegiums, die Tage des Dienstalters, und der
succefliven Beförderung, Rangverhältnifs, Besol-
dung, Uniform, Staabsquartier, Stärke und Organisation einer jeden Abtheilung, endlich die
Vergleichung mit dem vorigen Zustande — und
andre solche wichtige Anzeigen erläutern das ganze
Werk, welches sich in zwey Hauptabschnitte theilet. In dem ersten: *a*) Kriegsministerium, *Comité*
central, *Bureau d'État-major central*, und übrigen
Bureaux. *b*) Adjudantur, 30 *Adjudans-Capitaines*
und 20 *Adjudans-Lieutenans*. *c*) 23 Divisionen nebst
ihrem Verhältnifs zu den Departementern und zu
den (itzt im Februar 1792 versammelten) Armeen
von Rochambeau und Luckner. *d*) Generalität, 8 Generale ohne Anstellung, 9 Marschälle
von Frankreich, 189 Generallieutenants, 957 *Ma-*
réchaux de Camp von 1748 an bis zum 17 December

1791, 99 Brigadiere der Infanterie, 36 bey der schweren Cavallerie und 13 bey den Dragonern. *e) Décoration militaire*, auch bey der Marine, welche im
ganzen Buche mit + angezeigt wird. *f) Maison
militaire du Roi*. — Der zweyte Abschnitt mit der
Ueberschrift: *Trouppes* enthält *a*) Schweizergarde.
b) Dienende Infanterie; 62 Regimenter, jedes mit
70 Officieren und 969 Burschen, in 2 Bataillone
oder 2 Grenadier- und 16 Füseliercompagnien;
c) Artillerie; 7 Regimenter, 9556 Mann, 115 beym
Generalstaabe, 42 Eleven, 7 Obersten, 42 Oberst-
lieutenants, 280 Capitäns, 280 Lieutenants, 2240
Canoniere, Bombardiere und Sappeurs; Directoren aller Werkanstalten. *d*) Infanterieofficiere, welche mittelst Decrets vom 19. May 1791. zwar beybehalten worden, aber nur bey wirklicher Anstellung in Kriegszeiten befördert werden. *e*) Leichte
Infanterie; 14 Bataillone, jedes mit 28 Officieren
und 429 Mann. *f*) Nationalgendarmerie; 7455 Mann
in 28 Divisionen und jede von diesen in 3 Departementer getheilt: bey jeder 1 Oberster, 1 Oberstlieu-
tenant, 2 Capitäns und 6 Lieutenants, 2 Brigadiere
und 2 *Maréchaux des Logis*. *g*) Brigade der *Carabi-
niers - Grenadiers*. *h*) Schwere Cavallerie; 24 Regimenter, jedes von 3 Schwadronen oder 9 Compagnien, jede Compagnie von 50 berittenen und 4 un-
berittenen Reutern, 1 Capitän, 1 Ober- und 2 Unterlieutenants. Eben so organisirt sind *i*) die Husa-
ren; 6 Regimenter, jedes von 4 Schwadronen; *k*)
die Dragoner; 18 Regimenter, jedes von 3 Schwa-

dronen und *l*) die Jäger; 12 Regimenter, jedes von
4 Schwadronen. *m*) Ingenieurcorps; 20 Oberſten,
40 Oberſtlieutenants, 180 Capitäns, 60 Lieutenants
und 10 Eleven. *n*) Invalidenhaus in Paris. *o*) Kriegs-
commiſſariat nach 23 Diviſionen, deren jede ihre
Unterabtheilungen hat, 23 *commiſſaires - ordonna-
teurs*, 134 *commiſſaires - ordinaires*; hier nur blofs
ſummariſch. Am Ende die letztjährigen Geſetze
für den Kriegsſtaat.

*Etrennes comme il y en a peu ou Mélange, agréable des
plus jolies choſes en tout genre.* 1792. *Cinquième
année. à Falaiſe. Avec approbation & privilége du
Roi.* 24. S. 128.
Enthält neben dem ſummariſchen Abriſs der ganzen Militärverfaſſung einige dahin gehörende Nahmenliſten, und iſt die Fortſetzung der *Etrennes.* S. 274.

*Etrennes intéreſſantes des quatre parties du monde, &
des Troupes de France. à Paris chez Langlois.
Avec titres de proprieté.* 24. 1791. S. 127. — 1792.
S. 126.
Inhalt: *a*) Officiere der Linientruppen und Natio-
nalgarden bis zu den Majoren, nebſt tabellariſchen
Nachrichten über den Sold, die Stärke, den Rang
und die Uniform der Regimenter in Kriegs- und
Friedens-Zeiten, über den Garniſonſtand und deſ-
ſen geographiſchen Bezirk; *b*) von der Marine die
Admiralität nebſt den Generalcommiſſariaten; *c*) Ta-
bellen über die Nahmen, den Stand und das Ge-

werbe aller Deputirten bey der Nationalverfammlung, nebſt der Bezeichnung ihrer Conſtituenten
und Subſtituten; *d*) Pariſer Municipalität; *e*) die
83 Departements nebſt zwey gut geſtochenen Charten. Zuletzt ein Genealogiſches Regiſter, ſehr genau und vollſtändig bis auf das Deutſche Reich,
dem nur neun Kreiſe, mit Auslaſſung des Bur-
gundiſchen, gegeben werden.

Nationalgarden.

*État militaire de la Garde nationale de France, pour
l'année 1790. 12. 2 Vol.* (5 livr. 8 ſous)
Noch ſehr unvollſtändig, weil die Nationalgendarmerie erſt nachhero organiſirt worden.

*Almanach des Gardes Nationales 1792. chez Gueſ-
fier Jeune.* (1 l. 4 ſ.).
Enthält deren Organiſation und Verfaſſung, und
iſt auch zu Nahmenliſten beſtimmt.

Geiſtlichkeit.

*Le petit Théatre de l'Univers, Etrennes naturelles, in-
ſtructives & amuſantes, avec figures. Année 1791.
24. S. 127.*
Enthält eine Liſte der Biſthümer nach der neuen
Eintheilung, und der Handlungsdeputirten im
ganzen Königreich.

*Etrennes nationales curieuſes & inſtructives, pour l'an-
née 1791. à Paris. 12. p. 143.*

Inhalt: *a*) Geiſtlicher Staat in tabellariſcher Form,
mit Bezeichnung des Nahmens der Biſthümer und
ihrer Departementer, ihrer Entfernung von Paris
und des Jahrs ihrer Errichtuug. *b*) **Chefs der Mu-**
nicipalität von Paris. *c*) Tabellen über die König-
lichen- und die zum Gebrauch des Publicums geöf-
neten Privat-Bibliotheken in Paris, nebſt den Nahmen, ihrer Stifter und der Bibliothekare, der Zeit
der Errichtung des öffentlichen Gebrauchs, und
der Anzahl der Bände und Manuſcripte. *d*) Tabelle von den (ſeitdem aufgehobenen) Zünſten
in Paris, nebſt den Koſten des Eintritts.

Etrennes mignones, curicuſes & utiles pour l'année 1792.
à Paris, *chez* G u i l l o t, *avec privilége.* 24. S. 128.
Enthält eine Liſte aller Biſchöfe, nebſt der Statiſtik der Biſthümer.

H a n d e l s f a c h.

*Almanach des Corps des Marchands & des Comm;unau-
tés du Royaume: Contenant l'origine de chaque
Corps, un abrégé de leurs ſtatuts, & les noms &
demeures des Officiers en charge de chaque Com-
munauté. A Paris, chez* D u c h e s n e, *Libraire.
M. DCC. LIII. avec Approb. & Priv. du Roy.* 12.
S. XX. 294. — *MDCCLXVI.*
Der Titel ſtellt den Inhalt deutlich dar, bis auf die
Anzeige der Wohnungen bey den Pariſern.

Juſtiz-

J u ſ t i z b e a m t e.

*Almanach du Juré François pour l'année 1792, de la
Liberté la quatrième, par M. Offelin, homme de
Loi, l'un des Électeurs réunis au 14 Juillet 1789,
Électeur de 1790 & 1791, ancien adminiſtrateur au
Département de la Garde Nationale Pariſienne. à
Paris. 12. S. 102.*

Enthält für dieſes mahl blos die Verfaſſung der
Geſchwornen nach dem Geſetz vom 29 September 1792, wird aber hinführo auch Nahmenliſten
liefern.

S c h a u ſ p i e l b e a m t e.

*Les Spectacles de Paris & de toute la France, ou Ca-
lendrier hiſtorique & chronologique des Théatres.
Quarante & unième partie pour l'année 1792. à Paris, chez la veuve Duchesne & fils. 12. S. 263.
und 82.* (1. 1. 16. ſ.)

Entſtand zuerſt 1751, und enthält die neue Einrichtung des Schauſpielweſens, nach den Geſetzen
vom 13 Januar und 19 Julius 1791; iſt aber
auch Staatscalender, in ſo fern darin die Nahmenliſte der Königlichen Directoren, *Comités de régie,
Prépoſés* und *Employés* bey den Schauſpielen, der
Académie de Muſique, der *Comédiens du Roi* u. ſ. w.,
ſowohl in Paris als in den Provinzen ſich befindet.

*Almanach général de tous les Spectacles de l'Empire
Français, pour l'année 1792. Par une Société de*

gens de lettres & d'artistes. à Paris, chez Froullé. MDCCLXXXXII. S. 350. (36. f.)

Entstand im Jahr 1791 unter der Aufsicht von Stephan le Brun, wird jährlich am 15 November geschlossen, und enthält nach einem noch ausgebreitetern Plane die Liste aller Schauspieler, und der
bey den Schauspielen angestellten Beamten.

Vereinigte Staaten in Nordamerica.

Die Speculation eines Buchhändlers in Boston hat sogleich nach der Anerkennung der Unabhängigkeit diese Europäische Erfindung auch in
die neue Welt verpflanzt; eben darum ist aber bis
itzt die Provinz Massachusetsbay am besten
bearbeitet, worauf sie wegen ihrer Größe auch am
ehesten Anspruch machen kann. Ehedem sind auch
aus dem Englischen *Royal Kalendar* in mehrere Deutsche Journale Nordamericanische Beamtenlisten
übertragen worden, wie z. B. in *Schlözers Versuch.* S. 219-224. und *Briefwechsel* VI. S. 395.

*A Pocket Almanack for the Year of our Lord 1786.
Being the second after Leap Year, and the tenth of
American Independence. Calculated for the use of
the Commonwealth of Massachusetts, in Latitude
42 deg. 25 min. North. Longitude 71 deg. 4 min.
West from the Royal Observatory at Greenwich.*

Boſton, printed and ſold by T. & J. Fleet, at the Bible and Heart in Cornhill. 12. S. 114.

Das Nahmenverzeichniſs der Staatsbeamten, welches faſt eine Ruſſiſche Einfachheit der Aemter und eine Hannöveriſche Simplicität in Titeln darſtellt, iſt zerſtreuet und planlos. Deſto vollſtändiger und ausführlicher ſind aber die ſtatiſtiſchen Erläuterungen, worin ihm faſt kein Europäiſcher Staatscalender gleich kömmt. Allenthalben iſt nicht allein das Dienſtalter, der Rang und der Geſchäftsbezirk der Staatsbeamten, ſondern auch ihr Gehalt angegeben; bey den Volksrepräſentanten insbeſondere auch die Geſchichte und die Eigenthümlichkeit ihrer Wahl; bey der Seemacht ihre Entſtehung und itzige Verfaſſung bis auf die Signale und den Zuſtand der Magazine; beym Zoll- und Acciſeweſen die ausführlichen Tarifs, bey der Juſtiz die Sportelntaxe, das Verhältniſs aller Gerichtsſtellen unter ſich, und ein Abriſs des Geſetzbuchs; bey den Münzbeamten die Beſchreibung aller Münzen; beym Militär das Kriegsreglement, die Stärke der Regimenter, ihre Eintheilung u. ſ. w. Inhalt: 1) Sitzungen der Gerichte. 2) Zeitcalender. 3) Poſtrouten von Boſton aus nach den Provinzen, mit Anzeige des Nahmens der Gaſtwirthe. 4) Tabellen über Münze und Stempel. 5) *Maſſachuſets-Regiſter*; Abriſs der innern Verfaſſung dieſer Provinz; *Lieutenant - Governor, Counſellors, Senators,* Repräſentanten der Graffchaften Suffolk, Middleſex, Eſſex, Worceſter, Hampſhire und der übri-

gen Diftricte; Schatzeinnehmer, Seeofficiere, Ac-
cifebeamte, Notarien, Commiffarien; Auffeher
über Waaren, Maafs und Gewicht, Magazine, Af-
fecuranzgefellfchaften u. f. w. 6) Der Congrefs;
beyläufig die Befchreibung der vereinigten Staaten
und das politifche Verhältnifs mit Frankreich.
7) Ein vollftändiger Abrifs der Statiftik aller dreyzehn vereinigten Staaten, nebft einer Bevölke-
rungslifte von den vier alten Welttheilen. 8) Ritter
und Verfaffung des Cincinnatus-Ordens. 9) Fremde Gefandten und Confule, Creditiv des Spanifchen Bothfchafters. 10) Schiffarth, Packetböte,
Landpoften, Franzöfifche Freyhäfen. 11) Poftmeifter in den dreyzehn Staaten. 12) Univerfität
zu Horvard. 13) Kirchlicher Staat, und zwar alle
Prediger. 14) Akademien, Schulen und wiffenfchaftliche Anftalten im Staat Maffachufetsbay.
15) Dortige Bank. 16) Milde Stiftungen. 17) Civilbeamte in der Provinz, Friedensrichter, Ge-
fchworne, Advocaten, wie im Englifchen *Pocket-
Almanack*. 18) Miliz; Generalmajore, Brigadiere,
Feftung *Caftle-Island*, und Artillerietrains. 19) Ein
Realregifter.

A Pocket Almanack for the Year of our Lord 1791.
Being the feventh after Leap Year, and the fifteenth
of American Independence. Calculated for the ufe of
the Commonwealth of Maffachufetts, Bofton.
Das Nahmenverzeichnifs ift zweckmäfiger eingerichtet. Die übrigen Zufätze find politifchen und

ftatiftifchen Inhalts. Zu erftern gehört die Verle-
gung des Congreffes von Neu-York nach Philadel-
phia, die Aufnahme des neuen kleinen unabhängigen Staats Kentukey an der Virginifchen
Gränze, der nach 17 Handelsplätzen und felbft
nach Canton abgefchickten Confule, und des regulirten und für eine an Umfange fo grofse und anfehnlich bevölkerte Republik geringen Militärs;
die Nachricht von der am 13 Aug. 1790 zu Neu-
york feyerlich vollzogenen Ratification des Tractats
mit den Creek-Indianern. Unter den neuen ftatiftifchen Angaben ift die von der Ein- und Ausfuhr
und vom Ertrage des Tonnengeldes von Schiffen
die merkwürdigfte. Eine minder wichtige Bemerkung ift die, dafs die Conftitution dem Dr. Jur.
Wafhington nicht den Titel *Prefident of the American Congrefs* gibt, den doch *Henry Lee Esq.* in
dem Staatscalender von 1786 führt.

SECHSTE ABTHEILUNG.

Specialgefchichte und Bibliographie der Staatscalender in Deutfchland.

Selten werden körperliche Ausmeffungen auf die Literatur angewandt, und doch fcheinen fie bey diefer Bücherclaffe zu gewiffen Refultaten zu führen. Von einem für die hier angezeigte Sammlung beftimmten Bücherfchrank war nemlich, nach der Wahrfcheinlichkeit des Verhältniffes, der vierte Theil den fämtlichen Deutfchen Staatscalendern gewidmet. Allein bey deren Anordnung grif ihre Zahl und Gröfse bald in das Gebiet der Auffer-Deutfchen, und für diefe war die Hälfte des Schranks hinreichend. Alfo eine einzige fogenannte Monarchie, welche in Europa an Flächeninhalt zwey andere Staaten vor fich und an Volksmenge drey beynahe neben fich hat, überdem aber in den andern Welttheilen nichts befitzt, hat von ihren einzelnen Staaten arithmetifch eben fo viele, und körperlich eben fo dicke Nahmenverzeichniffe, als alle übrigen Reiche, zu deren In- und Auffer-Europäifchem Gebiet fie fich wie 1 zu 37, fo wie zur Bevölkerung etwa wie 1 zu 10, verhält. Freylich ift fie ein Inbegriff von eben fo vielerley befondern Staaten, als darin Churen, Fürftenthümer, Graffchaften, Reichsprälaturen und Reichsftädte liegen. Daher gibt es eben fo viel einzelne Regierungs- Steuer- Juftiz- Policey- und

Kriegs-Collegien, und wenn die kleinern Staaten
ihre Beamtenliften drucken liefsen, würde es auch
eben fo viele Staatscalender geben. — Aber auf
allen Fall diefe doch nur in Miniaturform. — Keinesweges bringt diefe aber das körperliche Verhältnifs mit fich, nach welchem der *Mesäzoslow*
von Rufsland und der Staatscalender von
Lippe-Bückeburg beyde im Octavformat find
— nach welchem der Englifche *Pocket-Almanack,*
der fich auf alle fünf Welttheile erftreckt, beynahe
kleiner als der Pfälzifche Hof- und Staatscalender
ift, welcher fich auf die Gränzen dreyer Deutfchen
Reichskreife einfchränkt. Diefes gründet fich vielmehr auf die übertriebene Zahl der Koftgänger in
Deutfchland, und zwar nicht auf unfere vielen
wohlthätigen Univerfitäten und gelehrte Anftalten,
fondern auf die Menge der Bisthümer und Pfründen, auf den Drang nach Rang, nach Titeln und
gelehrten Aemtern und auf den Anwachs der Oberhofftäbe, der Ritterorden, Leibgarden und der
Trabanten, deren Stelle fonft Thorfteher und
Schlofswächter vertraten. Des Beyfpiels wegen ift,
bey den einzelnen Recenfionen, nur allein die Zahl
der Cammerherren und Cammerjunker durchgehends angegeben.

Was für Einflufs diefes Misverhältnifs mit den
producirenden Volksclaffen auf unfere Staatswirth-
fchaft, auf die Verminderung der guten Künftler
und Handwerker, auf das Sittenverderbnifs in den
Refidenzen u. f. w. habe, und in wie fern es die

unverkennbaren Vorzüge unferer Reichsverfaffung aufwiege, — liegt aufser der Sphäre diefes
Buchs. Immerhin ift es aber eine beruhigende Ausficht, dafs nach aufgehobener Vertheilung unter
mehrern Erben wohl das Volumen, aber nicht die
Zahl der Staatscalender fich vermehren kann.
Die Gleichförmigkeit im Wefentlichen der Deutfchen Staatscalender ift natürliche Folge des politifchen und geographifchen Bandes, und eine aus
dem letztern fich ergebende Sonderbarkeit ift die,
dafs einige, wie z. B. der Strelitzfche und Lübecker, aufferhalb Landes gedruckt werden.
— Ihre Specialgefchichte lag bis itzt ganz im Dun-
keln, und bey keinem einzigen erleichtert eine Bemerkung, wie etwa das *préfenté pour la première fois
à S. M. en* 1699 auf dem Titel des *Almanac Royal,*
die Nachforfchungen des Literators.
Defto reichhaltigern Stof gibt ihr Inhalt zu dem
Studium unferer Tauf- und Cefchlechtsnahmen.
Er bewährt nicht allein die bekannten Gränzlinien,
welche man nach der Verfchiedenheit der Urbe-
wohner und des Religionsgebrauchs, und nach der
in Deutfchland fehr üblichen Entlehnung aus allen
fremden, fowohl lebenden als todten, Sprachen
ziehen kann, fondern er leitet auch auf feinere,
bisher vielleicht nicht genug verfolgte, Bemerkungen. So fcheint die Wahl aus den drey Naturrei-
chen auf die Eigenthümlichkeit der Gegend, die
Entlehnung von den Gewerben auf die ältere Gefchichte des Handels, die Subftantivirung eines

Orts in er oft auf urfprüngliche Leibeigenfchaft
und Auswanderung, und endlich die Faffung der
Nationalnahmen auf den Urbegrif von itzt veralte-
ten oder gemifsbrauchten Worten — zurück zu
führen. So ift z. B. die Algemeinheit der Nahmen
Müller, (*Millar, Molinari, Meûnier*),
Meyer, (Meier, Maier, Mayer nach Verfchiedenheit des Nordens und Südens), Schmidt
und Schulze mit deren mannichfaltigen Aus-
fchmückungen, als Pemöller, Oftermeyer,
in allen Staatscalendern, zwar eine alltägliche Bemerkung, deren hinlänglicher Grund aber noch
nicht ganz ausgefpähet worden.

Dem S. 83. angezeigten Plan zufolge, zerfällt
diefer Abfchnitt, nach Verfchiedenheit des Haupt-
charakters, in vier Unter-Abtheilungen, von welchen die erfte die allgemeinern Staatscalender umfafst, welche auf den Reichszufammenhang im Ganzen oder in deffen einzelnen Theilen
Bezug haben. Die zweyte ftellt die Nahmenverzeichniffe der geiftlichen Staaten, die dritte die weltlichen, Territorialcalender, und endlich die vierte die Staatscalender der Reichsftädte
dar.

Erste Unter-Abtheilung.

Allgemeine Deutsche Staatscalender.

Neues Reichs- Staats- Hand- und Addreßbuch. Zum Gebrauch in deutschen Reichs-Staatsgeschäften, besonders am Reichstage, Kaif. Reichshofrath und Kammergerichte. In alphabetischer Ordnung entworfen von F. L. A. Hörschelmann, der Kaiferl. Akademie freier Künste und Wissenschaften in Augsburg wirklichem Rath und Ehren-Mitglied. 1791. (1 Rthlr. 4 gr.).

Eine in der *Allg. Lit. Zeitung* 1792. No. 31. S. 247 angezeigte alphabetische Nahmenlifte; *a*) der Reichsftände, welche auf der Reichsverfammlung und auf Kreistagen Sitz und Stimme haben, mit Anzeige ihrer Rangordnung, und ihrer Beyträge zu einem einfachen Römermonath und zum Unterhalt des Reichscammergerichts, und mit genealogifchen und ftatiftifchen Nachrichten; *b*) ihrer Gefandten und Bevollmächtigten bey dem Reichstage und den Reichsgerichten; *c*) des Perfonals der beyden Reichsgerichte. — Ungeachtet der Unvollftändigkeit und der Unrichtigkeit mehrerer Angaben ift diefer erfte Verfuch eines Deutfchen Reichsftaatscalenders fehr verdienftlich, und würde bey einer zweckmäfigen Erweiterung des Plans den wechfelfeitigen Zufammenhang aller Reichsglieder noch deutlicher darftellen. Ein folcher Plan würde aufserdem noch die Erz- und Erb-

beamte, die Kaiferlichen Landgerichte, alle etwa
beftehende Verfammlungen der Reichsftände, als
z. B. die ordentlichen und aufferordentlichen Reichs-
deputationen, die Reichspoftbeamte, die Auffeher der Keichsinfignien, die Reichsarmee nach den
Contingenten, die Reichsftändifchen Gefandten
in Wien, und die Kaiferlichen Gefandten im Reich,
die letztjährigen Kaiferlichen oder Vicariats-Stan-
deserhöhungen, die Pfalzgrafen und Notarien, die
Kreisausfchreibe-Beamte, — kurz alle auf den
Reichszufammenhang fich beziehende Aemter in
fyftematifcher Ordnung umfaffen.

R e i c h s t a g.

Von diefem gibt es Nahmenverzeichniffe, deren Alter die Ehre der Erfindung der Staatscalender den Deutfchen zubringen würde, wenn fie
zu beftimmten Zeiten herausgegeben und nicht
blos auf die anwefenden Gefandten eingefchränkt
worden wären. Die erfte publiciftifche Seltenheit
diefer Art, ift fchon 1664 unter folgendem Titel
erfchienen:

Verzeichnuſs derjenigen Churfürften, Fürften vnd Stän-
den des H. Römifchen Reichs: auch der an- vnd ab-
wefenden Räthen, Pottfchafften vnd Gefandten, wie
fich diefelbe auff dem von dem Allerdurchlauchtigiſten,
Grofsmächtigiſten vnd Vnüberwindlichſten Fürften
vnd Herren, Herr Leopoldo Erwehlten Römi-
fchen Kayfern, zu allen Zeiten Mehrern des Reichs

*in Germanien, zu Hungern, Boheimben, Dalma-
cien, Croatien vnd Sclavonien Königen, Ertzherzo-
gen zu Oesterreich, Hertzogen zu Burgund, Steyer,
Cärnden, Crain vnd Würtenberg, Graffen zu Tyrol
u. f. w. Vnferm Allergnädigisten Herrn, Nacher dero
vnd defs Heyl. Röm. Reichsstatt Regenspurg auff
den 8. Junii Anno 1662 aufsgeschriebnen vnd bifs Anno 1664 continuirten Reichstag, nebenst Höchstge-
dachter Röm. Kayferlichen Mayes. fo demfelben ein
Zeitlang in aigner Perfohn Allergnädigst beygewohnt,
nach vnd nach eingefunden vnd legitimirt haben. Niemanden, infonderheit denen Alternirenden Fürstl.
Häufern, auch andern Ständen, an deren habenden
oder praetendirenden Rechten vnd praecedenz zu prae-
judiz oder Nachtheil. 4° 5 Bogen.*

Eine zweyte Ausgabe diefer Nahmenlifte hat
einen gleichlautenden Titel, aufser dafs er im Anfang: **Einige emendirte Verzeichnus**, und
am Ende fo heifst:

*Unica caufa, propter quam excepta. Allermännigli-
chen, vorderst aber denen fambtlichen Chur-Fürsten
und Ständen defs Heil. Römif. Reichs, an deren her-
gebracht-, oder afserirten Praecedenz-Gerechtfame,
fondern eintzig praejudicalifches Exempel. 4° 6. B.*

Diefe *Unica caufa propter quam excepta* betrift die
Reichs-Stadt Kaufbeuern. Wegen diefer heifst es
nemlich im obigen erften Verzeichniffe: „wegen
„Kauffbayern. Katholifchen Theils, der Stadt Augfpurg
„Gefandten Herr Doct. Keyfer. Aug. Conf. verwanthen

:, *Theils der Stadt Ulm Gefandte.*" Hier ift diefes fo
gefafst: „*wegen Kauffbeyern. Der Stadt Ulm u. f. w.*
,, *Gefandte u. f. w.*" und dabey in einer vorangefetz-
ten *Nothgemüffigten Praeliminar-Anmerkung* gegen
die katholifche Stellvertretung proteftiret. Es beziehen fich auch darauf zwey Beylagen:

a) *Extractus aufs jenigen der höchftlöbl. ordinari Reichs
deputation zu Frankfurt am Mayn den* 26, 16. *Junii
Anno* 1656. *wider Burgermeifter und Rath Augfpur-
gif. Confesfion der Stadt Kauffbeyern von denen Ka-
thol. Raths verwandten dafelbften exhibirt: und den*
27, 17. *ejusd. menf. et anni Augfp. Conf.* zugetha-
*nem dafelbft gewefenem bevollmächtigten Anwald
communicirten vermeynten* 21. *gravaminibus;* und

b) *Concordirender Abtruck jenigen von dem wohl löbl.
Reichs Städtifchem in der Stadt Kauffbeyrifchen
nach den* 11, 22. *Junii Anno* 1663. *auf den prorogir-
ten Reichstag zu Regenfpurg abgefafsten Concluf.*

Itzt führt diefes Nahmenverzeichnifs feit den Jah-
ren· 1720-1730. folgenden Titel:

*Fortflorirender Reichs-Convent, oder umftändlicher Be-
richt von allerfeits Höchft- und Hochanfehnlichen
Herren Gefandten, wie fich felbige Anfangs December-
bers des* 1792 *Jahrs hiefelbft in Regensburg gegenwär-
tig befinden, und auf den Strafsen bewohnet find.
Niemanden, infonderheit den alternirenden Hochfürftlichen Häufern, (bey welchen man vor diefes-
mal der zweyten Strophe gefolget,) auch andern Ständen, an deren habenden oder prätendirenden Rechten*

und Präcedenz, zum Präjudiz oder Nachtheil. Mit Ihro Röm. K. M. allergn. Privilegio. · *Regensburg, zu finden bey Conrad Neubauer.* (9 unpaginirte Quartblätter)

und wird jährlich im December in Verbindung mit dem *allgemeinen Reichs und Regensburgischen Comitialcalender* ausgegeben. Nun ist es ein vollständiges Verzeichnis der Reichstagsgesandten, von der Principalcommission an bis zu dem Canzellisten der Reichsstadt Pfullendorf, nach der Ordnung ihres Comitialsitzes; nebst Anzeige der Wohnungen, des Erbmarschallamts, der Reichsrathssessionen und der Ferien; und zwar letzteres erst seit 1787, nachdem solches zu Vermeidung des Ansagestreits mit dem Interimsdirectorium förmlich in einer Comitialregistratur festgesetzt wurde *). Wohlbedächtlich wiederhohlt der Verleger jährlich die auf dem Titelblatt angezeigte ausdrückliche Verwahrung.

Dasselbe Nahmenverzeichnis findet man abgekürzt, sowohl in den allgemeinen Europäischen Staats-Calendern, z. B. von *Krebel.* 1790. 8. Th. 2. S. 297. und 1792. Th. 2. S. 306. 313. von *Varrentrapp.* 1790. Th. 1. S. 342-351. und von *Tilger.* 1780. Th. 1. S. 104, als auch in dem Compendieusen Reichs-Comitial-Addressbuch, Regensburg 1790. 12. (von *F. L. A. Hörschelmann*), und in einigen Territorialcalendern, z. B. im Stadt-Lübeckschen.

*) S. *Reuß* Staatscanzley. Th. 18. S. 17-20.

Allgemeine Reichstribunale.

Sind nur in wenigen Territorialſtaatscalendern, z. B. im Stadt-Lübeckiſchen, dahingegen aber in den ſämmtlichen allgemeinen Europäiſchen Staatscalendern in Deutſcher Sprache zuſammengefaſst; als im *Varrentrapp.* 1790. Th. 1. S. 351-386. im *Hörſchelmann.* 1791. 8. S. XII-XVI und S. 181-189. im *Krebel.* 1790. 8. Th. 1. S. 9. Th. 2. S. 304. und im *Tilger.* 1780. Th. 1. S. 112-116.

Reichscammergericht.

Des Kayſerlichen und Reichs - Cammer - Gerichts Kalender, auf das Jahr nach unſers Herrn Jeſu Chriſti Geburt MDCCXCII. darinnen deſſen anjetzo lebende Perſonen, nebſt Vorſetzung des Herrn Cammer- Richters, Hrn. Präſidenten und Hrn. Aſſeſſoren Wappen, wie auch ein Verzeichniſs derjenigen Reichs- Stände und einiger andern Grafen und Stände, welche Proceſs an dem Kayſerl. und Reichs - Cammer- Gericht haben, nebſt Beyfügung der Anwälde durch welche ihre Sachen geführet werden, ſammt Nachricht von den Cameral-Ferien u. ſ. w. befindlich ſind. Mit Röm. Kayſ. Maj. allerg. Privilegio. Frankfurt am Mayn in der Andreäiſchen Buchhandlung. 8. (unpaginirt 174 S.) (30 Kr.)

Das Manuſcript wird in der Mitte des Octobers jährlich geſchloſſen, und behält ſeit vielen Jahren dieſelbe Form und Einrichtung; z. B. mit den lateini-

fchen Rubriken, den Wapen der Beyfitzer, dem
Zeitcalender, Poftzeiger und mit dem Gefchlechtsregifter. In der Nahmenlifte ift fowohl bey den
Beyfitzern als bey den Procuratoren und Advocaten, Religion und Auffchwörungstag angezeigt.
Die Lifte der Reichsftände ift alphabetifch und mit
Verzeichniffen der im letzten Jahre d e f i n i t i v
entfchiedenen Urteln, der *per modum querelae* ange-
brachten Sache, der *Mandatorum fine & cum clau-
fula* und der Appellationsproceffe verbunden.

R e i c h s h o f r a t h.

Hat kein abgefondertes Nahmenverzeichnifs,
wird aber in dem *Oefterreichifchen Hof- und Staats-
Schematismus* 1791. S. 167. 168. 174. 175. und in
dem *Böhmifchen Titularcalender* 1787. S. 77. aufgenommen.

Von den V i c a r i a t s g e r i c h t s h ö f e n, welche in Zwifchenreichen die Stelle des Reichshofraths vertreten, werden während ihrer Dauer befondere Nahmenverzeichniffe gedruckt, wie z. B.
1790 und 1792 das S ä c h f i f c h e, welches unten
bey Chur Sachfen angezeigt werden wird.

R e i c h s l a n d g e r i c h t s h ö f e.

1) Das *Hofgericht zu Rothweil.* In des *Schwäbifchen
Kreifes Staats- und Adrefsbuch* 1780. S. 255.
Deffen Amtsftadthalter: im *Schwarzenbergifchen
Staatskalender* 1787. S. 24.

2) Das

2) Das *Landgericht in Schwaben*. Im *Schwäbischen Adreſsbuch* 1780. S. 162. Im *Schwarzenbergiſchen Staatscalender* 1787. S. 28.

3) Das *Landgericht Burggraflhums Nürnberg*. Im *Brandenburg- Onolzbach- und Culmbachiſchen Staats-calender* 1791. S. 62-64.

4) Die übrigen Fränkiſchen Niedern ſogenannten *Kaiſerlichen* Provinzialgerichtshöfe, ſtehen im *Würzburgiſchen Staatscalender* 1790. S. 93. im *Bambergiſchen* 1783. S. 75. im *Nürnbergiſchen* 1784. S. 21.

5) Der *Königliche Stuhl zu Aachen*. Im *Niederrhei-niſch- Weſtphäliſchen Kreiscalender* 1791. S. 19.

Die Nahmenliſten der zur R e i c h s r e g i e-r u n g gehörigen Beamten ſind zerſtreuet. Z. B. Das *Reichsminiſterium* und die *Canzley* im *Oeſterreichiſchen Schematismus* 1791. S. 167. im *Böhmiſchen Titularca-lender* 1787. S, 78. *Reichsplenipotenz* und *Reichsfisca-lat in Italien* im *Oeſterreichiſchen* S. 173. und das *Reichsarchiv* im *Chur-Maynziſchen Staatscalender* 1790. S. 97.

Reichskriegsſtaat.

Ein eigener Staatscalender der Reichsarmee, aus welchem die Zuſammenſetzung, die Anord-nung und der Perſonalbeſtand derſelben erſichtlich wäre, iſt, ungeachtet des praktiſchen Nutzens eines ſolchen Handbuchs, noch nicht ausgearbeitet wor-den. Die Reichsgeneralität iſt unter andern in dem *Meklenburg- Schwveriniſchen Staatscalender* 1791. Th. II.

U

S. 120 und 1792. Th. II. S. 139 aufgenommen.
Häufiger aber pflegen die Officiere des Kreismilitärs oder der einzelnen Contingente in den Staatscalendern der dazu concurrirenden Kreisstände angezeigt zu werden, z. B. vom Schwäbischen
Kreismilitär im *Schwarzenbergischen* Staatscalender
1787. S. 28. in des *Schwäbischen Kreises Staats- und
Addreſsbuch* 1750. S. 316. 317; im *Itztlebenden Ulm*
1787. — vom Fränkischen im *Nürnbergischen*
1785. S. 127-131. im *Schwarzenbergischen* 1787. S. 19.
vom Oberrheinischen; 4 Compagnien Zwey-
brückischen Regiments im *Fuldaer Staats- und Stan-
descalender* 1791. S. 95. — vom Niederrheinisch-
Westphälischen im *Oranien-Naſſauischen Staatscalender* 1791 S. 45.

Ein einziges abgesondertes vollständiges Nahmenverzeichniſs des Fränkischen Kreismilitärs
findet sich im folgenden bis itzt nicht fortgesetzten
Reichsmilitärcalender, in welchem auch anhangs-
weise das Schwäbische aufgenommen worden.

*Nachricht von den Fränkischen Craistrouppen nebſt einem
Anhang von den schwäbischen Creisregimentern. Nürnberg, bey Gabriel Nicolaus Raſpe 1782. 8. S. 102.*
In der Vorrede nennt sich Hr. *A. v. S.* (So-
den, Bruder des in den Reichsgrafenstand erhobe-
nen Preuſsischen Kreisgesandten und ehemaliger
Officier in Preuſsischen Diensten) als Verfaſſer
und erbittet sich Materialien zu einer vollständigen
Beschreibung der Reichsarmee nebſt deren Unifor-

men. Inhalt: *a*) Vom Fränkifchen Kreife:
Gefchichte und Verfaffung von der Errichtung im
Jahre 1676 an, bis 1781; Chefs und fämmtliche
Officiere, welche in diefem Zeitraum bey den 2
Cavallerie und 3 Infanterieregimentern geftänden;
Generale ohne Regiment; Artillerie; Kriegscom-
miffariat; Concurrenz diefer Kreisftände zur Stel-
lung diefer Truppen — alles ausführlich und genau befchrieben. *b*) Vom S c h w ä b i f c h e n
Kreife: fummarifch der itzige Beftand der 4 In-
fanterie- 1 Dragoner- und 1 Cuiraffierregimenter
nebft einer unvollftändigen Nachricht vom Artilleriecorps.

K r e i f e.

Die Einrichtung eines Staatscalenders für
einen ganzen Kreis gewährt eine doppelte nützliche Ueberficht, fowohl die von der Kreisverfaf-
fung und den Kreisämtern, als auch die vom Per-
fonal der Beamten in denjenigen kleinen Staaten,
von welchen kein eigener Staatscalender herauskömmt. Beyde Rückfichten treten nicht in denjenigen Kreifen ein, welche nur aus wenigen Reichs-
ftänden zufammengefetzt find, und daher felbft die
Form eines gefellfchaftlichen Körpers nicht mehr
durch gemeinfchaftliche Kreisämter und Zufam-
menkünfte beobachten. Der *Oefterreichifche* und
der *Burgundifche* find itzt g a n z, und der *Ober*- und

U 3

Niederſächſiſche, auch der *Bayerſche,* der *Chur-* und
der *Oberrheiniſche* Kreis beynahe in dieſem Fall.
Dahingegen findet man noch in **Franken,**
Schwaben und **Weſtphalen** die urſprüngliche
Kreisverfaſſung, aber nur allein von den beyden
letztern Kreiscalender.

Niederrheiniſch - Weſtphäliſcher Kreis.

Niederrheiniſch - Weſtphäliſcher Kreis - Kalender, auf
das Jahr Chriſti . . . Das iſt: Hiſtoriſcher und
genealogiſcher Schematismus hochbenannten Kreiſes,
wie auch des Rheiniſch- und Weſtphäliſchen Adels
u. ſ. w. Wovon die vollſtändige Nachricht auf fol-
genden Anfangsblättern verzeichnet, nebſt der Vor-
rede ſammt Zuſätzen und Hauptregiſter. Am Ende
dieſes Werks der Regiſter über die fürſtl. Häuſer, und
hiſtoriſcher Fortſetzung zu finden iſt. Mit römiſch-
kaiſerl. Majeſtät allergnädigſter Freyheit auf weite-
re 10 Jahre nicht nachzudrucken. Kölln am Rheine
bey Franz Balthaſar Neuwirth unter ſetten Hennen.
8. 1784 S. 300. 96. und 52. — 1791. S. 260. 70.
und 106.

Kömmt in dieſem Verlage ſchon ſeit 1758 kraft der
kaiſerlichen Privilegien vom 22 December 1757.,
vom 9 November 1767 und vom 8 Februar 1788.
heraus, von welchen das letztere bis 1798. ſeine
Kraft hat. Inhalt: *a)* Stände des Kreiſes nach dem
Aufrufszettel, und zwar bey den Städten die
Magiſträte; *b)* Kreisgeſandſchaften, Kreisſtändi-

fche Stimmen, Canzleyen und Aemter; c) Beamte
in den fämmtlichen Staaten des Kreifes, aufser der
Reichsftadt Cöln, nach der Abtheilung in weltliche und geiftliche; bey Lüttich im Jahrgang
1791. nur das Domcapitel, aber nicht das übrige
Perfonale, weil wegen der Unruhen im Lande
der Verleger keine Nachrichten davon bekommen
konnte; d) Gefandte beym Kreife, bey dem Churfürften von Cölln, und bey der Reichsftadt diefes
Nahmens; e) der alte Adel im Kreife nach dem
Alphabet. Ueberdem noch mit abgefonderten Seitenzahlen ein Gefchlechtsverzeichnifs, und ein
wiffenfchaftlicher Anhang.

Schwäbifcher Kreis.

*Des Hochl. Schwäbifchen Kreifses vollftändiges Staats-
und Addrefsbuch, auf das Jahr 1780. Als der zweyte
Theil defs europäifchen Staats- und Addrefsbuchs,
worinnen die in diefem Kreifs dermalen florirende
Höchft und Hohe Regenten, der Geift- und welt-
lichen Fürften, Prälaten, Grafen und Herren, der
Reichsftädte, und unmittelbaren freyen Reichs-Rit-
terfchaft, fammt derofelben Miniftern, Räthen,
Canzleyen, und übrigen Dienerfchaften, nebft diefes
Kreifes Militair-Etat enthalten. Cum privilegio Cae-
fareo, welches dem erften Theile vorgedruckt ift.
Geifslingen, Reichs-Stadt Ulmifcher Herrfchaft,
ausgefertigt von Gottfr. Paul Tilger. N. C.
P. I. 8. S. 317. — 1791. zu Ulm in der Stettinfchen
Buchhandlung.*

U 3

Der e r ſt e Theil iſt oben S. 91. unter den allgemeinen Europäiſchen Staatscalendern angeführt, Dieſer zweyte enthält neben dem im Titel angezeigten Nahmenverzeichniſs, welches ſich
jedoch auf die höhere Dienerſchaft einſchränkt,
zwey ſehr brauchbare Ort- und Nahmenregiſter.

U n i v e r ſ i t ä t e n.

*Akademiſches Taſchenbuch zum Nutzen nnd Vergnügen
für Studierende auf das Jahr 1791. m, K. XII. und
276. S. Taſchenformat.*
Enthält die Nahmenliſte aller Beamten von den
proteſtantiſchen und vermiſchten Univerſitäten in
Deutſchland, vom Prorector an bis auf die Pedellen, nebſt ihren Wohnungen, und wurde von
Herrn Murſinna, dem jüngern, in Halle und
Herrn Faſelius in Jena ausgegeben. Der Abſchnitt von Erlangen iſt nachläſsig bearbeitet. Der
Zeitcalender iſt mit den Geburtstagen akademiſcher
Lehrer verſehen. Der übrige Inhalt dieſes nützlichen Verſuchs, welcher ſich von den *Erlangen-
ſchen akademiſchen Adreſscalendern* und *Ekkards lit-
terariſchem Handbuch der bekannten höhern Lehranſtalten*
durch Plan und Ausführung vortheilhaft auszeichnet, iſt in der *Allgemeinen deutſchen Bibliothek* CIV.
2. S. 550. beurtheilt worden.

Zweyte Unter - Abtheilung.

Staatscalender der Geiftlichen Staaten.

Haben folgende Eigenthümlichkeiten, wiewohl mit Ausnahmen.

a) Den Wechfel von Verbindungen und Trennungen für mehrere Bisthümer, wegen deren perfönlichen Vereinigung unter einem Bifchofshut. So find itzt **Maynz** und **Worms**, die drey Staaten **Cölln, Münfter** und das **Deutfchmeifterthum**, gewiffermafsen auch **Hildesheim** und **Paderborn**, (aber nicht **Trier** und **Augsburg**) in eins gefafst worden, welche ehedem unter andern politifchen Verhältniffen zum Theil eigne Staatscalender hatten, und noch itzt gröftentheils wegen der Abfonderung der Seitenzahlen nicht ganz in eins gefchmolzen find.

b) Die Beforgung der Hoffouriere wegen ihrer Kenntnifs des Ranges, und die Verwendung des Ertrags zum Beften milder Stiftungen.

c) Die Verzierung mit Bildniffen, Kupferftichen und Wapen der Bifchöfe und Domcapitel, die langen Haupttitel und die Wiederhohlung der ausführlichen Courtoifie bey den einzelnen Nahmen.

d) Die Vernachläfsigung der Sprache, nicht blos im willkührlichen Gebrauch lateinifcher Wörter und Lettern, fondern auch in der verfehlten

U 1

Rechtſchreibung der Deutſchen Amtsbenennungen und Ueberſchriften.

e) Im Nahmenverzeichniſſe, wegen der Ungleich-
förmigkeit der Regierungsſyſteme, mehrere Ab-
wechſelungen als in weltlichen Staaten. Die
Abtheilung der überaus vollſtändigen H o f-
ſt a a t e, nach dem Burgundiſch-Spaniſchen Ceremoniel. — Im Abſchnitt vom K i r c h e nſt a a t
alle Eigenheiten der hierarchiſchen Verfaſſung,
das Domcapitel aber ſtatiſtiſch bearbeitet. —
Genaueſte Anzeige des geringen M i l i t ä r s bis
auf die Unterofficiere und das Kreiscontingent.
— Im C i v iſt a a t gewöhnlich die Präſiden-
tenſtellen, Oberämter, Geſandſchaften und
Stadthalterſchaften mit den Domherren ſelbſt,
oder wenigſtens mit ihren und des Biſchofs
Stammvettern beſetzt.

f) Von ſtatiſtiſchen Zuſätzen und Anlagen gewöhnlich nur allein die Specialgeſchichte des Bisthums, dagegen aber ſtets das Perſonale des
Cardinalscollegiums.

Sie theilen ſich in zwey hier abgeſonderte Hauptclaſſen, von welchen die eine die K i r c h ſp r e n-
g e l und die andere die T e r r i t o r i a l b e ſi t z u n-
g e n umfaſst.

I. Nach den Dioeceſen.

In einigen Deutſchen Hochſtiftern kommen
jährlich, oder doch wenigſtens um das dritte und

vierte Jahr Nahmenverzeichniffe der zu dem Kirchfprengel des Hochftifts gehörigen geiftlichen Perfonen, gröftentheils in lateinifcher, wenige aber auch
in franzöfifcher und deutfcher Sprache, heraus.
Wegen der Unzertrennlichkeit vieler Kirchen- und
weltlichen Aemter enthält diefe Bücherclaffe zugleich unvollkommene Staatscalender für das weltliche Gebiet. — In Bücherverzeichniffen findet
fich aufser den hier angezeigten, ein *Status archie-
piscopatus Salisburgensis* vom Jahr 1772. und ein
*Catalogus perfonarum ecclefiafticarum dioecefis Conftan-
tinae* von *Afsfprung,* vielleicht demfelben, der im
Hamberger, Meufel und *Erfch* unter dem Nahmen: *Johann Michael,* Bürger in Ulm,
vorkömmt.

Lüttich.

*Tableau Eccléfiaftique de la Ville & du Diocéfe de Liège,
pour l'An M. D. CC. XCI. Où l'on voit l'état aftuel
de l'Eglife Cathédrale, des Collégiales & des Per-
fönnes qui les compofent; des Abbayes, Monaftères,
Prieurés & Couvens, tant de la Ville que du Diocéfe, &c. Avec une Lifte exafte des Curés du Diocéfe
rangée fous leurs Doyennés & Archidiaconés; & pré-
cédé d'un Calendrier, à côté duquel on indique les
principales Fètes, Indulgences & Sermons fixes de
chaque Eglife, &c. &c. A Liège, chez L. J. De-
many: Imprimeur Libraire, à la Croix d'or, en
Vinave - d'Isle. Avec Privilège de S. A. C. 12.*
S. 219.

Ift zuerft unter der Regierung des Bifchofs *Franz
Carl* erfchienen, und wird von dem itzigen Herausgeber jährlich fortgefetzt werden. Schon der Titel
kündigt das Verdienft der Vollftändigkeit an, welches durch zweckmäfsige hiftorifch - ftatiftifche Erläuterungen und durch gúte Anordnung noch mehr
gehoben wird. Inhalt: 1) Geiftlichkeit der Stadt
Lüttich; Domcapitel, *qui a produit un nombre prodi-
gieux de grands hommes*, nebft feinen *Clauftriers*, den
beiden Kaiferlichen Dompfründen, *fondés l'an* 1190
en expiation de l'affaffinat de St *Albert de Brabant, Evê-
que & Martyr*, und 2 *Luminarifles;* Collegiatflifter
und Confraternitäten; 2) Capitel in der Dioecefe,
deren Menge und Gröfse den Umfang des Kirch-
fprengels beweifet; unter andern die Kaiferlich-
Königlichen Stifter U. L. F. und St Adalbert zu
Aachen, nebft Anzeige ihrer ftaatsrechtlichen
Verhältniffe, z. B. der Preufsifchen und Pfälzifchen Ernennungsrechte; 3) die 4 Deputirte des
Domcapitels zu den Landftänden, und die Deputirte der verfchiedenen Claffen der übrigen Geiftlichkeit, wobey gröftentheils nur die Nahmen der
abwefenden Stifter angezeigt find; der Synod in
Lüttich und das Bifchöfliche Seminar; 4) Archi-
diaconate zu Lüttich, Hafsbein, Brabant, Arden-
ne, Hennegau; Campine, Condros und Famenne,
— fummarifch zufammengezogen; 5) Abteyen
im Kirchfprengel, und 6) die Cardinäle. Selbft
die Beylagen, welche einen Anzeiger der dreyfachen Strafse von Lüttich nach Rom, und eine

Schätzung der Kornabgaben an die Geiſtlichkeit im baaren Gelde enthalten, ſind alſo geiſtlichen Inhalts.

Regensburg.

Status eccleſiaſticus dioeceſis Ratisbonenſis collectus opera Cancelliſtarum Conſiſtorialium. Literis Antonii Lang, aul. & episcop. typographi MDCCXCI. 8. S. 66.

Das unmittelbare Gebiet dieſes Hochſtifts iſt bekanntlich gering; allein der Umfang des biſchöflichen Kirchſprengels deſto gröſser, indem er ſich auch über das Amt Holnberg in der obern Pfalz, über das Fürſtenthum Sulzbach, die Landgraffſchaft Leuchtenberg, und die Graffſchaft Sternſtein erſtreckt. Die Nahmen und Titel ſind in lateiniſcher Sprache uud Schrift, die Orte aber im Deutſchen angezeigt. Inhalt: Biſchof, 25 Capitularen und 9 Domicellaren nebſt den Vicarien; Conſiſtorium, 2 Collegiatſtifte, 29 Ruraldecanate nach deren Alphabet, mit vollſtändiger Angabe der darin befindlichen 1383 Pfarren, Filiale und Sacellen; auch 11 *Dioeceſin egreſſi.* Zuletzt 3 ausführliche Regiſter über die Nahmen der Pfarrer und Präbendirten, über die Seelsorgenden Prieſter und über die Orte.

II. Nach dem Territorialgebiet.

Chur-Mainz und Hochstift Worms.

Kur-Mainzischer Hof- und Staatskalender auf das Jahr
(1789.) 1790. Mit einem Verzeichnifs des Erzho-
hen Domkapitels, auch aller zum k. Hof- und Kur-
staate gehörigen Stellen und Aemter. Mainz im
Druck und Verlage, der &c. St Rochus Hofpitals
Buchdruckerey. kl. 8. S. 1-292 und S. 1-39.

Ohne Rubriken über den einzelnen zierlich einge-
fafsten Blättern, und ohne Nahmenregifter; auch
nicht vollftändig und nicht zum Verkauf in den
Buchläden feil. In der Chronologie die Cour- und
Galatage. Inhalt: 1) Erzftift Maynz; voran Churfürft und Domcapitel, nebft den Geburts- und Auf-
fchwörungstagen der Domherren. 19 Capitularen,
16 Domicellaren, 37 Vicarien, 20 Beamte des Domcapitels. a) Geiftlicher Staat, 28 wirkliche und
9 Titularräthe, 424 Männer in Stiftern, 16 Aeb-
tiffinnen und Superioriffinnen, 53 geiftliche Vorfteher; 432 Pfarrer, 125 Caplane; nebft den Sitzungen und Ferien, auch hin und wieder nebft dem
Gerichtsbezirk. b) Weltlicher Staat, mit Einfchlufs des Militärs bis zum Trompeter der Leibgarde; und zwar die Regimentschirurgen als wirkliche
Oberlieutenants. — 56 Cammerherren, 21 Officianten bey der Hofküche, 49 Geheime- auch Hof- und
Regierungs- und 30 Hofgerichtsräthe in Maynz.
Bey der Univerfität eine Hiftorifch-ftatiftifche
Facultät, und S. 147 eine Landesnothdurftde-

putation. 2) Erfurter geiftlicher und weltlicher Staat; die Univerfität in lateinifcher Sprache.
3) Der Eichsfelder Staat nach eben derfelben
Abtheilung. 4) S. 1 - 39. Bisthum und Fürftenthum Worms, ganz fummarifch.

Chur - Cölln (mit Einfchlufs des Deutfch-meifterthums) und Münfter.

*Almanac de la Cour de S. A. S. E. de Cologne pour
l'année 1789. (1791) par J. P. N. M. V. à Bonn, de
l'imprimerie de la Cour. 8. S. 160.*
Dafs von dem deutfchen Chur - Cöllnifchen Staatscalender auch eine franzöfifche Ueberfetzung gedruckt werde, ift für die Lage diefer Churlande
ganz zweckmäfsig; nur erkennt man die damit verknüpften Schwierigkeiten bisweilen an der fchiefen
Ueberfetzung der Amtsbenennungen. Die An-
fangsbuchftaben auf dem Titelblatt bezeichnen den
Nahmen des Verfaffers, *Johann Philipp Nerius Maria Vogel*, Churfürftlichen Hofcammerraths, Cam-
merfouriers und des Naturaliencabinets Directors.
Inhalt: 1) Erzftift; a) der Churfürft und das Domcapitel nebft den acht graduirten Domicellarherren;
b) hohe geiftliche Gerichte; c) Hofftaat mit allen
Stäben; etwa 100 Cammerherren, theils *Gnädigft-
beftätigte*, theils *nouvellement reçus* nach dem Dienftalter; d) Geheime Canzley, Gefandte, 39 Geheime Staatsräthe, 30 wirkliche Geheime Räthe. e) Hohe Juftizgerichte; f) Finanzcollegien; g) Militär;

h) Aemter und Gerichtsbarkeiten im Herzogthum
Weftphalen und der Vefte Recklinghaufen, nach
dem Alphabet; *i*) Landftände des Erzftifts nach
den vier Collegien des Domcapitels, der Grafen,
des Ritterftandes und der Municipalftädte mit Anzeige des Objects, worauf die Stimme ruhet; fodann auch die Landftände des Herzogthums Weftphalen und von Recklinghaufen; *k*) Univerfität zu
Bonn. 2) Der Deutfche Orden: der Hoch-
und Deutfchmeifter; Balleyen Elfaſs und Burgund,
Oefterreich, Coblenz, Franken, Heſſen, Alten-
biefen, Thüringen, Weftphalen, Lothringen, Sachfen (nicht die von Utrecht). Conferenzdeparte-
ment, Regierung und Finanzcammer zu Mergentheim, Commenthure, Rathsgebietiger und Ritter;
in allem 54 Perfonen. 3) Hochftift Münfter;
Domcapitel, Hofftaat, Geheime Canzley zu Bonn
für das Hochftift, hohe geiftliche und weltliche
Aemter in alphabetifcher Ordnung.

Kurkölnifcher Hofkalender auf das Jahr 1790. *durch*
J. P. N. M. V. Bonn, gedruckt in der kurf. Hof-
buchdruckerey. 8. S. 173.
Diefes ift das Original des eben erwähnten Franzöfifchen, mit ausländifchen Benennungen und Deutfchen Curialien durchwebt; z. B. *Latorum magifter*,
(*Premier Bedeau*, Botenmeifter) *Latores curiae* (*Mef-*
fagers, Canzleyboten) Sr. Ch. Durchl. Unfer
Gnädigfter Herr, Gnädigft angeordnet u.
f. w. Sämtliche fremde Gefandten haben hier die

Excellenz, den Pfälzifchen Kreisdirectorialrath ausgenommen.

Chur Trier und Abtey Prüm.

Kurfürftlich - Trierifcher Hof - und Staats Kalender, auf das Jahr (1790) 1791. Koblenz, gedruckt in Kurfürftl. Hofbuchdruckerei 8. S. 183.

Der getrennte Aufenthalt des Hofs und des Domcapitels hat hier eine eingefchränktere Anftellung der Domherren in den hohen Aemtern hervorgebracht, als in andern geiftlichen Staaten, wie die Folge der Trierfchen Staatscalender deutlich zeiget. Der vorliegende zergliedert fich auf folgende Weife.

Der itzige Herr Churfürft von Trier befitzt:

I. Das Churfürftenthum Trier. S. 1 - 174.

1) Regent, Subregenten und Landesrepräfentanten. — Churfürft S. 1. — Suffraganen S. 2. — Domcapitel nebft Zubehör S. 3-11, — Geiftliche und weltliche Landftände S. 165-168, unter diefen kein Adel, weil folcher 1729 als unmittelbar anerkannt worden.

2) Unterthanen im ftrengern Sinn des Worts.

A. Geiftlichen Standes S. 11 - 80.

a) Obere Stellen. — Generalvicariat S. 12. — Confiftorium S. 13. — Juftizfenat S. 14. — Officialitäten S. 15 - 18. — Univerfität zu Trier S. 169-174.

b) Untergeordnete S. 19-73; gröftentheils in alphabetifcher Ordnung. — Collegiatftifter.

— Seminarien. — Schulen. — Abteyen.
— Klöſter. — Regularorden. — 5 Archi-
diaconate. — 20 Dechanate, ſonſt Chri-
ſtenheiten genannt.

B. Weltlichen Standes S. 80-174.

a) Militär S. 118-120; Leibgarde, Regiments-
ſtaab, 15 Hauptmänner, 26 Lieutenants,
aufſer dem Artillerie- und Jägercorps.

b) Civilbeamte.

a) Sind unmittelbar um die Perſon des
Churfürſten. Geheime Staatsämter S. 80-
81. — Geſandte S. 82. — Hofſtaat S. 25-
107; z. B. 18 adliche Geheimeräthe, 100
Cämmerer, 3 Cammerjunker.

b) Arbeiten mittelbar unter dem Churfürſten: Regierung S. 110. — Juſtiz S. 113-
117, und 124-128. — Cameral-Policey-
und Finanz-Fach S. 130-165.

II. Die Benedictiner-Abtey Prüm im Oberrheini-
ſchen Kreiſe S. 174-183.

1) Unter Deutſcher Landeshoheit. S. 174-179.

2) Unter Franzöſiſcher. S. 180-183.

Aus der Folge der Seitenzahlen ergiebt ſich,
daſs einige Rubriken nicht in der gehörigen Ordnung ſtehen. Z. B. die Landſtände, die Univerſität, das Militär u. ſ. w. Auch iſt der Titel zu ein-
geſchränkt, weil er die gefürſtete Abtey Prüm
nicht umfaſst, welche mit den erzbiſchöflichen Ta-
felgütern 1574 vereiniget worden, und eine ganz
verſchiedene Verfaſſung hat. Die Prämonſtraten-

ſerfer-Abtey Arnstein steht in der Reihe der übrigen Abteyen, obgleich ihr Gebiet unmittelbar und die Schutzgerechtigkeit mit dem Churfürsten von Maynz so getheilt ist, dafs Churtrier blos das Ordinariat hat. Mit mehrerm Recht gehören hieher die Suffraganen von Metz, Toul, Verdun, Nancy, St Dietz, nebst dem Vicariat und den Officialitäten im Französischen und Lothringischen Theil des Erzstifts, und dem unter Französischer Landeshoheit gelegenen Theil der Abtey Prüm, bis dafs dieses Verhältnifs mit gegenseitiger Einwilligung geändert worden. Im Zeitcalender die Kirchen- und Hoffeste nebst der Kleiderordnung.

Erzstift Salzburg.

Hochfürstlich - Salzburgischer Hofkalender, oder Schematismus auf das Jahr nach der gnadenreichen Geburt unsers Heilands und Seligmachers Jesu Christi 1790. Alles zusammengetragen und auf eigene Kosten in Druck gegeben, von Franz Mehofer hochfürstlichen Truchsefs und Kammerfourier. Zu haben in dessen Quartier im hochfürstl. Zahlmeisterhause im Kay. Salzburg, gedruckt in der Obererschen Landschafts- und Stadtbuchdruckerey. 8. S. 84. (MDCCLXXXVI. S. 99.)

Vollständig bis auf die Geistlichkeit und Klöster; aber nicht systematisch bearbeitet: im Zeitcalender alle Hof- Fest- und Fast-Tage, nebst genauer Beschreibung ihrer Feyer. Inhalt: *a*) Erzbischof

und Domcapitel mit allen Titeln, und des erſtern
Bildniſs und Wapen; *b*) oberſte Hof - und Erb-
Aemter, 27 Cämmerer, geheime Canzley, Poſt-
amt; Ritter des Rupert-Ordens, 5 Präbendirte, 1
ad honores und 5 Exſpectanten; die dieſes Jahr
den Hof frequentirenden alhier (in Salzburg) ſtudirenden 9 Cavaliere; *c*) höhere
geiſtliche und Civil-Dikaſterien, die dermahlen
nicht frequentirende und 46 geiſtliche Titu-
lar-Räthe, — auch die 4 mit dem Erbausfer-
gen- (Salzausführungs) Amt belehnten Familien;
d) Pfleg- und Landrichter, und Beamten nach dem
Alphabet der Orte; *e*) Beamte auſer Landes in
Oeſterreich, Steyermark und Kärnthen; *f*) Berg-
werksdepartement ſehr zahlreich und mannichfaltig;
g) Hofkriegsrath und Artillerie bis zu den Luſt-
feuerwerkern und Canonieren; *h*) Landſchaft; *i*)
Univerſität und Gymnaſium; *k*) Geſandte und Be-
gwaltete; auch zu Grätz und Klagenfurt; *l*) Ober-
hofſtäbe nebſt deſſen Subalternen in Rückſicht auf
das Korteggio, mit Einſchluſs der jubilirten
Antecammera - Cammerdiener, der Con-
fectſtube, des Futtermeiſter-Amts u. ſ. w.
welche mit Nr. 3. ſo wie die hierauf folgende Leibgarde mit Nr. 8. hätten verbunden werden ſollen;
m) Stadtmagiſtrat in Salzburg. Zuletzt Poſtzeiger,
Botenliſte und Realregiſter.

Hoch- und Deutfchmeifterthum.

Des hohen Deutfchen Ritter-Ordens Staats- und Stands-kalender aufs Jahr Jefu Chrifti 1791. *Mergentheim, bey Chriftian Erneft* Griebel, *Hochf. privil. Buch-drucker.* Preis das Exemplar ungebunden 12 Kr. 4½ Bogen.

In dem S. 318. angezeigten Churcöllnifchen Staats-calender wird wegen der itzigen perfönlichen Ver-bindung mit diefem Churhut das Beamtenperfonale in Mergentheim mit angezeigt. Unter dem vorlie-genden Titel kömmt aber feit geraumer Zeit eine abgefonderte Nahmenlifte der Commenthure und Ritter nebft allen Ordensbeamten heraus.

Einzelne Beyträge zu dem Ordensperfonale liefern *Krebel* (1792) Th. 1. S. 220. 221. *Varren-trapp* (1790. 1 Th. S. 254-258.) die Augsburgi-fche und Osnabrückfche Staatscalender, und von der Balley Elfafs und Burgund insbefondere die *Almanacs d'Alface* (1789. S. 66.) und *de Lorraine* (1786. S. 138.)

Nach den *Annalen des Königreichs Preufsen* (1792 1ftes St. S. 133.) befitzt deren Mitherausgeber Herr von *Batzko* im Manufcript ein Verzeichnifs aller bisherigen Hochmeifter, Landmeifter, Grofscom-thure, Marfchälle, Spittler, Trefsler, Trappirer, Compane und Comthure des Ordens, deffen öf-fentliche Bekanntmachung fehr verdienftlich feyn würde.

Hochſtift Bamberg.

Fürſtlichen Hochſtifts Bamberg Hof- Stands- und Staats-Kalender, auf das dritte nach dem 20ſten Schalt-Jahre dieſes fürwährenden 18ten Saeculi, nach der gnadenreichen Geburt Jeſu Chriſti MDCCLXXXIII. *Vom Anfang des Kayſerl. freyen Biſtums Bamberg.* 775. *Von glorwürdigangetrettener Regierung unſers Gnädigſten Fürſten und Herrns, Herrn* Franz Ludwig, *Biſchofs zu Bamberg und Wirzburg, des H. R. Reichs Fürſtens, auch Herzogs zu Franken u. ſ. w. das* 5te *Jahre. Worinnen alle Hochfürſtlichgeiſt- und weltliche, Civil- und Militar- Angehörige, ſamt denen Dicaſterien, Seſſionen und Ferien, auch Ober- und Unter-Aemteren, dann wann die Bothen alltäglich ankommen, wiederum abgehen, und deren Logies, enthalten. Nebſt der zehenſtündigen Anbethung, dann aller in denen Kirchen der allhieſigen Reſidenz-Stadt Bamberg täglich gehalten werdenden Andachten. Mit Hochfürſtlich-Gnädigſten Privilegio. Im Verlag des Armen-Hauſes zu Bamberg. Gedruckt bey* Johann Georg Chriſtoph Gertner, *Hochfürſtl. Hof- und Domkapituliſchen Buchdrucker. 8. S. 160.*

Im Allgemeinen des innern Haushalts kömmt dieſer Staatscalender mit dem Wirzburger, Fuldaer und Maynzer überein, denn in der erſten Abtheilung ſind die Mitglieder, Officianten und Feſttage des Domcapitels, in der zweyten der Geiſtliche Staat, und zwar 4 Collegiatſtifter, die Ab-

teyen, Klöfter, Landdechaneyen, Capläne und milde Stiftungen, und in der dritten die weltlichen
Collegien, Oberhofftäbe, bey welchen 11 Cammerherren und 14 Hofcavaliere fich befinden, die
Commiffionen, Gerichte, 62 Aemter, Stadtvog-
teyen und Kaftnereyen nach dem Alphabet, nebft
Poft- und Botenzeiger angegeben. Allein in der
ftatiftifchen Bearbeitung des Lehnsverzeichniffes
zeichnet er fich vor jenen vortheilhaft aus, der Aufnahme der 6 *lutherifchen* Pfarrer im Lande nicht
zu gedenken. Diefes enthält: *a*) die 4 weltlichen
Churfürften auffer Chur-Braunfchweig als des
Hochftifts Erboberofficianten mit ihren Erbunter-
beamten, wobey der Königlichen Würde von
Böhmen und Brandenburg wohlbedächtlich nicht
gedacht wird; *b*) die fämtlichen Vafallen und zwar
die Fürften von Anhalt, Heffen-Hanau und Waldeck, die Grafen Caftell und Oettingen, 9 Prälaten und 63 Adeliche; *c*) fämtliche Inhaber adlicher
und gemeiner Lehen und fogenannten Hammerbe-
fitzer fowohl im Lande, als im Nürnbergifchen, in
der obern Pfalz und in Oefterreich. — Mit der Nahmenlifte der Univerfität zu Bamberg ift der Lections-
catalog verbunden worden.

Hochftift Wirzburg.

Wirzburger Hof- Staats- und Standskalender für das
Jahr (1790) 1791. Mit hochfürftl. gnädigftem Pri-
vilegium. Im Verlage des Arbeitshaufes zu Wirz-
burg. Zu finden in der gnädigft privilegirten Rien-

nerifchen *Buchhandlung auf der* Domgaffe. 8.
S. 162.

Zuerft der Bifchof, 24 Capitular- und 30 Domicel-
lar-Herren, nebft Anzeige der Capitels- und Feft-
Tage in lateinifcher Sprache, Syndici und übrige
Officianten. Sodann *a*) Geiftlicher Staat:
Confiftorien, Stifter, Probfteyen, Seminarien, Pfarren, 16 Landcapitel, Caplaneyen nach dem Ernennungsjahr, und 28 lutherifche und reformirte Prediger; *b*) weltlicher Staat: Geheime Canzley,
Finanz- und Ober-Hof-Aemter, 33 Cammerherren, 8 Hofcavaliere, Schulcommiffion, Juliusuni-
verfität und deren Receptorat, Juftiz, Polizey:
vom Kriegsftaat blos der Generalftaab und das Hu-
farencorps mit der Erläuterung, d a f s e s z u r
L a n d e s f i c h e r h e i t a u f g e f t e l l t f e y; Stadtrath
in Würzburg bis auf die Examinanten an den Tho-
ren, und zuletzt 56 Aemter und Kellereyen nebft
andern fubalternen Beamten auf dem Lande nach
alphabetifcher Ordnung; Botenlifte und Realregifter.

Hochftift Eichftädt.

Des Hochfürftlichen hohen Stifts Eichftätt Hof- und
Staatskalender, für das Jahr nach der gnadenreichen
Geburt unfers Herrn und Erlöfers Jefu Chrifti 1790.
Herausgegeben von W o l f g a n g E n g e l b e r t
S a u f e n h o f e r, Hochfürftlich-Eichftättifchen Hof-
fourrier. Mit gnädigfter Erlaubnifs. Eichftätt, Ge-

druckt bey *Math. Kajetan Schmid, Hofbuch-*
drucker. 8. S. 135.

Zeichnet fich vortheilhafter durch die Vollftändigkeit des Nahmenverzeichniffes, als durch
den Plan und in ftatiftifcher Rückficht aus. — Zuerft
die Reihe der 66 Bifchöfe vom Urheber des Hochftifts, dem heiligen Wilibald, an — dann 15 Capitularen und 13 Domicellaren, von welchen die Officianten des Domcapitels ganz getrennt find. — 4
Erbämter, Geheime Räthe, 8 aus dem Domcapitel, 10 Adliche und 9 Gelehrte, — Geiftlicher
Rath mit 21 nicht frequentirenden Räthen, — Confiftorium, — Hofrath, Gefandte, — Hofcammer
und — 3 Oberhofftäbe bis auf die unterften Dienfte, z. B. Nicht dienftmachende Cammerdiener, Hoffutterfchreiber, (Fourage-
Amt), Hofkrautelträger, Calcanten, auch 2
Cavaliere. — *Garde du Corps* mit Einfchlufs der
Wachtmeifter — Landvogtey — Vicedom — 9
Deputationen — Lehnprobftey — Stadtmagiftrat
— Aerzte, Schulen, Geiftlichkeit, Stiftungen,
(auch eine franzöfifche *Congrégation de notre Dame*),
Klöfter, 11 Pflegämter und Forften.

Hochftift Coftanz.

Genealogifcher Stand- und Staats- Schematifmus des
Hchwdgften F. und Herren H. Maximil. Chriftophs,
des h. R. R. F. Bifchofs zu Konftanz u. f. w., wie
auch der Hochwürdig- Gnädigen Capitular- Herren

X 4

des hohen Domftifts allda; mit Beymerkung des
Hochfürftl. Hof-Staates, der geiftl. u; weltl. Regie-
rung, aller Beammtungen; Commiffarien und Agen-
ten, Nebft Anhang und Nachtrag aller Stiftspröb-
ften, Landkapitels - Dechanten, und Kammern im
Bisthum Konftanz; auch gefammter fchwäb. Kreis-
Stände, a. d. J. 1785. Konftanz, zu finden bey An-
ton Labhart, Hochfürftl. Hofbuchdr. 8.
Es find darin zugleich die Genealogie des Bifchofs,
fämmtlicher Capitularen und Exfpectanten enthalten, bis auf die Grosältern hinan; imgleichen eine
fauber geftochene Landcharte von der Dioecefe.

Hochftift Augsburg, und Probftey
Elwangen.

Hochfürftl. Augsburgifcher Kirchen- und Hof-Kalender,
in welchem alle Pontifical-Fefte, und Galla-Täge,
dann Ihro Churfürftl. Durchlaucht und fämmtlicher
Gnädiger Herren Dom-Kapitularen Höchft- und
Hohe Nämen, der Hochfürftl. Hof-Staat, Geiftli-
che und Weltliche Dicafterien, nebft Hochfürftl.
Augsburgifchen Stadt- und Land-Aemtern, zu er-
fehen. Gnädigftem Befehl zu Folge, im Druck
herausgegeben auf das Gemein - Jahr nach gna-
denreicher Geburt unfers Heylandes Jefu Chrifti
MDCCLXXXIX. Augsburg, Gedruckt bey Jo-
feph Simon Hueber, Hochfürftl. Bifchöfl. und
Stadt-Buchdrucker, auf U. L. Fr. Thor. 8.

Unter den Zeitrechnungen auch die von Verder-
bung der Städte Sodom und Gomorra. — Im Domcapitel 40 Perfonen — 4 Erbämter — Hofftaat
— Geheime Räthe und Gefandte. — Geiftliche
und weltliche Dikafterien unter einander; 5 Hof-
cammerjunker, 6 Edelknaben; auch das Capitel der
gefürfteten Probftey Elwangen, obgleich folche
auf dem Titel nicht angezeigt ift. Stifter, Pfarren
und Beneficien, auch das St. Ulrichftift zu Häbach in
Oberbayern; die Malthefercommenthurey zu Klein-
Nerdlingen, und die zu den deutfchen Ordensbal-
leyen Elfaſs, Burgund und Franken gehörigen inländifchen Commenthure. Zuletzt die Landcapitel nach dem Alphabet. Ein Poftzeiger, aber kein
Regifter.

Hochftift Paderborn.

*Paderbörnifcher Hof- und Staats-Kalender, auf das
Jahr nach der gnadenreichen Geburt unfers Herrn
Jefu Chrifti, MDCCXCI. (So ein gemeines Jahr
von 365 Tagen.) Mit hochfürftlichen gnädigften
Privilegio. Paderborn: gedruckt und zu finden bey
Wilhelm Junfermann, hochfürftlichen privile-
girten Hofbuchdrucker. 4.*

Kömmt jährlich heraus. Voran Chronologie und
Lifte der 53 Bifchöfe des Hochftifts von 795 bis
1791. Inhalt: a) Domftift, deffen vier Säulen
und edle Meyer; b) Hofftaat: 7 Cammerjunker,
6 Edelknaben, auch der Hildesheimifche,
wegen zufälliger Verbindung der beyden Bisthü-

mer; c) allerley nicht gut geordnete und theils lateinifch, theils unrichtig im Deutfchen, abgefafste
Rubriken, Landftände, Generalvicariat, *Archidia-
coni Reverendiſſimi ac Celſiſſimi Principis qua Epiſcopi*,
die Univerfität binnen Paderborn, *Magiſtratus* u.
f. w. Neben den Staatsbeamten und Aerzten find
auch Gerichtstage, Poften und Jahrmärkte angezeigt.

Bisthum Hildesheim.

*Hochfürſtlicher Hochſtift - Hildesheimſcher Hof- und
Staats - Calender auf das Jahr nach Chriſti Geburt
1791. Worin das Verzeichniſs Eines Hochwürdi-
gen Domkapitels und übriger Geiſtlichkeit, wie auch
aller des Hochſtifts angehörigen geiſt- und weltlichen
Dikaſterien und Bedienten nach alphabetiſcher Ordnung und ohne Nachtheil eines jeden ſonſtigen Ranges enthalten. Mit Hochfürſtl. gnädigſter Erlaub-
niſs. Hildesheim, bei Chriſtian Walther Schle-
gel, Hochfürſtl. gnädigſt privil. Hofbuchdrucker.
4. S. 27.*

Ift dem Paderbornifchen in Anfehung der innern Einrichtung, der jährlichen Herausgabe und
des Verhältniffes des Verlegers gleich, alfo blofs
ein Privatunternehmen, vollftändig und neben dem
Zeitcalender mit einer Gefchichte des Hochftifts
verfehen. Das ganze zweyte Titelblatt füllt der
Titel des Fürftbifchofs, in welchem auch feit 1789
der *Vicarius Generalis in Norden*, durch päpftliche
Ernennung hinzugekommen. Man findet hier eben-

falls den Paderbornfchen Hofftaat, die Collegien
Lutherifcher Religion und das Militär, in Verbindung mit dem Kriegsrath. Das Geheime Rathscollegium zählt 12 wirkliche Mitglieder, dagegen ein
das ganze Bisthum einfchliefsendes Churfürftenthum kaum die Hälfte hat. Durch die itzige Strei-
tigkeit über die Neuftadt-Hildesheimifche Magi-
ftratswahl erhält die Nahmenlifte ein befonderes
Intereffe.

Bisthum Osnabrück.

Allgemeiner Reichs-Calender, für das Hochftift Ofna-
brück eingerichtet; auf das Jahr Chrifti 1791. Worin
fowohl die Afpecten, Feft- Faft- und Bettage, Pro-
ceffionen, Poften, Jahrmärkte und Kornpreife, als
die Gefchichte des Kalenders und der Gartencalender,
desgleichen die hohen und niederen Collegia und Be-
diente des Hochftifts zu finden. Ofnabrück, bey J.
W. Kifsling und Sohn, Hochfürftl. privil. Buch-
drucker. 4.

Ift mehr durch die in den Jahren 1760-1770 darin
aufgenommenen, und nachher im Jahr 1789 ge-
fammelten Bruchftücke des Herrn Syndicus Stü-
ve über die Osnabrückfche Gefchichte, als durch
das Nahmenverzeichnifs bekannt geworden, und
ganz nach dem von Hildesheim und von Paderborn geformt. Mit dem Chur-Braunfchweigifchen
hat er die Geburtstage des Grosbritannifchen Haufes, deffen im Hochftift belegenes Allodialeigen-
thum und mehrere beiden Staaten verpflichtete

Beamten gemeinfchaftlich, welches alles durch die
unbeftimmte Benennung: Königlich-Chur-
fürftlicher: angezeigt ift. Bey den adlichen
Landftänden ift der Nahme des Hauptritterguts,
und bey mehrern Aemtern die Religionseigen-
fchaft angezeigt. Wegen der befondern Verfaffung des Hochftifts würde diefe Erläuterung nach
Maasgabe des Entfcheidungsjahrs noch mehr zu
vereinzeln feyn, indem z. B. der Syndicus der Ritterfchaft evangelifch, ihr Secretär aber katholifch
ift, und unter den Domherren auch drey evangeli-
fche fich befinden. Inhalt: Hofftaat, 7 Cammerherren und 3 Cammerjunker, Juftizcollegien, Beamte, Geiftliche Gerichte, mit Einfchlufs der im Lande belegenen Commenden des Malthefer- und des
Deutfchen-Ordens, und aller Prediger. Das im
Lande auf des Bifchofs Koften liegende Chur-
Braunfchweigifche Infanteriebataillon fteht nicht
darin, weil der itzige Herr Fürft-Bifchof darin die
Officiersftellen nicht befetzt. Im Anhang den Poftzeiger des Reichs- und des Chur-Braunfchweigifchen Poftamts in Osnabrück.

Hochftift Freyfing.

Hochfürftlich- Freyfingifcher Hof-. und Kirchenkalen-
der, auf das Jahr nach der gnadenreichen Geburt
Jefu Chrifti MDCCLXXXX. mit beygefügtem Sche-
matismo. Mit hochfürftlich gnädigftem Privilegio.
Alles zufammengetragen, und auf eigene Unköften in
Druck gegeben von Andreas Bolk, hochfürftl.

Hoffourier. Freyfing, gedruckt bey Maria Klara Mösmerinn, verwittibten Hof- und Lyceumsbuch-druckerinn. 8. S. 147.

Zeichnet fich vortheilhafter durch die Vollftändig-keit, als durch den Plan des Nahmenverzeichniffes aus, und hätte von *Büfching* und *Normann* bey ihrer Befchreibung diefes Hochftifts gut be-nutzt werden können. Aufser der Gefchichte des Hochftifts und der Reihe der 61 Bifchöfe vom H. Corbinian im Jahr 724 an, ift folgendes der Inhalt: — Domprobft, der diefsmahl zugleich Capitular ift, 13 andere Capitularen und 9 Domicellaren nebft den Officianten — Hofftaat nebft 4 Erbämtern, Geheimer Rath und untergeordnete Dikafterien, mit vielen Titular- und nicht frequentiren-den Räthen; 7 Collegiatftifter mit Einfchlufs U. L. Frauen zu München — Abteyen, Schulen, Dechanten, Cammereyen nach dem Alphabet, 18 Ruralcapitel — Lehnleute und Vafallen des Hoch-ftifts und der einzelnen geiftlichen Stiftungen, auch aufferhalb Landes in Oefterreich, Tyrol, Steyer-mark, Krain, und in Bayern; ein fehr ausführli-ches und aufferdem durch vier Fürften, von Berch-tolsgaden, S¹ Emeran, Schwarzenberg und Stah-renberg ausgezeichnetes Verzeichnifs. Am Ende 2 Regifter, von welchen das eine alle Nahmen der Gavaliers (Cavaliere) und Dikafterialper-fonen umfafst, nebft einem Poftzeiger.

Bey der bekannten Streitfache über die letzte Fürftbifchofswahl wurde der Staatscalender von

1791 von dem *Grafen von Etzdorff*, in feinem
Schreiben an das Domcapitel vom 22 Aug.
1791 als Beweis angeführt, dafs der Suffragan *von
Wolf*, der Canzler *von Ehrne* und der Rent-
meifter *Wagenbauer* ihrer Aemter entfetzt worden. Ein feltener Fall von einem juriftifchen Ge-
brauche diefer Bücherclaffe.

Hochftift Paffau.

*Hochfürftl. Paffauerifcher Kirchen- und Hofkalender,
auf das Jahr nach der gnadenreichen Geburt unfers
Herrn und Seligmachers Jefu Chrifti M.DCC.LXXXVI.
Mit beygefügten Schematifmo. Alles zufammen getragen und auf eigene Unköflen in Druck gegeben von
Francifco Antonio Bitzenhofer, Hochf. Truchfefs und Kammerfourier. Zu haben in Dero Quartier in der Schuftergaffe Nro. 153. Paffau, gedruckt
bey Gabriel Mangold, hochfürftl. Truchfefs und
Hofbuchdrucker. 8. S. 105. (Jahrgang 1782. S. 122.)*

Ift mit einigen ftatiftifchen Zufätzen verfehen. Inhalt: Bifchof nebft Bildnifs und Wapen, 15 Capitularen und 8 Domicellaren, weil die Einkünfte der
neunten Stelle auf die Donaubrücke verwendet
werden; unter den Subalternen 4 Domprediger und
2 Beichtväter mit lateinifcher Benennung; 4 Erbämter; Oberhofämter, geheime und geiftliche Räthe, wovon 77 nicht frequentiren, mit dem
Patentsdatum; Auffeher über Kirchen und Schulen; 31 abwefende oder nicht frequenti-

rirende Hofräthe; Lehnwefen, unter andern 2
Ritterlehenſtuben in Oeſterreich und Beutel-
lehn—Anwaldſchaften in den Kaiſerlich-
Königlichen und Churpfälziſchen Landen. 27 Hofcammerräthe, ſo im Rath nicht
erſcheinen. Obere Finanzämter, Perſonale in
der Feſtung Oberhaus, Geſandte und Agenten
und Pfleg- und Landrichter. Hofſtaat; 17 Truch-
ſeſſe: 24 dienende und nicht dienende *ante-
camera*-Cammerdiener, 5 Hof- und Feldtrom-
peter. Beamte des Domcapitels, und Magiſtrat in
Paſſau. Zuletzt Collegiatſtifter und Klöſter, auch
in Baiern, in ſo fern ſie zum Kirchſprengel gehören, aber nicht von Oeſterreich. Poſtzeiger und
Sachregiſter.

Hochſtift Lüttich.

Étrennes mignonnes pour l'an de N. Seigneur MDCCXCI.
*à Liége, chez H. Deſſain & Sœurs. (chez la
Veuve J. Deſſain). Avec privilége de S. A.* 24.
Ein Taſchenbuch, welches nur einzelne Nahmenliſten zu enthalten pflegt, z. B. 1777 *les Maitres &
Commiſſaires de la noble Cité,* und *les Charges à la collation des Chambres de la Cité* — und 1791 die am 17
Januar von dem Kreisdirectorium eingeſetzte Ma-
giſtratur. Allein unter dem Titel:

*Liſte contenant les Conſeaux, les Tribunaux, les trois
Corps des États & les Bailliages du Pays de Liége
& Comté de Looz, &c. A Liége, chez la Veuve*

J. *Deſſain, Imprimeur-Libraire. Avec Privilége de S. A.* 24.

iſt damit ein Anhang verbunden, welcher das Geheimerathscollegium, die Hof- und Rentcammer, den Synod und das Officialat, das Schöffengericht, den ordentlichen Rath, den Lehn- und den Allodial-Gerichtshof in Lüttich, ſodann fünf Provinzialgerichtshöfe, ſämmtliche Landſtände nebſt den landſchaftlichen Einnehmern, und ſummariſch auch die Aemter im Bisthum enthält. Während der Unruhen hat der ſchwankende Zuſtand des Perſonals, die Erneuerung dieſes Anhangs unterbrochen.

Almanach pour cette année MDCCXCI. ſupputé par Mtre M. Laensbergh, Math. à Liége, chez la veuve de Bourguignon. 24.

Iſt als Taſchencalender durch eingereimte Prophezeihungen weit und breit bekannt, enthält aber nichts als die Nahmenliſte des Magiſtrats in Lüttich.

Hochſtift Fulda.

Des Fürſtlichen Hochſtifts Fulda Staats- und Standskalender, auf das Jahr 1791. Zum Beſsten des Waiſenhauſes. Fulda, gedruckt mit Stahliſchen Schriften. kl. 8. S. 104.

Zierliche Form und die Wapen der Domherren ſchmücken dieſe Beamtenliſte eines reichen Hochſtifts, in welcher auf hochfürſtlichen Befehl nur der dienſtleiſtende Staat angeführt worden. Inhalt: *a)* Geiſtlicher Staat; die Land-

Landdecanate lateinifch bezeichnet z. B. *ad tractum
Haunal;* 30 Pfarrer und Lehrer vom lutherifchen
Bekenntniffe. *b*) Civilftaat in alphabetifcher
Ordnung mit der Eintheilung in adliche und un-
adliche Geheimeräthe durch gefpaltene Colum-
nen; '15 Cammerjunker, 18 Profefforen bey der
Adolphs-Akademie. *c*) Kriegsftaat; Hufaren-
leibgarde, Landregiment und das Oberrheinifche
Kreiscontingent. Am Ende Pofttabelle, Sach- und
Nahmenregifter.

Bisthum Lübeck.

*Hochfürftl. Bifchöfl. Lübeckifcher Genealogifcher Staats-
Kalender, auf das Jahr* 1791. 8. S. 104. *Eutin, gedruckt bey Benedict Chriftian Struwe, Hofbuchdrucker.* ·

Als Staatscalender eines evangelifchen Bisthums
und auch des Titels und des Inhalts wegen, bemerkenswerth; aber fo fehr von dem unten vorkommenden Oldenburgifchen verfchieden, dafs
man eher bey diefem, als bey jenem eine Landesherrliche Autorität erwarten follte. Er wird nemlich von einem Rath in der Eutinfchen Regierung,
gewiffermafsen Auftragsweife, beforgt und kömmt
feit dem Jahre 1776 oder 1777 heraus. Der Zufatz:
genealogifch, auf dem Titel, welcher eigentlich
die Stammtafeln der Staatsbeamten zu verfprechen
fcheint, geht auf das Gefchlechtsverzeichnifs der
fürftlichen Häufer, welches z. B. die doppelten Anzeigen des Alters und der Geburtstage, die gefür-

fteten Abteyen, und alle neue Fürften in fich fafst
und daher zwey Drittheile des Ganzen einnimmt.
Inhalt: *a*) Domcapitularen, Vicarien und Collegia-
ten mit dem Erwerbsjahr; *b*) von dem Hof- und Ci-
villtaat vieles in dem Oldenburgifchen Calender, bis auf die Rubrik von auf Penfion gefetzten wirklichen Bedienten, 9 Hofcavaliere; Amts- und Forftbeamte und das Stadt- und
Policeygericht; unter andern das gnädigft (etwa
im Gegenfatz des übrigen?) angeordnete *Collegium
fcholarchale.* Zuletzt die Gerichts- und Verlaf-
fungstage; des kleinen Militärcommando in Eutin wird hier nicht erwähnt, weil dabey kein Officier ift.

Mittelbare Collegiatftifter.

Die Nahmen und Wapen der Mitglieder von
geiftlichen Collegiatftiftern des evangelifchen und
katholifchen Glaubensbekenntniffes werden nicht in
allen Territorialcalendern aufgenommen; felbft nur
im *Krebel* 1792. Th. 1. S. 253-260, in fo fern fie unter Preufsifcher und Sächfifcher Hoheit fich befinden. Dagegen werden fie aber fehr oft zugleich
mit dem Zeitcalender und mit biblifchen Hiftorien
auf einem Foliobogen in Kupfer geftochen, und
zieren alsdann gewöhnlich die Thüren der Dorf-
fchenken und Bauerhäufer. Eigentlich find diefe
Folioblätter zugleich wahre Staatscalender. Da
aber diefelben Perfonen in den Nahmenverzeich-

niffen ihrer Staaten fämtlich vorkommen, fo würde
eine befondere Anzeige derfelben die Gränzen und
den Zweck diefer Bibliographie überfchreiten, und
der Vollftändigkeit wegen wird es genug feyn, ein
einziges Mufter anzuführen, das fich durch den
zweyfüfsigen Diameter des Formats und durch die
Mannichfaltigkeit der Verzierungen vorzüglich auszeichnet.

Des Kaiferlich-Anfehnlichen Collegiatftiftes Unferer lie-
ben Frau zur alten Kapelle in Regensburg Almanach
auf das Jahr MDCCLXLI. Regensburg gedruckt
bey Anton Lang, Hochfurftl. Bifchöfl. Hofbuchdr.
An beyden Seiten des Zeitcalenders die Wapen
und Nahmen der 14 Capitularen, fo wie man fie im
Statu Ecclefiaftico Dioecefis Ratisbonenfis (1791. S. 14.)
findet, in ovaler Form aufgeklebt.

Dritte Unterabtheilung.

Staatscalender der weltlichen Churen, Für-
ftenthümer und Graffchaften.

Vom wichtigften Theil derfelben, nahment-
lich von dén Brandenburgifchen S. 110-119,
den Braunfchweigifchen S. 176 und den
Böhmifch-Oefterreichifchen-Churlanden
S. 125-144, fodann auch von den Herzogthümern
Holftein S. 103, und Schwedifch-Pommern
S. 95. find fie wegen deren auswärtigen Verbindung

bey den aufserdeutfchen Staatscalendern angezeigt
worden. So wie in deren Structur fich fehr erheb-
liche Folgen der perfönlichen Einheit eines u n a b-
hängigen K ö n i g s und eines d e u t f c h e n
R e i c h s f t a n d e s darftellen, fo giebt auch der Eintritt von Vormundfchaften und Debitcommiffionen,
die Exiftenz der Nebenlinien und Nachgebohrnen,
und die zur Verforgung derfelben und des hohen
Adels oft zerftückelte Landesregierung den übrigen W e l t l i c h e n Staatscalendern gewiffe Eigenthümlichkeiten vor den G e i f t l i c h e n. Sie ftehen
im Durchfchnitt mehr als diefe unter der Aufficht
gelehrter Gefellfchaften und ftaatskundiger Ge-
fchäftsmänner, und find daher in Anfehung der
Sprache, der Anordnung und der ftatiftifchen Zufätze, vorzüglich beym Militär und Poftwefen, beffer bearbeitet.

C h u r - P f a l z.

Vor der Verbindung der Chur-Pfalz mit dem
Herzogthum Bayern, waren die Staatscalender
beyder Länder getrennt. Der Churpfälzifche von
1773 war in Duodez. S. 299. Der Churbayerifche
wurde bis 1764 vom Cammerfourier *Franz Leh-*
renbeitl verlegt, am 20 Auguft 1764 aber dem
Hofrath und Cammerfourier *F. X. M. von Vor-*
waltern mit dem Befehl übergeben, den Schematismus gehörigen Orts zur Revifion einzureichen;
für das Jahr 1778 (8. S. 223) war er, fchon vor
dem Regierungsantritt des Herrn Churfürften von

der Pfalz in Bayern, abgefafst; dem ungeachtet
wurde aber doch deffen Debit geftattet, bis dafs
am 12 Julius 1779 erwähnter Hr ö. *Vorwaltern*
und der erfte Churfürftliche Cammerdiener, Nahmens *Hazard*, auf ihre beyderfeitige Lebenszeit
das ausfchliefsende Privilegium für den vereinigten Bayrifch - Pfälzifchen Staatscalender bekamen,
bey welchem feitdem die Form des Pfälzifchen
zum Grunde gelegt worden, und der jährlich unter
folgendem Titel herauskömmt:

*Seiner Churfürftlichen Durchlaucht zu Pfalz &ct. Hof-
und Staats-Kalender, für das Jahr 1789. Mit chur-
fürftl. gnädigften Privilegium verlegt durch beyde
churfürftl. Kammerfouriers, und gedruckt zu München, in der Franzifchen Hof- und Landfchafts-
buchdruckerey. gr. 8. S. 395. — 1790. S. 399.*
Im Zeitcalender die Gala- Feyer- und Fefttage.
— Bey den Staatsbeamten zum Theil das Ernennungsjahr und die Gerichtsferien. — Sehr fonder-
bare Unterfcheidungen von wirklich dienenden und wirklich nicht dienenden Cam-
merdienern, von wirklichen und wirklich
verpflichteten aber dermahlen nicht frequentirenden Räthen und Secretären, von
charakterifirten Secretären. — Eben fo viel
Eigenthümliches in den Aemtern und deren Benennungen, z.B. Hofpfifterey, Leinwandcam-
mer, Gejaidamt, Krippenknechte, Prä-
fenzmeifter, Hoftyroler, Cammermen-

ſcher u. ſ. w. — Dabey eine grofse Anzahl von
auswärtigen und landinſäſſigen Titulaturen, von Hofbeamten (ſ. oben S. 78.), von Klöſtern und Commenden. — Statt der Wiederhohlung des Ehrenworts Herr, vor den einzelnen
Nahmen die Bezeichnung eines jeden Abſchnitts
mit dem Plural: Titl. Herren Herren, übrigens
die Courtoiſie ſorgfältig beobachtet. — Inhalt:
a) Ritterorden und Hofhaltungen der churfürſtli-
chen Familie nach den vier Stäben; *b*) Miniſterium und Geſandte vom und an den Churfürſten;
c) Hofkriegsrath, Generalität und Gouvernements.
Sonſt gar nichts vom Kriegsſtaat; *d*) Civilbeamte
in den verſchiedenen Provinzen, mit Einſchluſs
der Univerſitäten und Akademien, der hohen geiſtlichen Gerichte für alle drey Glaubensbekenntniſse
und der Abteyen, der Titularen, ſo in- und auſſerhalb Landes leben, des Schulweſens, und der
Landſchaften. Der eigentliche geiſtliche Staat fehlt
darin ganz. Chur-Pfalz S. 125-198. (Pfalz am
Rhein oder untere Pfalz). — Bayern S: 199.
— Obere Pfalz S. 307. — Neuburg S. 325.
Sulzbach S. 341. und Gülich und Berg S.
349-396. Zuletzt ein doppeltes Regiſter, das eine
für Fürſten, Fürſtinnen, Damen und Cavaliere, das andere für die Aemter und Ort-
ſchaften.

Staatsbeamte weiblichen Geschlechts.

*Churpfalzbaierisch - Hochadelicher Damen - Kalender auf
das Jahr 1791. Mit churfürstl. gnädigsten Privilegio, verlegt durch Franz Xaver Gerwaldi
von Wallerotty, churfürstl. Hofrath, und Hoffourier. Landshut, gedruckt bey Maximilian Ha-
gen, Stadt- und Landschaftsbuchdrucker. 8. S. 76.*

Diese in ihrer Art einzige Abtheilung einer Classe
von Staatsbeamten nach dem Geschlecht war
wegen der grofsen Anzahl der vom Landesherrn verforgten Damen schon in Bayern vor der
Verbindung mit Pfalz üblich, und wurde nur das
Privilegium für den v. Wallerotty am 30. October 1778. bestätigt. Inhalt: *a)* Damenorden der h.
Elisabeth nebst den Officianten nach dem Jahre der
Ernennung; *b)* Damenstift bey St. Anna in München; *c)* Schlüfsl- und Hofdamen auch
Stadtdamen, deren Herren Herren Ge-
mahle mit dem churfürstl. Cammerschlüf-
fel begnadet find, in alphabetischer Ordnung
mit Anzeige der Ancienneät; letztere wegen ihres
Ranges bey Hofe. *d)* Traueroidnung und Postzeiger.

Lottobediente.

*Calender der Churfürstlich- Pfälzischen Lotterie für das
Jahr 1773. Auf Kosten der General- Administra-
tion. Mannheim, gedruckt in der Churpfälzischen
Lotterie-Buchdruckerey. kl. 8. S. 100.*

Exiſtirt ſchon ſeit Errichtung der Lotterie 1764 als
ein öffentliches Denkmahl dieſer Anſtalt, die eigentlich ein Lotto iſt. Als Titelkupfer das Lotterie
hotel zu Manheim. Inhalt: a) Plan des Lotto.
b) Zeitcalender und Genealogie; c) Ziehungen des
Lotto; d) 39 Banquiers der Generaladminiſtration
in fremden Ländern, deren Oberpolizey dieſe Publicität ſich alſo zur Nachricht dienen laſſen kann.

Ritterorden St. Georg.

Des Chur-Bayeriſchen Hohen Ritterordens S. Georgii
Wappenkalender 1790. München. 8.
Enthält die Bildniſſe und Wapen der lebenden und
die Nahmenliſte der verſtorbenen Ritter.

Chur-Sachſen.

Die Calenderinduſtrie hat ſchon früh in den
Sächſiſchen Landen geblühet, wie *Trenzels Chur-*
und Fürſtl. Sächſiſcher Geſchichtscalender (Leipzig
1697), beweiſet. Allein der erſte Staatscalender erſchien erſt im Jahr 1728, und zwar jährlich
bis 1756 in Quartform, als eine Privat-Unter-
nehmung der Weidemannſchen Buchhandlung. Er führte damahls, ſo wie itzt die politiſchen Ereigniſſe es wiederum dahin bringen können, und zwar in eben dem Verhältniſs, wie der
Chur-Braunſchweigiſche, den Titel: *K. Pohlni-*
ſcher Hof- und Staatscalender, ohne jedoch auſſer
den Rittern des weiſſen Adlerordens Pohlniſche
Aemter zu enthalten. Man findet darin Anzeigen

. der Galatäge, der Kirchenfeste und der notablen
Vorfälle im Lande; Kupferstiche von Prinzen und
von Plätzen und Gebäuden in Dresden, und die
Hof- (Rang) Ordnung vom 30 April 1716, welche
vom Oberhofmarschall bis auf die Capitäne geht.
Die Rubrik von notabeln Vorfällen schränkte
sich gewöhnlich auf Hoffestlichkeiten ein, z. B. im
Jahr 1728 auf die Feste nach der Genesung des Königs von einer schweren Krankheit. Auf diese Art
blieb für den eigentlichen Staatscalender nur die
Hälfte des Buchs übrig. Im Jahr 1733 wurden darin
auch die Pohlnischen Senatoren, Castellane, Reichs-
officiere und die Kronchargen der Pohlnischen und
Litthauischen Jägerey, aufgenommen. Vom Jahr
1735 an beschäftigte man sich mehr mit der Verbes-
serung, und 1744 fügte man die Genealogie der
Europäischen Fürstenhäuser bey. Das grosse Personale des Hofstaats, die vielen Departementer des
Oberfalkenmeisters, des Commendanten der Parfor-
cejagd, und die Beschreibung der ununterbroche-
nen Hoffestlichkeiten, sogar mit Bemerkung des
Tafelsitzes, zeugen von der Pracht der Auguste.
Der Jahrgang 1745 hat 68 grosse Quartseiten mit
gespaltenen Columnen, und 36 für das Itztlebende Europa. In den Kriegs-Jahren von 1756
bis 1763 unterblieb die Herausgabe ganz. Seit dem
Jahr 1765 hat man sie aber in Octavgestalt mit jähr-
licher Fortsetzung veranstaltet, welche nur im Jahre
1774 wegen Errichtung der Generalhauptcasse und
der Veränderungen bey den ersten Finanzstellen

unterbrochen worden. Statt der Hofmemorabilien
und Zeitrechnungen ist seitdem das Personale des
Churhaufes und des *Corps diplomatique* nebst einem
vollständigem Register eingerückt, und den Collegien die Einschickung der Materialien an das Chur-
fürstliche Cabinet aufgegeben worden, welches sol.
che noch itzt der Buchhandlung zukommen läst.
Demungeachtet sind in der Genauigkeit und Anordnung, z. B. der Aufführung von bereits Ver-
storbenen, oder der Classificirung der Bibliothek unter den Curiositätencabinettern, einige Unvollkommenheiten geblieben.

Churfürstlicher Sächsischer Hof- und Staatscalender auf
das Jahr 1789. Leipzig, in der Weidmannischen
Buchhandlung, gr. 8. S. 236. (20 Ggr.)
Inhalt: voran, Regierendes Haus, wobey die Ge-
mahlin des Herzogs Carl von Curland nicht aufgeführt wird, und Zeitcalender. — Unter drey Haupt-
abtheilungen, in welchen die Rubriken nach dem
Range der Collegien und nach den Provinzen durch
die Partikeln: Ueber dies, und Hierüber mit
einander verbunden sind, *a*) Der Hofstaat S. 35
bis 87. Sehr vollständig; 130-140 Cammerherren;
S. 63 auch die Aufseher über die Churfürstlichen
Besitzungen in Warschau. *b*) Civilstaat S. 88
bis 215. Im Geheimen Cabinet das Domestique-
und das Etranger-Departement; S. 92. 12
wirkliche Geheime Räthe, welche keine Ses-
sion, aber doch die Excellenz haben. *c*) Vom

Militär - Etat die Generalität und Oberften,
Kriegsgerichte, Gouvernements und militärifche
Anftalten; nur allein von den Garden die Rittmeifter und Subalternofficiere. *d)* Ausländifche
Minifter und *Chargé(s) d'affaires.* *e)* Mit befonderer
Seitenzahl (S. 1-96) die Genealogie der Fürften unter dem Titel: Itztlebendes Europa. Das
Churfürftliche Haus nach feiner alphabetifchen Ordnung; auch die abhängigen Italiänifchen Fürften
Albani, Altieri, Borghefe, Chigi, aber nicht die Franzöfifchen und Spanifchen u. f. w. Sodann die Nach-
kommenfchaft des Prätendenten von Grofsbritannien, und unter Curland und Semgallen
nicht der regierende Herzog, fondern der Prinz
Carl nebft dem Tage feiner Erwählung und Be-
lehnung.

α) Nach Verfchiedenheit der Beamten-claffen.

Geiftlichkeit.

Das gefamte jetzt lebende geiftliche Minifterium im Chur-
fürftenthum Sachfen und incorporirten Landen von
JCCander. 1723. 8.

Ein Titel, der fich in Bücherverzeichniffen findet.

Reichsvicariatshofgericht.

Addreffe-Verzeichnifs der Churf. Sächf. Reichs-Vika-
riats-Commiffion und darzu gehörigen Gerichts- wie
auch der Geheimen Reichs-Vikariats-Canzley 1790.
1 Bogen fol.

Zeigt neben den Wohnungen die damahligen Mitglieder diefer Commiffion an, welche noch andere
wichtige Aemter bekleideten.   Die weitern Bemerkungen darüber giebt *meine Ueberficht der Vicariats-
literatur* in der *Allg. Deutfch. Bibliothek* XCVIII. 2.
S. 547. 548.

Bergwerksbeamte.

1) *Churfürftlich- Sächfifcher Gnädigft privilegirter Berg-
Calender auf das Jahr . . . . . mit dem ganzen
Sächfifchen Bergftaat im Verlag des Waifenhaufes
zu Marienberg.* gr. 8.
Kömmt feit 1772. jährlich heraus.

2) *Bergmännifches Tafchenbuch für das Jahr* 1790.
(1791.) kl. 8. *von A. W. Köhler.*
Enthält das ganze Perfonale von etwa 250 Perfonen
im Jahrgang 1790. S. 1-25. Nr. 1. und 1791. S. 1-28;
wird aber leider! wegen Mangels an Unterftützung
nicht fortgefetzt werden, wenigftens nicht jährlich
erfcheinen.

3) *Ueber die Chur-Sächfifche Bergwerksverfaffung. Ein
Beytrag zur Statiftik von Sachfen. Leipzig* 1787. 8.
Enthält alle Berg - und Hüttenbeamte und Offician-
ten. Nr. XIII. S. 1-12.

Kriegsftaat.

*Adam Friedrich Geisler, des Jüngern, allerneue-
fter Zuftand der Churfürftlich - Sächfifchen Armee,
auf das Jahr* 1781. *Halle.* 8.

Ist, nach *Meufel's Literatur der Statiftik*, auch im
Jahr 1782. und in den folgenden Jahren herausgekommen.

Gefchichte und gegenwärtiger Zuftand der Kurfächfi-
fchen Armee. Zweyter Ausgabe Sechfte Fortfetzung,
oder Siebenter Theil. Mit *Kurfürftlich-Sächfifcher*
gnädigfter Freyheit. Dresden, 1791. 8. S. 245.
(20 Ggr.)

Wird vom ehemahligen Secretär des Gouverneurs
Grafen *Baudiffin* in Dresden, Herrn *Lebrecht*
Bachenfchwanz, verfafst, welcher auch zu den
Nahmenliften im Lauf des Jahrs monathliche Nachträge liefert. Die erfte Ausgabe diefes nützlichen
Buchs ift 1783, die zweyte verbefferte und ver-
mehrte 1785, und die dritte 1786 herausgekommen.
Hierauf bezieht fich der Zufatz des Jahrgangs auf
dem Titelblatt; und in fo fern die Wahl der
ftatiftifchen Erläuterungen ftets verändert worden, macht auch nur das Ganze erft ein v o l l -
k o m m e n e s Gemählde aus. Inhalt; *a)* Gefchichte der Armee; *b)* General-Infpectorate; *c)*
Rang- und Nationalliften der Generale und Staabsofficiere, mit Anzeige des Patentdatums, des Va-
terlands, des Fortfchritts in der Beförderung und
des Regiments, wo fie angeftellt find. — Itzt etwa 5
Generale, 8 Generallieutenants, 9 Generalmajore,
31 Oberften, 29 Oberftlieutenante, und 59 Majore
bey der Cavallerie und Infanterie; *d)* Etats der
Corps und Regimenter mit Anzeige der Parade-

Exercier- und der täglichen Uniform, des Stand-
quartiers, des Werbediſtricts, und der Geſchichte
des Regiments, wie auch der Folge der Chefs und
Commandeurs nach den Abtheilungen von Cavallerie, Cadetten, Garden, Ingenieurs, Artillerie
und Infanterie; e) Gouvernements und Commen-
dantenſchaften; f) Garniſon- und Halb-Inva-
liden-Compagnien; g) Délogirung vom 1 April
1791.

β) Nach geographiſcher Abtheilung.

Stadt Leipʒig.

*Leipziger Adreſs- Poſt- und Reiſe - Calender, auf das
Jahr Chriſti MDCCXCI. worinnen nicht nur die bey
dem Churfürſtl. Sächſiſchen Gouvernement, ſämmtlichen Collegiis und Expeditionen, E. Löbl. Univerſität, E. E. Hochw. Raths-Collegio, dem geiſtl.
Miniſterio, der Kaufmannſchaft und Innungen ſtehenden Perſonen; ſondern auch der Leipziger Poſt-
bericht u. ſ. w. ſich befinden. Mit gnädigſtem Chur-
fürſtlichen Privilegio, und unter der Univerſität Aufſicht. Leipzig, gedruckt und zu finden bey Gott-
helf Albrecht Friedrich Löper. 8. S. 282.*
Ein ſeit 1764 unter der Aufſicht der Univerſität
in 6-800 Exemplaren jährlich herauskommendes
Adreſsbuch, das in dreyfacher Rückſicht ſehr
brauchbar iſt: 1) wegen ſeiner Vollſtändigkeit; Inhalt: a) Gouvernement und Officiere der Chur-
fürſtlichen Garniſon; b) Churfürſtliche Aemter in

der Stadt, und characterifirte Perfonen; *c*) Univerfität nebft den dort ftudirenden Prinzen und Grafen; fämtliche Anftalten für Wiffenfchaften und
Künfte; *d*) Stadtmagiftrat mit allen Unterabtheilungen und dem Stadtmilitär; *e*) Kirchen - und
Schulwefen ; *f*) Sämtliche Bürgerfchaft, Buchhändler, Krämer, Kaufleute, Künftler und Handwerker, Gaftwirthe von allen Claffen; 2) wegen
der ftatiftifchen Erläuterungen durch Anzeige der
Sitzungen, Ferien, Verfammlungen, Wohnungen, Gerichtsbezirke, Statuten, Obfervanzen, und
des Dienftalters. Vorzüglich gut ift die Verfaffung
der Univerfität ins Licht gefetzt, unter andern
durch die Anzeige der Rectorwahlen, des Verhältniffes der fogenanten vier Nationen im *Concilium
nationale magnum*, der Cognition aller akademifchen
Collegien und Concilien, des Jahrs der Doctorpro-
motionen, des Mechanismus der Cenfur, der Col-
legiaturen und Beneficien, des Stipendiatenwefens
u. f. w. 3) Wegen der praktifch- nützlichen Anlagen. Dahin gehören die Verzeichniffe der fremden Kaufleute, welche die Meffe befuchen, der
Sehenswürdigkeiten in der Stadt, der Landkutfcher
und Boten, Meffen und Jahrmärkte und auch der
Poftzeiger.

Sachfen - Weimar.

*Hochfürftl. S. Weimar- und Eifenachifcher Hof- und
Addrefs- Calender. Mit Hochfürftlich gnädigfter Erlaubnifs.*

1) *Auf das Jahr* 1767. 8. *Weimar, zu haben bey C. J. L. Glüsing, Fürstl. privileg. Hofbuchdrucker.* S. 92.
2) *Auf das Jahr* 1791. 8. *Jena, gedruckt und zu haben in der Strankmannschen Buchdruckerey.* S. 104. (8 gr.) Wird jährlich bey der Geheimen Canzley, und zwar itzt vom Herrn Legationsrath *Schnaufs* abgefafst. Der Verfchiedenheit eines Viertheiljahrhunderts ungeachtet, find die beyden hier angezeigten Jahrgänge in der Form, Einrichtung und felbft in vielen Familiennahmen gleich geblieben. Es ftellt fich indefs nicht fowohl eine Vererbung der Aemter, als vielmehr eine lange Fortdauer der Dienftzeiten und ein löbliches Syftem von ftufenweifer Beförderung darin dar. Von beyden geben die fämtlichen itzigen Herren Geheimeräthe *v. Fritfch, Schnaufs, v. Göthe* und *Schmidt* gewiffermafsen Beyfpiele. — Die Veränderungen feit 1767 fchränken fich auf Folgendes ein: *a)* im erften Abfchnitt vom Civil-Etat; 3 neue (vielleicht nur Titular) Agentfchaften zu Florenz, Rom und Petersburg und das Poftamtsperfonale zu Eifenach; *b)* im zweyten vom Hofftaat; als eine neue Claffe von Staatsbeamten, 11 Cammerherren und ein durch *Bertuchs Modejournal* ausferhalb Landes bekannt gewordenes freyes Zeicheninftitut. *c)* Im dritten Abfchnitt vom Stall-Etat; itzt etwas mehr Luxus, *d)* und im vierten vom Militär, ftatt des Landregiments und der Garde du Corps, 2 Hufarenofficiere und 2 Majore, 9 Capitäns und 4 Subalternofficiere bey der Infanterie.

Sachfen-

Sachſen-Gotha.

*Herzoglich- Sachſen-Gotha- und Altenburgiſcher Hof-
und Adreſs-Calender, auf das Jahr 1791. worinnen
der verbeſſerte Gregorianiſche Calender, nebſt den
darzu gehörigen dienſamen Nachrichten enthalten,
auch am Ende ein Verzeichniſs von dem dermahligen
Herzogl. Sachſen-Gotha- und Altenburgiſchen Civil-
Hof- und Miiitär-Etat angefüget worden.* Gotha,
bey Carl Wilhelm Ettinger. gr. 8. S. 116.
Die Hauptabtheilung betrift die Herzogthümer Gotha und Altenburg, deren Hof- und Militär-Staat
zwar in eins, der Civil-Etat aber beſonders abgefaſst worden. Eine faſt Hannöveriſche Einfachheit
der Titel und Aemter; am wenigſten jedoch bey
den auswärtigen Vcrſchickungen und beym Hofſtaat. 2 *Sousdirecteur des plaiſirs*, 17 Cammerherren,
16 Cammerjunker. Die Ueberbleibſel jener Abtheilung ſind in dem Artikel von: verſchiedenen bey keinem Collegio angewieſenen
Räthen und Bedienten geſammelt. Die Ge-
ſamt-Univerſität Jena folgt nebſt dem Geſamt-
Hofgericht auf die Abtheilung von Altenburg, und
iſt eben ſo wenig als die Graiſchaft Gleichen abgeſondert. Gar kein Regiſter.

Sachſen-Coburg-Saalfeld.

Der *Herzoglich Sachſen-Coburg-Saalfeldſche Hofcalender. 1792. 16. (1 Fl. 12 Kr.)* iſt, einer Anzeige
im *Intelligenzblatt der Allgemeinen Literarzeitung* ge-

mäſs, ſehr wohl eingerichtet, und vom Hrn. Hof-
graveur *P. IV. S c h w ą r z* mit Kupfern geziert, deſſen Krankheit die jährliche Herausgabe deſſelben
im Jahr 1790 unterbrochen hat. Uebrigens iſt der
Mechanismus der Landesverwaltung in Hrn. *Leon-
hardi Erdbeſchreibung der Churfürſtlich- und Herzog-
lich- Sächſiſchen Lande* Th. 2. S. 818. u. ſ. aus einander geſetzt.

Mecklenburg - Schwerin.

Schon ſeit 1771 zeichnet ſich der Staatscalender
dieſes Herzogthums durch zweckmäſsige und genaue Abfaſſung aus, und hat beſonders viel durch
die Bearbeitung des auch durch andere ſchriftſtelle-
riſche Verdienſte bekannten Herrn Legationsraths
Rudloff gewonnen, welcher mit der Nahmenliſte
auch die Statiſtik durch beſtmöglichſte Benutzung des
Raums vereinigt hat. Seit dem 13 September 1790
hat letzterer für ſeine Lebenszeit mit dem Herzoglichen Hofbuchdrucker B ä r e n ſ p r u n g, als Verleger, einen landesherrlich beſtätigten Vergleich über
die Herausgabe geſchloſſen, nach welchem der Abdruck v o r W e i n a c h t e n, nach des Herzogs Befehl aber wegen der zu verſendenden Exemplare
noch früher, vollendet werden ſoll. Die Fortſchritte
in deſſen Verbeſſerung ſind bis 1791 im *Politiſchen
Journal* 1791 S e p t e m b e r S. 957. 1792 F e b r u a r
S. 146-248. und in der *Allgem. Lit. Zeit.* 1790. Nro.
162 bemerkt worden. Wie ſchnell und groſs ſie
ſind, mag die folgende Anzeige beweiſen.

Herzoglich Meklenburg - Schwerinifcher Staatskalender.
Schwerin, gedruckt und zu haben bei IV. Bären-
fprung, Herzogl. Hofbuchdrucker.

a) 1787. 8. S. 110. — 72 — 83.

Schon im Zeitcalender bemerkt man die Hand des
gelehrten Gefchäftsmannes, da die Anniverfarien,
Jahrmärkte, Gerichtsferien und Geburtstage darin
angegeben find. — 1) Inhalt des erften Theils:
a) Genealogie des Herzoglichen Gefamthaufes. *b)*
Minifterium. Dafs unter den wirklichen Geheimen Räthen einige nicht Sitz noch Stimme haben,
und dafs von den Gefandten zwar einer am franzöfifchen Hofe, aber keiner zu Wien ift, fcheint bemerkenswerth. *c)* Hofftaat: Altfrau, Leibfattel-
knecht, Häckfelfchneider, Stallburfchen, Füllen-
wärter, Feuerböther, Wafch - und Küchenmädchen,
Froteur, (Frotteur) Zwerg und Zwergin, alles höchft
vollftändig. *d)* Civilftaat; einige mit einander ver-
wandte Artikel find getrennt, z. B. die Klöfter von
den milden Stiftungen und Univerfitäten, unter welchen nach der Vereinigung mit Bützow auch die Roftockfche Akademie aufgenommen ift. Zu den
unbeftimmten Benennungen, welche eine genaue
Kenntnifs der Meklenburgifchen Verfaffung vorausfetzen, gehören die Roftockfche Unterfu-
chungscommiffion, die Reluitionscommif-
fion (über einige Aemter, deren Einkünfte zur Abbezahlung der Schulden verwandt werden) und der
Hamburger Vergleich, (der am 8. März 1701 zu
Hamburg zwifchen der Schwerin- und Strelitzfchen

Linie, nach dem Abgange der Güstrowschen, der Haupttheilung wegen geschlossen worden.) u. s. w. e) Militärstaat, ohne Anzeige der Staabsquartiere, des Garnisonstandes und der Uniformen. — 2) Inhalt des zweyten Theils: *a*) Herzogliche Domänen nebst deren Pächtern, unter Bezeichnung derer, so zum Corps der Ritterschaft gehören; *b*) Ritterschaftliche und andere Privatgüter mit ihren Besitzern, nebst Unterscheidung der Allodien, Fideicommisse und verpfändeten. c) Klöster- und *d*) Städtische Cämmereygüter; *e*) Ritterschaftliche steuerbare Grundstücke in den herzoglichen Domänen. — 3) Inhalt des dritten Theils: Genealogie der europäischen und deutschen Fürsten; (eine nicht geographische Unterscheidung,) ein vollständiger Postzeiger, Rostocker Schiffahrtsliste, Geburts- Copulations- und Mortalitäts - Verzeichnisse, und die letztjährigen einheimischen Merkwürdigkeiten und Auszüge von Verordnungen.

b) *Jahr* 1791. S. 114 und 158. (1 Mark 8 Sch.). Auf dem Titel der für einen Staatscalender überflüssige Zusatz: für den Horizont von Schwerin astronomisch berechnet. Wichtiger sind die Verbesserungen des Registers zum ersten Theile — die Einschränkung der dreyfachen Seitenzahl — das Versprechen einer vollständigen Topographie der Domänenämter, da hier nur die verpachteten und steuerbaren herrschaftlichen Dominialgrundstücke zusammen getragen sind — die Angabe der unter-

fcheidendften topographifchen und politifchen Verhältniffe bey den Rittergütern, deren Credit den
eigentlichen Fond des Meklenburgifchen National-
reichthums ausmacht — die literarifche Producten-
lifte von 47 Schriften von Michaelis 1789 bis 1790 —
die Nachricht von der Städtifchen Brandverfiche-
rungs-Gefellfchaft nebft dem Catafter der Ritterfchaft-
lichen Brandfocietät, und die Geburts- Copulations-
und Todtenliften vom 29 November 1789 bis zum
28 November 1790.

.- Die ftatiftifchen Nachrichten find auch unter
einem befondern Titel: *Neuefte Materialien zur Staatskunde oder das jetztlebende Meklenburg Schwerinfchen
Antheils*, 1 und 2 Theil, 1791. 8. S. 92 herausgekommen.

c) *Jahr* 1792. S. 115 und 184.
Im Zeitcalender die tägliche Witterungskunde des
Jahres 1791 vom Hrn Präpofitus *Franke* zu Levin. —
Im zweyten Theil S. 80-106 eine neue wichtige Berichtigung; — die kirchliche Topographie, worin
alle mit eignen Nahmen bezeichnete Oerter unter
die Rubriken ihrer refpectiven Kirchfpiele und diefe
nebft den Perfonen wieder in ihre hierarchifchen
Claffen vertheilt find. Dadurch find alle Dienftge-
fchäfte mit kirchlichen Gemeinden und auch die
Kenntnifs der geographifchen Verbindung mehrerer Oerter fehr erleichtert. — Im Gefchlechtsverzeichnifs folgen itzt auf den Kaifer die Deutfchen
Chur- und Fürften in ihrem Comitialrange nebft

der Reichsgeneralität. — 33 Cammerherren, 9 Cammerjunker, 402 bey des sechsfachen Hoffstaats Per-
sonalbeftande, 173 immatriculirte Notarien bey den
drey Landesgerichten, 72 Procuratoren beym Hof-
und Landgericht zu Güstrow, und 37 zu Roftock,
145 Forftbeamte, 87 bey Steuern, 60 bey Poften,
32 bey Zöllen, 23 Professoren und 11 Privatdocen-
ten zu Roftock, 13 Minister und Agenten ausserhalb
Landes, 100 Amtleute nebft Verwaltern und Au-
ditoren, 10 Kreisphysici, 93 öffentliche Schullehrer und 312 Prediger.

Meklenburg - Strelitz.

*Calender für das Jahr 1791. Für die Herzoglich-Meck-
lenburg-Strelitzschen Lande aftronomisch berechnet.
Mit gemeinnützigen Nachrichten, genealogischen Verzeichnifs und Anzeigen der Jahrmärkte und Poftcour-
se. Mit Herzogl. gnädigften Special-Privilegio.
Roftock, gedruckt und zu haben in der Adlerschen
Officin. 4.*

Wird, wie der Titel zeigt, aufferhalb Landes gedruckt; ein seltnes und eben nicht nachahmungs-
würdiges Beyspiel. Inhalt: *a)* Ministerium, Gesandte und ein zahlreicher Hoffstaat, 14 Cammerherren, 4 Cammerjunker. *b)* Landftaat, nebft den
vornehmften Fabricanten und Manufacturiers. *c)*
Verzeichnisse der Herzoglichen Domänen und ihrer Pächter, und der Ritterschaftlichen und anderer Privat-Güter nebft ihren Befitzern, nach Star-
gard und Ratzeburg abgesondert.

Wirtemberg.

Herzoglich - Würtembergiſches Addreſs - Buch, auf das
Jahr 1788. Nebſt einem Anhang der freien Reichs-
ritterſchaft in Schwaben. Mit Herzoglichem Privi-
legio für die Rent - Cammer - Canzelliſt - Georg
Ernſt Bürkhiſche Relikten. Stuttgard, zu fin-
den bei der Bürkhiſchen Wittib. 8. S. 334. —
1791. S. 334.

Der gröſsere Umfang dieſes Staatscalenders, in deſſen
Seitenzahl nicht einmal der Anhang über die Reichsritterſchaft und die ausführlichen Regiſter begriffen
ſind, entſteht theils aus der Raumverſchwendung,
beſonders beim Militärſtaat, theils aus der Aufnahme der Stipendiaten in Tübingen und aller Studie-
renden auf der h o h e n Carls - Schule in Stuttgard,
nach ihren verſchiedenen Claſſen von *Chevaliers*,
A d l i c h e n und B ü r g e r l i c h e n. Die Unions-
geſchichte der Wirtembergiſchen Lande durch Er-
oberungen, Heirathen und durch Kauf, bewirkt die
Abſonderung der gefürſteten Graffchaft M ö m p e l -
g a r d t in franzöſiſcher Sprache, der Elſaſſiſchen
Herrſchaften, H o r b u r g, R e i c h e n w a y e r und
Oſtheim; welche itzt (Febr 1792) den Gegenſtand der Verhandlungen mit Frankreich machen,
und des Antheils an den L i m p u r g - G a i l d o r f-
und S o n t h e i m - S c h m i e d e l b e r g iſchen Graf-
und Herrſchaften, deren verwickelte Staatsverhält-
niſſe zuerſt von P ü t t e r mit der ihm eigenen
Gründlichkeit ins Licht geſetzt ſind. — Endlich

find felbft die Wirtembergifch-Schwäbifchen Erblande aus weltlichen- Cammerfchreiberey- und Klo-
fter-Gütern fo künftlich zufammengefetzt, dafs eine
billige Rückficht auf diefe das Volumen des Buchs
vermehren mufste. Inhalt: *a*) Herzogliches Haus;
b) die obern Landesftellen und Deputationen nach
dem Alphabet; *c*) die Kreis-Canzley und Kreis-
Gefandfchaft; *d*) Hohe Carls-Schule; *e*) Hofftaat,
mit welchem die an das Ende verwiefenen Ritter
des grofsen Ordens füglich hätten verbunden werden können; *f*) das Militär mit Einfchlufs der Subalternofficiere und des Militärordens; *g*) Forftäm-
ter; *h*) die übrigen geiftlichen und weltlichen Officianten auf dem Lande; diefes Zufatzes ungeachtet, kommen auch die Städte und felbft die
Refidenz und die Univerfität Tübingen in ihrer
Reihe darin mit vor; die Oberamtmänner nach
dem im Erbvergleich von 1770 ihnen verliehenen
Range, die übrigen Beamten aber in planlofer Folge, Apotheker, Pfarrer, Chaland, Burgermei-
meifter untereinander; unter dem Alphabet von
Stuttgard die rühmlichft bekannten Landftände,
aber an keinem Orte der Synod und die Erbämter;
Zuletzt ein General-Index, ein doppeltes Ort-
und ein Namenregifter, in welches jedoch die Ordensritter, die Stipendiaten und die Capelle nicht
mit aufgenommen worden.

Ueber die Veränderungen in Zahl, Befoldung und in Titeln der Aemter, liefert folgende
Vergleichung des Hof- und Regierungs-Etats von

1791, mit dem von 1556 *) merkwürdige Refultate.

1) H o f ſt a a t.

a) Im Jahr 1556. 3 Graven und Herren, 1 Marſchalk, 1 Haushofmeiſter, 6 Truchſeſſen, 6 Zweyröſſer- und 8 Einröſſer, auch 16 Einſpendige Edelleute, 3 Edelknaben, 1 Burgvogt, 1 Untervogt, 4 Wächter, 1 Rüſt- 1 Korn- 1 Zeug- 1 Zelt- 1 Bau- und 1 Werk-Meiſter, 16 Einſpendeknechte, 2 reitende und 2 unberittene Trommeter, 2 Schneider, 2 Lichtercämmerer, 1 Gemachknecht, 2 Hofwäſchnerinnen.

b) Im Jahr 1791. 1 Obercämmerer, 1 Oberhofmarſchall, 1 Hof- und 1 Haus-Marſchall, 1 Oberſchloſshauptmann, 1 *Grand-Maitre de Garderobe*, 109 Cammerherren, 54 Cammerjunker, 28 Hofjunker, 15 Edelknaben, 43 Ritter des groſsen Ordens, unter welchen 22 Fürſten und 6 regierende Reichsgrafen, 72 Ritter des militäriſchen St Carl-Ordens, unter welchen 8 Commandeure, 9 Hof- und Cammerräthe, 4 Räthe beym Oberhofmarſchallamt, 2 Secretäre und 4 bey der Hofökonomiedeputation, 17 Officianten bey der Conditorey-Leinwands-Silber- und Caffee-Cammer- und Gewölbsverwaltung, 8 bey Kunſt-

---

*) Gröſtentheils aus einer Urkunde vom Herzog *Chriſtoph* gezogen, welche Herr Hofrath *Spittler* im *Neuen Göttingiſchen Hiſtoriſchen Magazin* (1792) B. 1. St. 4. S. 673-696 zum Druck befördert hat.

und Naturalien-Cabinettern, 9 Hofwächter, 4
Cammerdiener, 4 Fouriere, 21 Cammer- Leib-
und Hoflakaien, 2 Portiers, 1 Cammertürke, 1
Cammerhufar, 4 Leibheyducken, 3 Hoftrompe-
ter, 1 Pauker, 10 Lauffer, 1 Leibwäscherin, 1
Spitzenbeforgerin, 5 Hofwäfchmägde, 1 Hof-
wäfcherin, 4 Silbermägde.

Insbefondere Küche und Keller.

a) Im Jahr 1556: 1 Küchenmeifter, 1 Küchenfchreiber, 1 Fifchmeifter, 1 Pfiftermeifter, 1
Mühlmeifter, 1 Hofmetzger, 4 Mundköche, 11
andere Köche (einige blofs für die gefalzene
Waare), 12 Küchenbuben, 1 Spülbube, 1 Mül-
lerknecht, 3 Beckerknechte, — 1 Kellner, 2 Mundfchenken, 1 Hofbinder, 1 Binderknecht, 1 Bube.

b) Im Jahr 1791: 4 Küchenmeifter, 3 Mundköche,
1 Salzkoch, 1 Ritterkoch, 5 Köche, 7 Unterköche,
1 Küchenfchreiber, 1 Backmeifter, 1 Bratenmei-
fter, 9 Küchenjungen, 2 Pofsler, 3 Mägde —
1 Oberfchenk, 2 Hofküffer, 1 Hauskeller, 3
Mundfchenken, 1 Hofbeck *).

Seelen- und Leibesärzte.

a) Im Jahr 1556: 3 Hofpredicanten, 3 Hofärzte.
b) Im Jahr 1791: 6 Hofprediger und 2 Hofcaplane,
4 Leibmedici, 10 Hofmedici, 6 Hofwundärzte,
5 bey der Hofpflag, 5 bey der Hofapotheke.

*) Beym Keller ift alfo das Perfonale am wenigften vermehrt
worden.

Capelle.

a) 1556: 1 Capellmeifter, 1 Geiger, 12 Singerknaben.

b) 1791: 1 Capellmeifter, 3 Soprani, 2 Contralti, 3 Tenori, 4 Baffi, 15 Hofmuſici, 3 Viole, 2 Violoncelli, 4 Contrebaffi, 6 Oboe, 4 Flauti, 4 Corni, 2 Fagotti, 1 Clavicinifta, 2 Organifti, 1 Inftrumentenmacher, 1 Calcant; beym Schaufpiel 21 Perſonen; beym Ballet 7 Solotänzer, 17 Figuranten; Caffirer, Mahler, Schneider; Friſeur u. ſ, w.

Marſtall.

a) 1556: 1 Stallmeifter, 12 Reifige Knechte, 4 Buben: 1 Wagenbieter, 6 Wagenknechte.

b) 1791: 2 Oberftallmeifter, 4 Stallmeifter, 6 Bereuter, 1 Oberwagenmeifter, 2 Marftaller, 2 Inſpectoren, 1 Caffirer, 1 Curſchmidt, 7 Hoflandwerksleute, 6 Stutenmeifter; beym Reutftall 26 Knechte; beym Kutſchenftall 25 Kutſcher, 22 Vorreuter, 1 Leibvorreuter, 18 Beyläufer, 5 Tragthierknechte.

Jägerey.

a) 1556: 1 Jägermeifter, 1 Wildmeifter, 4 reitende und 12 unberittene Jäger, 6 Buben — 1 Falkenmeifter, 4 reitende Falkner, 1 Bube.

b) 1791: 5 Oberjägermeifter (15 Oberforftmeifter) 2 Jagdjunker, 1 Jagdfecretär, 1 Pürſchmeifter, 1 Wildmeifter, 5 Meifterjäger, 1 Büchfenfpanner, 1 Jagdlakay, 1 Rüdenknecht, 3 Burſchen.

Gärtnerey.

a) 1556: 2 Gärtner, 1 Wiefenknecht.

b) 1791: 1 Caffirer, 12 Hofgärtner auf 5 Luftfchlöf-
fern aufser den Gartenknechten.

Trabanten und Kriegsflaat.

a) 1556: 1 Hauptmann, 4 Trabanten, — 1 Reu-
terhauptmann.

b) 1791: 1 Hauptmann, 2 Lieutenants, 1 Brigadier, 1
Sergeant, 35 Trabanten, 20 Schlofsportiers — Statt
des Reuterhauptmanns itzt 3 Generallieutenants,
8 Generalmajore, 5 Generaladjudanten, 6 Flü-
geladjudanten und die Officiere vom Leibcorps,
von der Leibjägergarde, der Hufarengarde, der
berittenen Artillerie u. f. w.

Hofhaltungen der Herzoglichen Familie.

a) 1556, bey der H e r z o g i n: 1 Hofmeifter, 4 Edelknaben, 1 Sattelknecht, 2 Jungfrauknechte, 1 Wa-
genknecht; bey dem E r b p r i n z e n 1 Hofmeifter, 2 Präceptoren, 6 Edelknaben, 1 Thürhü-
ter, 1 Sattelknecht, 2 Buben.

b) 1791: die zerftreueten und aus dem Staatscalender nicht erfichtlichen Hofhaltungen der Herzogin und der 13 Wirtembergifchen Prinzen
nebft deren Gemahlinnen und Schweftern.

2) *R e g i e r u n g s - E t a t.*

a) Im J a h r 1556: bey der C a n z l e y, R e n t c a m-
m e r und V i f i t a t i o n (*i. e.* der Oekonomie der
Klöfter); 1 Landhofmeifter, 1 Canzler, 4 Röf-
ler, 36 Beamte, 2 Regiftratoren, 2 Landfchrei-
ber, 3 bey der Hofcanzley, 3 Advocaten, 1 Botenmeifter, 3 Canzleyknechte, 4 reitende Boten,

4 Fufsgehende Silberboten, 3 Knechte und 1
Bube im Pferdeſtall der Canzley.

b) 1791: Aufser dem Conſiſtorium, dem
Kriegsrath, der Kaſtkellerey, dem Kir-
chenrath und den 21 in Stuttgard befindlichen
Deputationen, welche den Geſchäftskreis der
drey Collegien von 1556 itzt unter ſich theilen
mögen, ſind folgende drey vorzüglich in deren
Stelle getreten: α) der Regierungsrath:
1 Präſident, 6 adliche und 15 gelehrte Räthe,
8 ordinäre und 8 extraordinäre Secretäre, 4 Regiſtratoren, 11 Canzelliſten, 73 Advocaten.
β) Cammer: 1 Präſident, 12 Hof- und Domä-
nenräthe, 18 Rechenbanksräthe, 4 bey der Caſſe,
11 Buchhalter, 12 Secretäre, 3 Regiſtratoren,
7 Canzelliſten u. ſ. w. γ) Kloſter-Rechenbank:
12 Räthe, 7 Buchhalter.

Geiſtlichkeit.

*Das gelehrte Würtemberg von B. Haug, Profeſſor an
der hohen Carls - Schule zu Stuttgardt, 1790. 8.
S. 365. (16 ggr.)*

Aufser der Literaturgeſchichte, der Erziehungsart
in allen Ständen, und der Anzahl der Gelehrten
ſind darin alle Geiſtlichen, Stipendiaten, Candidaten, Subalternen und Schullehrer aufgezeichnet,
deren Perſonale 2684 Perſonen ausmachen ſoll.

Heſſen-Caſſel.

Landgraf Wilhelm VIII, welcher zu der *Bü-*
ſchingſchen Erdbeſchreibung ſeiner Lande die Beyträge verſagte, ſoll auch zu wiederhohltenmahlen
die Abfaſſung eines Staatskalenders abgeſchlagen
haben. Der erſte kam daher erſt unter Friedrich II.
1764 heraus.

Landgräfl. Heſſen-Caſſellſcher Staats- und Adreſs-Ka-
lender.

1) *Auf das Jahr Chriſti 1789. Caſſel, im Druck und*
   Verlag des Armen- und Waiſenhauſes. 8. S. I-
   LVI. S. 72. und S. 1-128.
Bey dem Bildniſs des regierenden Landgrafen eine
lateiniſche Unterſchrift, und im Hof- und Mi-
litärſtaat die Bezeichnung der Seiten mit lateini-
ſchen, — im Uebrigen aber mit deutſchen
Zahlen und zwar hier mit neuen Abſonderungen.
Voran Zeitrechnung, Jahrmarktsliſten und Genealogie des Geſamthauſes. Inhalt: *a)* Hofſtaat,
Ritterorden und fremde Geſandten, unter welchen
nur allein hier dem Engliſchen nicht die Excellenz gegeben wird. *b)* Militärſtaat nach den
Regimentern. *c)* Civilſtaat; zuerſt in der Reſidenz Caſſel, dann in den Provinzen Nieder- und
Ober-Heſſen, Ziegenhayn, Hersfeld, Schaumburg,
Hanau; in jeder die Juſtiz- Cameral- und geiſtlichen Beamte nach dem Buchſtaben des Wohnorts,
und der Anzeige der Erbämter, der adlichen Ge-

richtsherren und Juftitiarien, der Gerichts-Sitzungen, ja felbft der unter landesherrlicher Aufficht ftehenden Fabriken, ausübenden Aerzte, Wund, ärzte und Apotheker in Caffel. Im Anhang Poft-tabelle, Maafs und Gewicht, Carlshafener Fracht-fuhrlifte, Fuldaer Marktfchifslifte und ein doppel-tes Sachregifter.

2) *Jahrgang* 1790. 8. S. I-XLVI. S. 1-84. und S. 1-128.

3) *Jahrgang* 1791. 8. S. I-XLVI. S. 1-86. und S. 1-130.

Plan und Inhalt fehr verändert. *a*) Das Militär (S. XLVI.) vor dem Hof- und Civilftaat; (S. 86.) und die übrigen Juftiz - Cameral - und geiftlichen Beamten (S. 1-130) befonders paginirt, als ob fie nicht zum Civilftaat gehörten, auch unter diefer Benennung blos die Collegien und Anftalten in den Refidenzen Caffel und Hanau. *b*) Von der Veränderung des Inhalts nur ein Beyfpiel: Im Jahr 1789 S i e b e n Mitglieder des Geheimen Minifteriums und 1791 V i e r und unter diefen nur D r e y von jenen. So auch verhältnifsmäffig bey den Oberhofämtern und bey dem Generalftaabe; die geringe Anzahl von 5 Cammerherren, 1 Cammerjunker, und 4 Hofjunkern.

Heffen-Darmftadt.

Hier hat die Regierung von jeher für die Verbefferung des Staatscalenders geforgt, obgleich we-

niger zweckmäßig zu Landgrafs Ludewig IX Zeiten. Die Beurtheilung der vorhergehenden Jahrgänge, findet man in der *Allg. D. Bibl.* B. XLIX.
S. 283. feqq. und B. CI. 1 St. S. 259-266.; die des
Jahrgangs 1791 aber in der *Allg. Lit. Zeitung.* 1791.
N° 44. S. 352. Das Publicum verdankt die itzige
vorzüglich gute Einrichtung dem Herrn Kriegsre-
ferendar *Hofmann* in Darmſtadt. Den Verlag
hat die Invaliden-Anſtalt; den Verkauf aber unter andern die *Hermanniſche* Buchhandlung in
Frankfurt.

Staats- und Addreſs-Handbuch für die Fürſtl. Heſſen-
Darmſtädtiſche Lande, auch zum ſtatiſtiſchen Ge-
brauch eingerichtet. *Darmſtadt* 1791. S. 306. gr.
12. (30 Kr.)
Inhalt auſſer dem Landgräflichen Hauſe: *a*) Militärſtaat: 3 vom itzt regierenden Landgrafen neu
errichtete Regimenter. *b*) Hofſtaat: 5 Cammerherren, 7 Cammerjunker- *c*) Civilſtaat. Unter andern die Rubrik von Vafallen und adlichen
Familien, fämmtliche Schullehrer und Aemter
nebſt Zubehör, auch in der Graffchaft Hanau-Lich-
tenberg; unter dem Nahmen der Auswärtigen
Dienerſchaft, die Gefandten und Gefchäftsträ-
ger, und die Landgräflichen Advocaten in Colmar;
Befitzungen im Elfaſs nach deren Zuſtande vor der
neuen Franzöſiſchen Conſtitution; adliche Ge-
richtsherrn und Juſtitiarien u. ſ. w. Im Anhang
zwey Regiſter; das eine in alphabetiſcher Ordnung,

und das andere in Form ſtatiſtiſcher Tabellen mu-
ſterhaft eingerichtet, nebſt einem Poſtzeiger. —
Im Ganzen eine gute Ordnung der Abtheilungen,
zunächſt nach den Eigenthümlichkeiten der Landesverfaſſung, Vollſtändigkeit, Benutzung des
Raums mittelſt des Gebrauchs von Klammern und
Abkürzungszeichen; und im Anhange wichtige ſtatiſtiſche Nachrichten, z. B. alphabetiſches Verzeichniſs aller Oerter im Lande und jedes einzelnen eine
Benennung habenden Hauſes; Anzeige der Seelen-
zahl, und der inländiſchen Merkwürdigkeiten.
   Für das Jahr 1792 iſt Titel, Format und
Seitenzahl verändert.

Hochfürſtlich Heſſen-Darmſtädtiſcher Staats und Ad-
dreſs-Kalender, auf das Jahr 1792. Im Verlag der
Invaliden-Anſtalt. Darmſtadt, gedruckt in der
Fürſtl. Hof- und Canzleybuchdruckerey, durch Joh.
Jac. Will, d. Z. Faktor. gr. 8. S. 324.
Auch im Inhalt iſt der Zeitcalender, und eine
Nachricht von der ehemahligen Heſſiſchen Kriegs-
verfaſſung hinzugekommen.

B a d e n.

Badenſcher gemeinnüziger Hof- und Staatskalender, für
das Jahr 1786. Carlsruhe und Kehl bey J. G. Mül-
ler, ältern. Hochfürſtl. Markgräflich. Hof- und
Canzlei-Buchdrucker. Mit gnädigſtem Privilegio.
kl. 8. S. 324.
Das Perſonale wurde zuerſt im Jahr 1785 dem Verleger vom Herrn Geheimen-Secretär Walz, nach

A a

der vorgefchriebenenOrdnung in einer unleferlichen
Handfchrift mitgetheilt, weshalb diefer erfte Verfuch
noch fehr unvollkommen geblieben, auch nach einer
in der *Allg. Lit. Zeitung* vom 21 März 1792 ftehenden
Nachricht feitdem nicht erneuert worden. Voran
Zeitcalender und Genealogie des Marggräflichen
Haufes. Inhalt: *a*) Hofftaat: 30 Cammerherren, 19
Cammerjunker, 9 Hofjunker. *b*) Militär nach den
Regimentern mit Einfchlufs der Seconde - Lieute-
nants, ohne Anciennetätsdatum. *c*) Civilftaat:
Minifterium, Lehnhof, Gefandten und Agenten,
Hofrath, Regierung und Hofgericht, nebft deren
weltlichen Deputationen, Untergeordneten, Ad-
vocaten, Stadt- und Amtsfchreibern in alphabeti-
fcher Ordnung, hin und wieder mit Anzeige der
Sitzungen und des Gerichtsbezirks. Rentcammer
mit den untergeordneten verrechnenden Be-
dienftungen. Am Ende ein Nahmen - und ein
Realregifter, beydes zu weitläufig und fehlerhaft
abgedruckt. Der befonders paginirte Anhang von
152. S. enthält einige lefenswerthe Auffätze, z. B.
Gefchichte des Poftwefens von Hrn *Poffelt*, über
Boten und Poftwefen; über die Fayencefabrik zu
Durlach; über das Leben des Prinzen Ludwig von
Baden, Münzcabinet zu Carlsruhe, Bad zu Baden-
weiler, Hofbibliothek (welchen Abfchnitt Hr. Profeffor *Brunn* in feinen *Briefen über Karlsruhe* 1791.
S. 208. 8. benutzt hat); Seidenbau, Geld- und Na-
turalvergleichungen.

Oldenburg.

Oldenburgifcher Kalender, auf das Jahr Chrifti (1789.)
1791. *Mit gnädigfter Freyheit gedruckt bey Gerhard
Stalling.* 8. S. 192.

Ein zu befcheidener Titel für diefen ftatiftifch
bearbeiteten Staatscalender des Herzogthums Oldenburg, welcher als ein Privatunternehmen des
Herrn Confiftorialraths und *Advocati piarum cauffa-
rum Lenz* in Oldenburg nicht einmal der Cenfur
unterworfen ift. Er hat im Jahr 1775 angefangen,
und vor dem Austaufch zwifchen Rufsland und
Dännemark wurde die Beamtenlifte der damaligen
Graffchaften Oldenburg und Delmenhorft
mit in dem Dänifchen Hof- und Staatscalender (oben S. 99.) abgefafst.

Der aftronomifch-chronologifche Theil ift auf
den Oldenburgifchen Horizont berechnet, nebft
der für diefes wafferreiche Land fehr gemeinnützlichen Berechnung der Ebbe und Fluth an den drey
Hauptftröhmen, und einer brauchbaren Sonnendecli-
nationstabelle. Durch die Zufammenftellung des Ge-
fchlechtsregifters vom Hollfteinifchen Gefammthau-
fe, ift das Verhältnifs des wirklich regierenden Hrn
Adminiftrators zu dem durch die Erbfolge zur Regierung berufenen Herzoge von Schleswig-Hollftein-
Oldenburg fehr künftlich verfteckt. Von des letztern
Hofftaat zu Plön findet man hier 3 Gefellfchaftscava-
liere. Die Beamten des Herzogthums nach den Abtheilungen vom Hofe, vom Cabinet, Civilftaat

und dem (geiſtlichen) Ehrwürdigen Miniſterium. Des Militärs von 120 Mann und der ſo nützlichen Policeydragoner wird nicht erwähnt. Die
Anlagen ſind ſtatiſtiſchen Inhalts, z. B. dieſesmal
Auszüge der letztjährigen Verordnungen, eine
vollſtändige Beſchreibung des Landes Wührden,
Bevölkerungs- und Mortalitätsliſten, Nachrichten
vom Münzweſen, Maaſs und Gewicht, Meilenzeiger, Verordnungen über Ordonnanzfuhren, Ex-
trapoſten, Stempelpapier, Fährſtätten und Fähr-
geldstaxen, Poſtzeiger, Leuchtentabellen, Sper-
rung der Stadtthore, Verzeichniſs auswärtiger Jahrmärkte, Seſſionstage und Ferien, Stempelpapier.
Auch ſogar eine Tabelle über die Collecten für
die Stadt Oldenburg nach dem Brande von 1676,
völlig obſolet, da in den Nachkommen der Be-
ſchenkten das Gefühl der Dankbarkeit ſelten mehr
erregt wird.

Naſſau-Oranien-Dietʒiſche Lande.

*Oranien-Naſſauiſcher Hof-Staats- und Bergwerkska-
lender für das Jahr 1791. Mit gnädigſtem Privilegio excluſivo. Im Verlag des Wayſenhauſes zu Dillenburg. Herborn, gedruckt in der Akademiſchen
Buchdruckerey mit Brückneriſchen Schriften. 8. S. 104.*
Inhalt: *a)* Stammtafel des Geſamthauſes; *b)* Hofſtaat
im Haag, 10 Cammerherren, 12 Edelleute (Pa-
gen) 16 Generaladjutanten; *c)* Domänenrath; *d)*
Cabinet; *e)* Departement dieſer Staaten im Haag;
f) geiſtliche und weltliche Beamte in den deutſchen

Staaten, Dillenburg, Siegen, Diez, Herrfchaft
Beilftein, Graffchaft Spiegelberg, Gemeinfchaften
Naffau und Ems, und Fürftenthum Hadamar. Vom
inländifchen Militär blofs 1 Hufarenmajor und
1 Lieutenant, dagegen aber alle Officiere des Kreis-
bataillons. Die hohe Schule in Herford nach den
vier Facultäten abgetheilt und der Erbftatthalter dabey als *Rector magnificentiffimus.*

· S c h w a r z e n b e r g.

Hochfürftl. Schwarzenbergifcher Hof- und Staatskalen-
der, auf das Jahr 1787. Marktbreit, gedruckt und
zu haben bey Joh. Val. Knenlein. Hochfürftl.
privil. Buchdrucker. 8. S. 126.

Wenn im 7ten Theil von *Büfching's* Erdbefchreibung unter 1102 Seiten nur 6 einer gefürfteten
Gräffchaft Schwarzenberg gewidmet find, die höchftens 4 Meilen lang und ½ Meilen breit ift, — und
man fieht dann einen jährlich erneuerten Schwarzenbergifchen Staatscalender in Octav von Ein-
hundert und Sechs und Zwanzig Seiten,
den Zeitcalender nicht einbegriffen, vor fich, fo
bewahrt felbft die vertrautefte Bekanntfchaft mit
den Ausdehnungen diefer Bücherclaffe nicht vor
augenblicklichem Staunen. Allein von diefer Seitenzahl mufs man 60 für andere Befitzungen, 12
für die Fränkifche Reichsritterfchaft, und 30 für
eine landwirthfchaftliche Abhandlung abziehen. Nichts deftoweniger machen indefs die zer-
ftreuete Lage, die verwickelte Erwerbungsge-

fchichte und die höchft verfchiedenen Verhältniffe
der fürftlichen Befitzungen, diefen Staatscalender
zu einem merkwürdigen Phänomen.

Als Vignette das Wapen, in welchem ein
durch einen Raben einäugig gemachter Türken-
kopf das Andenken der eroberten Feftung Raab
verewigt. Das Gefchlechtsregifter ift wohl nicht
ohne Abficht nur bis auf die Grosältern zurückgeführt; der regierende Fürft und fein dritter Prinz
kommen, als Hauptmänner bey den fummarifch mit
aufgeführten Schwäbifchen und Fränkifchen Kreis-
truppen, im Dienerftande noch einmal vor. —
Inhalt: a) Hofftaat, ohne Prätenfion in den Titeln;
vom fogenannten Gefandtfchaftsperfonale zu Prag
5 Perfonen, zu Nürnberg 3 und zu Grätz 2. b) Dienerfchaft in der Graffchaft Schwarzenberg;
etwa 216 Perfonen und die katholifche Geiftlichkeit
von der evangelifchen abgefondert. c) Die durch
Heirath 1657 erworbene gefürftete Landgraffchaft Kleggau (im *Büfching* Klekgau, Klett-
gau, Clettgow); dabey der Amtsftatthalter des diefer Landgraffchaft feit 1360 anklebenden Erbhof-
richterthums des K. und H. R. R. Hofge-
richts zu Rottweil; das freye Kaiferliche
Landgericht, fo in einem Landrichter und 11
Beyfaffen befteht; Regierungs- und Cammer-Col-
legium und die Rent- Berg- Forft- und Bauämter.
Die Herrfchaft Rötteln, über welche die Landeshoheit bekanntlich vom Hochftift Coftanz beftritten
wird, ift nicht darin genannt; — die gröfstentheils

feit 1723 käuflich erworbenen Befitzungen in Böhmen. Die gröfste unter allen ift das im Bechiner
Kreife liegende Herzogthum Krummau von 215
Orten. In diefem 1 Oberjägermeifteramt, 10 Ingenieurs, ein Oberbergamt, eine Lehncammer und ein
Hauptmann und ein Lieutenant der Leibgarde. Die Herrfchaften Netolitz und Pra-
chatitz find mit dem Herzogthum verbunden,
und fämtlichen 16 im Königreich zerftreueten Herrfchaften find etwa noch 18 andere grofse Güter in-
corporirt. In allen Rent- Kaften- Contributions-
Forft- und Directorial-Aemter und eine zahlreiche
Geiftlichkeit. e) Die von der Siegmundfchen Linie geerbten vier Herrfchaften in Steyermark,
worin das Bergwerksperfonale in der Herrfchaft
Murau die vielen dafelbft befindlichen Hammer-
werke ankündigt.

Schauenburg-Lippe.

Schaumburg - Lippifcher Kalender, nach der allgemei-
nen Reichs - Zeit - Rechnung auf das 1790fte Jahr
nach Chrifti Geburt. Bückeburg, gedruckt von dem
Hofbuchdrucker Johann Friedrich Althans.
8. S. 96.

Als Staatscalender einer Reichsgraffchaft vorzüglich merkwürdig. Kömmt wenigftens feit 1767 jährlich heraus, wurde ehedem von dem berühmten
Abbt beforgt, und hatte während der Regierung
des Grafen *Wilhelm* viel Sonderbares. Itzt umfafst er alle in der Graffchaft Schauenburg, Lippi-

ſchen Antheils, und dem dieſer Linie unterworfenen Theil der Graffchaft Lippe, in einigem Gehalt
oder in herrſchaftlicher Verpflichtung ſtehende
Unterthanen, deren Nahmen ſeit dem Heſſiſchen
Einfall von 1787 zum Theil in Deutſchland ſehr bekannt geworden. Neben der gänzlichen Weglaſ-
ſung des Ehrenworts Herr, ſind die vier Linien
des Lippiſchen Hauſes mit noch weniger Prätenſion
angezeigt, als itzt der Franzöſiſchen Dynaſtie ge-
bühret; z. B. der Erbgraf als Kind von Juliane
ohne Erlaucht. Inhalt: *a*) Landesregierung;
mit Einſchluſs des Pedellen und Buchbinders 17
Perſonen. *b*) Hofetat; 1 Hofdame, 7. Mägde, 6
Livreebediente, 2 Porteurs, 14 bey der Cammer-
muſik; unter den Hofbedienten auſſerhalb der Reſidenz 2 Matroſen zum Wilhelmſtein, 11 beym Mar-
ſtall mit den Kutſchern und Vorreitern. *c*) Militär-
etat; 1 Oberſt, 2 Oberſtlieutenants, 5 Capitains,
4 Subalternofficiere, 1 Major auf den Wilhelm-In-
feln, und 1 Oberſtlieutenant bey der Stückgieſſe-
rey. *d*) Lehncammer. *e*) Domänen - und Rentcammer; 4 Räthe, 5 Rentmeiſter, 15 Zoll - und
Acciserheber; auch die Haushälterinnen und Mei-
ſterknechte auf den Domänen. *f*) Forſt- und Jagd-
departement; bey den 9 Forſten auch die 2 Holzknechte. *g*) Poſtbediente. *h*) Juſtizcanzley; 8
Advocaten. *i*) Conſiſtorium nebſt Armencaſſen
und milden Stiftungen. *k*) 3 Aerzte, 5 Apotheker,
und 10 Wundärzte. *l*) Contributions- Polizey- und
Aſſecuranzgerichte, nebſt 2 Büchercenſoren. *m*)

Beamte nebſt allen Amtsdienern und Bauervögten.
n) Magiſträte. *o*) Kirchendiener lutheriſcher und
reformirter Confeſſion, mit Einſchluſs der Küſter
und Altariſten. *p*) Schuldepartement nebſt allen
Schulmeiſtern. *q*) Agenten zu Regensburg, Wien
und Wetzlar.

Unmittelbare Reichsritterſchaft.

Die Beamtenliſte derſelben iſt mit mehr oder
weniger Ausführlichkeit, ſowohl in den *Allgemeinen* als *Deutſchen Territorial*-Calendern aufgenommen. Im *Varrentrapp* 1790. 8. 1ᵗᵉʳ Theil S. 387.
403 ſtehen nach den verſchiedenen Cantonen und
Ausſchüſſen die Directoren, Ritterräthe, und
Canzleyen, und im *Krebel* 1791. Th. 2. S. 335
die Ritterhauptleute und Directoren. Einzeln ſteht
die S c h w ä b i ſ c h e im *Wirtembergiſchen Adreſsbuch*
1788 und 1791. S. 329-334 und in *Tilger* 1780.
S. 300; vom C a n t o n O r t e n a u befindet ſich das
Directorium im *Almanac d'Alſace* 1789. S. 286. weil
es ſich gröſtentheils in Strafsburg aufhält, ſo wie
auch der unmittelbare Adel im Unter-Elfafs eben
daſelbſt S. 292. Von der F r ä n k i ſ c h e n liefert der
S c h w a r z e n b e r g i ſ c h e 1787. S. 76-88. die Beamtenliſte. Folgende beyde Staatscalender ſind aber
ausſchliefslich dieſem Gegenſtand gewidmet:

*Reichsritterſchaftlicher Almanach aufs Jahr 1791. Wü-
ſtenſtein in dem von Brandenſteinſchen Verlag.* 8.

S. 32. 120 und 280 (nebſt 6 Kupfertafeln und
einer Tafel mit Noten.)

Inhalt: *a*) S. 1-32. Aſtronomie und Zeitcalender;
b) S. 32 - 152 ein fehlerhaftes genealogiſches Verzeichnifs der vornehmſten itzt lebenden h o h e n
P e r f o n e n; *c*) auf 280 Seiten neben vielen Miſcel-
laneen ein planloſes Verzeichnifs des reichsritter-
ſchaftlichen Perſonale, z. B. die Stiftsfräulein bey
dem Ritterortgebürg, die Mitglieder der Fränkiſchen
Rittercantone und die Fränkiſchen adlichen Stifter,
unter welchen auch Bamberg, Wirzburg, Eich-
ſtädt und der deutſche Orden begriffen werden.

Hiſtoriſches Taſchenbuch für den deutſchen Adel und für
Freunde der Geſchichte deſſelben. (von Carl L a n g)
Frankfurt a. M. in der Fleiſcherſchen Buchhandlung.
1792. 12. S. 123.

Herr *Lang* hat als Canton-Creichgauiſcher Archiv-
Acceſſiſt zu Heilbronn am Neckar die beſten Hilfsmittel zu dieſem Staatscalender, welcher ſämtliche
Directoren, Ritterräthe und Ausſchüſſe enthält, und
er wird deſſen practiſchen Nutzen durch Hinzufügung der Ortscanzleyen noch mehr verbeſſern können. S. die Anzeige in der *Oberdeutſchen Literatur-
zeitung.* 1792. St. VII. S. 112.

B u r g F r i e d b e r g.

Addreſs-Kalender. Worinnen der Kayſerl. und des Heil.
Reichs Burg Friedberg gegenwärtiger Staat, in An-
ſehung der Herrſchaft, des Kayſerl. St. Joſephus-O-

dens, wie auch sämtlicher geiſt-, und weltl. Dicaſterien und Bedienten nebſt einer kurzen Nachricht von derſelben enthalten, auf das Jahr 1791. Burg Friedberg, gedruckt bey P. L. Pröll und J. N. Feudtner. kl. 8. S. 65.

Wird jährlich von der Burgcanzley beſorgt, an welche die Regiments- und Burgmänner die Veränderungen jährlich zu Anfang Novembers einſchicken. Inhalt: *a)* Hochlöbliche 12 Regiments- und 90 gemeine Burgmänner mit Anzeige des Auffchwörungstags und der Religion. Beym Burggraf iſt der Huldigungstag der Reichsſtadt Friedberg und bey den Baumeiſtern die adliche S e c h ſ e r w ü r d e (ein ſechsjähriges mit dem Burggrafen gemeinſchaftliches Amt) beſonders bemerkt. *b)* Kaiferlicher St. Joſeph-Orden; 12 Commandeure und 61 Ritter in 18 Creationen. *c)* Canzley- Rentcammer- Forſt-geiſtliche und übrige Burgbeamte in Friedberg und auf dem Lande, Militär bey der Garniſon- und bey der Landcompagnie, und zuletzt die S c h r a u t e n b a c h ſ c h e Stiftung. — Im Anhang die Geſchichte und Verfaſſung des Ordens, Poſtzeiger, Sperr- und Chauſſeetaxen.

Vierte Unter-Abtheilung.

Staatscalender der Reichsſtädte.

Bey der bisherigen Vernachläſsigung des Stu-
diums der Statiſtik von den deutſchen freyen Reichsſtädten *), ſind auch insbeſondere ihre Beamtenliſten völlig unbekannt geblieben, und ſelbſt die Ober-
häupter dieſer 51 kleinen Republiken find nicht
einmahl in dem übrigens ſo vollſtändigen *Genealo-*
giſchen Handbuch vom Hrn. *Krebel* genannt worden. Indeſs hat auch nur der kleinere Theil derſelben Staatscalender, wenn man nicht etwa die
den Zeitcalendern Anhangsweiſe beygefügten einzelnen Liſten dahin rechnen will.

. Die wenigen vorhandenen, welche ſo ſelten
die Gränzen der Stadtmauer überſchreiten, weichen zwar unter ſich, nach der Verſchiedenheit der
erblichen Ariſtokratie in Nürnberg, des
Hamburgiſchen Kyrion oder des muſterhaften Dohmſchen Entwurfs einer Verfaſſung für
die Stadt Aachen, im Inhalt ſehr von einander ab.

*) Wie wenig bisher darin geleiſtet worden, bezeugt die
Ueberſicht der Literatur von den Reichsſtädten in der Zeit-
ſchrift: *der Weltbürger* 1792, B. 1. H. 3. S. 225 - 243. auf welche ein Abriſs ihrer Specialſtatiſtik folgen wird. Zu noch gröſ-
ſern Erwartungen berechtigt aber die Fortſetzung der *Annalen*
der Staatskräfte von Europa (S. 26. und 48.) vom Herrn
Kriegsrath *Randel*, deren eben itzt (März 1792) herausge-
kommener Erſter Theil ähnliche Werke an Vollſtändigkeit
und zweckmäſſiger Anordnung weit hinter ſich zurückläſst.

Jedoch find die Benennugen der vornehmften Collegien ziemlich gleichlautend, und nicht fo fchwan,
kend, als in den übrigen nicht republicanifchen
Deutfchen Staaten, in welchen die Nachahmung
der Reichsverfaffung den Nahmen von Canzley,
Regierung, Juftizrath u. f. w. oft gleiche
Währung gegeben hat. Aufferdem unterfcheiden
fie fich von letztern im Allgemeinen zwiefach: *a)*
durch die Anzeige der Wohnungen; wenigftens
bey dem Magiftrat, welcher hier eben fo ftatiftifch, wie in den Geiftlichen Staatscalendern das
Domcapitel, behandelt zu werden pflegt. Der geringe Umfang des Gebiets macht diefe Ausdehnung, welche ihnen das Wefen von Adrefsbü-
chern gibt (f. oben S. 2.) möglich: *b)* durch
die Verfpätung der Herausgabe nach Neujahr, wegen der im Lauf des Jahrs vorkommenden Wahlen.
Daher läuft der Nürnbergifche Staatscalender
von Oftern zu Oftern, und wo man demungeachtet die Herausgabe um Neujahr veranftaltet,
veraltet ein grofser Theil des Nahmenverzeichniffes
fchon in der Mitte des Jahrs. So findet man z. B.
die Hamburger Rathsrolle von der Mat-
thiae-Wahl im Jahr 1792 in den Addrefscom-
toir-Nachrichten vom 5. März nachgetragen,
nachdem das Hamburger Adrefsbuch fchon
erfchienen war.

Bremen.

*Bremifcher fechsfacher Staats-Calender, auf das Jahr
Chrifti 1790. Worinn die gewöhnliche Calender-Ar-
beit, fodan ferner eine befondre Nachricht von denen
höchft- und hochanfehnlichen Herren Gefandten bey
fürwährender Reichs-Verfammlung zu Regenfpurg,
des Kayf. Reichs-Hof-Raths, und des Kayf. Reichs-
Cammer-Gerichts zu Wetzlar, enthalten; Imgleichen das Genealogifche Regifter der jetzt lebenden
Durchlauchtigften Höchft- und Hohen Häufern in
Europa; Welchem endlich noch die an denen Europäifchen Höfen dermahlen fich befindende Gefandten
und Minifter beygefüget find. Zum funfzigften mal
herausgegeben, von M. Rohlfs, Mathem. Bux-
teh. Mit E. Hochedl. und Hochw. Raths Bewilligung. Bremen, bey Died. Meier, des löbl. Gymn.
Buchdrucker. 8. S. 108 und S. 68.*

Erfte Abtheilung: Chronologie, Reichstagsge-
fandte, Reichsgerichte, Genealogie, und eine Lifte der Gefandten von den fämtlichen gröfsern Europäifchen Staaten an fremden Höfen, welche man
aufferdem nur im *Haager Almanac de la cour* findet. Zweyte Abtheilung unter dem befondern
Titel: *Bremifcher Staat, oder Verzeichnifs der gegenwärtigen Verfaffung in Policey-Kirchen- und Militair-
Sachen dafelbft. Vom Jahre 1790.* a) Weltlicher
Staat; Magiftrat nebft deffen Polizey-Kirchen-
und Militär-Departements, und dem Lebens- und
Dienftalter; b) Geiftlicher Staat; Prediger in

und auffer der Stadt; *c*) Gymnafium; *d*) Bürgerliche Collegien; *e*) Anfehnliche Deputatio-
nes: unter andern auch für die Apotheker, für
die Geld-Negociation von 1774, für ein Wafferrad
u. f. w.; *f*) *Patroni &c.* der Kirchen; *g*)
Aemter, Societäten, Brüderfchaften und Wittwen-
caffen; Litzenbrüder und Kohlenmeffer, Fracht-
fuhrleute, Miethkutfcher und Pferdevermiether;
h) Brüderfchaften unter Infpection der *Camerario-
rum*; *i*) Militär mit dem Anciennetätsdatum; *k*) das
Corps diplomatique der Reichsftadt Bremen.
Ein Anhang über Thorfchlufs, Poften und Jahrmärkte.

Frankfurt am Mayn.

Wird jährlich im *Neuen Genealogifchen Reichs-
und Staats-Handbuch*, (für das Jahr 1790. Th. 1. *S.*
1-72) unter dem Titel: *das Jetztlebende Frankfurt*,
aufgenommen, und ift im neueften Kaiferlichen
Privilegium der *Varrentrappfchen* Buchhandlung vom 18 April 1782 mit genannt worden. Der
Magiftrat und die Stadtbeamten folgen darin auf
einander in alphabetifcher Ordnung, nebft einigen
Verordnungen, dem Poftzeiger und einem Verzeichnifs der Jahrmärkte.

*Handlungs-Addrefscalender für das Jahr 1792. in der
Strengifchen Buchhandlung. (24 Kr.)*

Hamburg (nebſt der Däniſchen Stadt Altona.)

Neues Hamburger und Altonaer Addreſs-Buch, (auf das Jahr 1791.) *Hamburg, bey Herrmann am Fiſchmarkt.* 8. S. 216. (1 Mk. 8 ſs.)

Wird mit lateiniſchen Lettern gedruckt, und iſt von eben ſo weitem Umfange, als das Leipziger Adreſsbuch. Zuerſt kam es 1787, ſodann mit dem Zuſatz der Altonaiſchen Adreſſen im Jahr 1789, und endlich 1792 mit einer neuen Vermehrung von ſieben Bogen heraus, und ſo iſt es allmählig durch mühſames Nachforſchen des Privatunternehmers in jedem Hauſe zu einer ſehr verdienſtlichen Genauigkeit und Vollſtändigkeit gediehen. Auſſer dem alphabetiſchen Verzeichniſs aller Gelehrten, Kaufleute, Krämer, Künſtler, Handwerker, Fabrikanten u. ſ. w. mit Anzeige der Nummer des Hauſes, der Compagnie, eines jeden Kirchſpiels, des Banco-Conto und der Firma, enthält es im erſten Abſchnitt den Magiſtrat, und im dritten ein Quodlibet vom Militär, von Künſtlern, Litzenbrüdern, Pferdevermiethern, Frachtfuhrleuten. Im unpaginirten Anhang die Sehenswürdigkeiten in Hamburg, das Perſonale ſämtlicher (fremden) Poſtämter, und auch die Schauſpielergeſellſchaft.

Die Altonaer Adreſſen ſind ebenfalls in alphabetiſcher Ordnung, aber bis itzt weniger vollſtändig.

Ulm.

U l m.

*Das Jetztlebende ULM. Oder zuverläfsige Anzeige von
den dermaligen Hoch- und Wohlanfehnlichen Regi-
mentsherren, wie auch von den Löbl. Aemtern inn-
und aufserhalb Raths in der des Heil. Röm. Reichs
freyen Stadt ULM fowohl, als auch den Predigern
und weltlichen Officianten auf dem Lande. 1787. 4.*
Wird von Hrn. *Elias Matthäus Faulhaber* in
Verbindung mit dem Zeitcalender herausgegeben
und ist dem Titel nach die 55fte Fortfetzung. Das
Kriegsamt ist befonders zahlreich; aufser dem Kreis-
Contingent 3 Garnifonen- 1 Bürger- 1 Cavallerie-
und 12 Infanterie- Compagnien, jede mit 5 Officieren. Vorgefetzte fämtlicher Zünfte, und Officianten in der fogenannten o b ern und untern
Herrfchaft.

L ü b e c k.

Lübeckifcher Staat im Jahr 1792. 4.
Ist blofs Privatunternehmung, und mit dem Zeitcalender verbunden und wird jährlich mit dem letzten October gefchloffen. Voran Reichstag und
Reichsgerichte; dann *a)* weltlicher Staat; Magiftrat
und Gerichte. *b)* Geiftlicher Staat; auch in Rückficht auf die Gemeinfchaft mit der Stadt Hamburg.
c) Aelteften der 12 bürgerlichen votirenden Collegien, welche vom Handel und Gewerbe benannt
find, z. B. Novogrodsfahrer; *d)* Anfehnliche
Deputationen von Petri 1791 bis 1792, alfo nicht

mit dem Neujahr abwechfelnd; unter andem eine
Wohlweisheit, eine Hochweisheit und 4
Bürger beym Weinkeller. e) Vorfteher von
36 Kirchen, Klöftern und publiquen Häufern
im ftatiftifchen Sinne des Worts; z. B. der Ha-
fenhof, der Füchtingshof u. f. w. f) Kriegsftaat:
fehr zahlreich nach der Abtheilung in Kriegscom-
miffarien, Bürgercompagnien, Garnifon, Artillerie und Fortification. g) Perfonen, welche an
fremden Höfen und Orten die Lübecki-
fchen *Affaires* wahrnehmen; zu Bergen ein
Hanfeatifcher Haus-Bonde, zu London ein
Stahlhofsmeifter, drey *Procuratores Ca-*
merae zu Wetzlar und 9 Hanfeatifche Ge-
fchäftsträger.

Lübecker Addreſs-Buch auf das Jahr 1792. 8. S. 20.
(4 Schillinge.)
Eine trockne und unvollftändige alphabetifche Nahmenlifte von den Einwohnern nebft Anzeige der
Strafsen, worin fie wohnen, welche im December
1791 zum erftenmahl und zwar bey dem Buchdrucker Schultz in Altona herausgekommen ift,
hinführo aber jährlich in der Donatiusfchen
Buchhandlung zu Lübeck erfcheinen wird.

A u g s b u r g.

Augsburgifcher Neu und Verbeſſerter Stadt- und Raths-
Calender, auf das Gemein-Jahr nach der Gnaden-
reichen Geburt unfers Heylandes Jefu Chrifli. 1789.

*Gedruckt bey Jofeph Simon Hueber, Hochfürftl.
Bifchöfl. und Stadtbuchdrucker auf unfer lieben Frauen
Thor.* 4.

Neben dem Zeitcalender die Wapen der vornehmften Beamten im Holzfchnitt; 2 Stadtpfleger, 5 Geheime, 6 Burgermeifter, 23 höhere Finanz- und
Juftizbeamte und 26 Deputirte; 4 Reichs- und Kreis-
deputirte, und 4 zur Büchercenfur; 4 lutherifche
und 4 katholifche Scholarchen, 81 Deputirte zur
Auffcht einzelner Gefchäfte, auch über Schaufpieler; 21 Beamte und 55 Deputirte aus dem Rath für
Stiftungen beyderley Religion, 23 Zechpfleger, und
27 nicht aus dem Rath genommene Vorfteher. Zuletzt und folglich in verkehrter Ordnung der grofse
Rath von 292 Perfonen mit Anzeige der Religion.
In allem etwa 414 verfchiedene Nahmen.

Nürnberg.

*Des Heil. Röm. Reichs freyen Stadt Nürnberg Addrefs-
und Schreib- Calender von der Oefterlichen Raths-
Wahl 1784 an, bis zur felbigen 1785. Das jetzt florir-
und lebende Nürnberg, oder Verzeichnis derer Perfonen, fowohl Regenten, als der Herren Geiftlichen
und Beamten, auch Bedienten, in der Stadt und auf
dem Land, ingleichen der fämtlichen Herren Officiers der Artillerie, Cavallerie und Infanterie von der
Löbl. Burgerfchaft; auch fämtlicher allhiefigen Gaf-
fen- Haupt- Leute; Nebft einem Anhang derer bey
hiefiger Feld- Militz ftehenden fämtlichen Herren
Staabs- und Ober- Officiers. Mit vielem Fleifs zu-*

ſummen getragen, und zu beſſern Gebrauch mit einem
vollſtändigen Regiſter verſehen. Nürnberg, *verlegt*
in der Chriſtoph Riegeliſchen Buch- und
Kunſthandlung. S. 158. In länglichem ſchmalen
Format.

Ohne eine ſehr genaue Kenntniſs der verwickelten
Nürnbergiſchen Verfaſſung iſt dieſer Staatscalender, ſeiner Vollſtändigkeit ungeachtet, welche ſich
ſogar auf Ballenbinder, Auf- und Ablader, Hebammen, Complimentarien und Leichenbitter
erſtreckt, in manchen Artikeln unverſtändlich;
und zwar nicht ſowohl wegen der Provinzialismen
(Unterkäufel und Senſalen *i. e.* Mäkler,
Erbare Frauen *i. e.* Hebammen, Zeidel-
Gericht, Frais- und Frevelherren), als
wegen der Abtheilung und Verhältniſſe der Aemter unter ſich. So gründet ſich z. B. der Lauf von
Oſtern zu Oſtern auf die Wahlzeit, und die
Austheilung der Herren S. 8-14 auf die vier-
wöchentliche Abwechſelung eines alten und
eines jungen Burgermeiſters in der Regierung.
So das Fünfer-Gericht, die Zahl der Rathe-
fähigen Familien, die *Scabini*, Alte Genannte (die zu Deputationen gezogen werden), der
kleinere Rath von den 8 Handwerkern (welche jährlich zu gewiſen Zeiten zu Rathe gehen),
das Kaiſerliche Landgericht mit 2 Aſſeſſoren, 28 Advocaten, 25 Notarien und 12 Schreibe-
rey-Verwandten, (eine Appellations-Inſtanz, wie
es unter dieſer Benennung in den übrigen Fränki-

ſchen Staaten mehrere gibt), die drey Oberſthaupt-
leute, Kronhüter und Verwahrer der Reichsinſig-
nien, die L o ſ u n g e r e, welche allein in das
Geheimniſs des Abgabenſyſtems eingeweihet ſind,
die R i e t e r i ſ c h e und die M e n t e l i ſ c h e Stiftung, die Geiſtlichkeit, der A n ſ p a c h ſ c h e Hofmark F ü r t h wegen der darin habenden geiſtlichen Rechte u. ſ. w. Hin und wieder ſind freylich
einige ſtatiſtiſche Erläuterungen, beſonders beym
Magiſtrat und bey den Güterbeſtätern und Aufge-
bern, beygebracht, aber ohne Plan. Die Geiſtlichkeit und Schulen, die Univerſität zu Altorf, die
Pfleger, Stadt- und Gerichtsſchreiber, der Kriegsrath, das zahlreiche vollſtändige nach Artillerie,
Allarmplätzen und nach dem Zeughauſe abgetheil-
te Stadtmilitär, und endlich die mannichfaltigen
Deputationen machen neben dem Magiſtrat die vorzüglichern Abſchnitte aus. Nächſtdem iſt damit
ein Verzeichniſs aller Feyertage, ein Poſt- und
Fuhrwerks- Anzeiger, ein Realregiſter, und ein
Verzeichniſs der Officiere des Kreismilitärs und
der Kreismünzbeamten verbunden. S. 67. u. ſ. findet man die Pfleger der zum Theil in dem Bayern-
Landshutiſchen Erbfolgekriege erworbenen Aem-
ter L a u f, H e r ſ p r u c k, P e t z e n ſ t e i n, S t i e r-
berg, R e i c h e n e c k u. ſ. w., welche Chur-Pfalz
im Jahr 1791 gewaltſam in Anſpruch genommen
hat.

Regensburg.

Taschen-Calender für das 1791, nebst angefügter Nach-
richt von der Regiments-Verfaſſung der Kaiſerl. freyen
Reichsſtadt Regensburg. Mit Hochoberherrlicher
Bewilligung. kl. 8. — 1782. Sackcalender, gedruckt
mit Kayſeriſchen Schriften. (31 unpaginirte
Seiten.)

Eine Liſte der Städtiſchen Beamten, faſt länger als
man bey 2000 Häuſern, wovon überdem die meiſten von Mitgliedern des Reichstags bewohnt werden, erwarten ſollte. Inhalt: *a)* der Hochedle
Innere Rath, mit Anzeige der Geburtſtäge und der
ſtufenweiſen Beförderung; *b)* die davon abhängigen Finanz- und ſonſtigen Civilcollegien; unter andern das Hansgericht und der weiſſe Brau-
handel; *c)* die (evangeliſche) Geiſtlichkeit und
Schullehrer; auch das *Gymnaſium poëticum;* *d)* das
Militär nach dem Local der Stadt abgetheilt; und
e) das in Betracht der vielen erlittenen Feuerſchä-
den nicht ſehr anſehnliche Perſonale der zum
Feuer Verordneten. Von der Religionseigen-
ſchaft, von den publiciſtiſchen Verhältniſſen der
Stadt, und von den darin befindlichen vier geiſtlichen Reichsſtänden und mittelbaren Klöſtern iſt
hier keine Nachricht beygefügt; dahingegen aber
allen Titelprätenſionen durch die Wiederhohlung
des S. T., des Wohllöblichen, des Hoched-
len u. ſ. w. ſorgfältig Genüge geleiſtet.

SIEBENTE ABTHEILUNG.

Lücken in der Literatur der Staats-calender *).

In der vorhergehenden Bibliographie der Staatscalender war das Positive dieser Literatur enthalten. Sie hat aber leider! auch eine negative Seite, und die Zusammenstellung von beyden erleichtert die Ueberficht ihres Inhalts in geographischer Hinficht.

Nur in Ländern von Europäischer Cultur werden Staatscalender gedruckt; daher fehlt selbst in Europa der Otschmanische; von den unabhängigen Staaten der übrigen Welttheile

*) Bey dieser Abtheilung sind einige für die bibliographischen Abschnitte zu spät eingegangene Nachrichten in Noten beygebracht, die während dem Druck herausgekommenen neuesten Jahrgänge aber nur alsdann angezeigt worden, wenn sie wesentliche Veränderungen enthalten. Z. B. *Krebel's Genealogisches Handbuch* (S. oben S. 89) 1792. 1 Th. S. 472, 2 Th. S. 357 führt 8 Gräfliche Familien zum erstenmahl, und die Artikel von Frankreich und Pohlen nach den neuen Constitutionen an. — Im Jahrgang 1792 von *Gräffer's Oesterreichischem Milizalmanach* (S. oben S. 142) sind die Nahmen der Staabsofficiere itzt beygefügt. — Vom französischen Kriegsstaat (S. oben S. 283) ist seitdem eine Liste: *Nomination aux emplois supérieurs vacans du 5 Fevrier* 1792 (3 S.) auch im *Journal militaire* (1792), bey *Belin* zu Paris, ein Nahmenverzeichnis der Chefs und Kriegscommissäre abgedruckt worden.

giebt der Nordamericanifche Freyftaat das
einzige, vielleicht das Kayferthum China das
zweyte Beyfpiel. Die Beamtenliften der darin von
den Europäern abhängenden Provinzen find
höchftens in den Staatscalendern des Mutterlandes
abgefafst worden. England und Holland haben
zwar folche abgefonderte Verzeichniffe von ihren
Nebenländern, aber der *Eaft-India Calendar* wird
nicht in Madras oder Bombay, auch nicht auf feinem Seidenpapier in der Druckerey zu Calcutta,
fondern in London, und die *Regeering van Suriname* in Amfterdam und nicht in Surinam gedruckt.

So beträchtlich indefs derjenige Theil ift, welcher auf diefe Weife der Europäifchen Statiftik einverleibt worden, fo ift es doch immerhin nur eine
fummarifche Kenntnifs von den vornehmften
Beamten, welche die Dänifchen, Portugiefifchen
und Spanifchen Staatscalender von diefen Nebenländern und z. B. der Englifche *Royal-Calender* von
Botanybay, geben.

Was hingegen die Staaten unfers Welttheils betrift, fo ift deren Beamtenlifte oft in drey oder vier
Staatscalendern wiederholt. So die Stadt Kopenhagen im *Dänifchen Hofcalender*, im *Schleswig-Holl-
fteinfchen Specialcalender* und im *Lommebog*, die Refidenz Wien in den beyden Böhmifchen Staatscalendern und im *Staatsfchematismus* u. f. w. Selten
ift aber diefe Vervielfachung völlig identifch, in

dem einen oft vollständig und incorrect, in dem andern zwar correct aber nur summarisch.

Dem Erfördernifs der Europäischen Cultur ist nun im ersten §. dieses Werks noch die Vorausfetzung zur Seite gefetzt, dafs der Staat von einigem politifchen Gewicht fey. Eine Gränzlinie, die fich zwar in der Stufenfolge der Staaten nicht mathematifch bezeichnen läfst, und bey den Staatenvereinen von Deutfchland, von Italien und von der Schweiz ihre Ausnahmen leidet, immerhin aber fich auf Volkszahl und Umkreis gründet. Wo diefe beyden die Abfaffung gedruckter Beamtenliften nicht erwarten laffen, wie z. B. bey der Reichsftadt Buchau, oder dem Staat St Marino — da bedarf die Lücke keiner befondern Anzeige.

Es giebt aber auch Lücken in Staaten, deren Kräfte den Statiftiker und Gefchäftsmann zu Aufforderungen wegen diefes Mangels berechtigen; nur diefe find der Gegenftand diefer Abtheilung. Beyläufig ift damit eine Anzeige der Notizen von der Organifation der Aemter verbunden worden, wodurch die Regierungen und die Schriftfteller bisweilen diefe Lücken zu decken gefucht haben.

Wenn man nun in diefer Hinficht nach *Büfching's Erdbefchreibung* die Staatscalender-Reife von Schweden *) und von Dänne-

*) Von den drey S. 92-96. angezeigten Schwedifchen Staatscalendern find die Preife erhöhet. Der *Hiflorisk Almanach* führt itzt, jedoch mit unveränderter Einrichtung, den Titel: *Sueriges Civil och Krigs Calender för fkott Året* 1792.

mark *) aus durch die nordifchen Reiche antritt, fo
trift man die erfte Lücke diefer Art in den

*Utgifven med Kongl. Maj. Ts. Nådigfte Tilfland af desf Ve-
tenskaps Academie.* Stockholm, trycht i Kongl. Trycheriet. kl. 8.
S. 96. (5 *skill. fpec. i. Banco - mynt*) und wird im September
ausgegeben. — Im *Stads - Calender* 1792. (6 *skill. Banco*)
S. 108. find die Schwedifche Akademie, die *Brandvakts-
adminiftration, Controll - Verhet,* die Weftindifche Com-
pagniedirection, das *Stats - Contoret* und einige andere Collegien hinzugekommen. — Im *Hof - Calender* 1792. \S. 180.
(9 *skill.*) von des Königs Leib- und Haustruppen fämmtliche
Officiere, 4 Viceadmirale, 5 Contreadmirale, 37 Ritter vom
Seraphinenorden, vom Schwerdtorden 46 Commandeure und
1086 Ritter (unter diefen S. 124. *Carl David Ankarftrom, Öf-
verfte,* der Vater des Königsmörders vom 16 März 1792.) vom
Nordfternorden 97 Commandeure und 77 Ritter, vom Wafaor-
den 10 Commandeure und 43 Ritter, 414 adeliche Stiftsfräulein.

*) Nach dem Abdruck des Artikels von Dännemark,
habe ich erft den S. 104. in Zweifel gezogenen dänifchen Mi-
litärcalender erhalten, welcher folgenden Titel führt: *Staats-
verzeichnifs aller bey des Allerdurchlauchti:ften und grofs-
mächtigften Königs und Herrn, Chriftian des Siebenten, Königs zu Dännemark, Norwegen &c. höchftpreifslichen Land-
Kriegs - Etat befindlichen hohen und andern Officiers und zu
felbigem gehörigen Bedienten, für das 1786fte Jahr,* Altona
gedruckt und verlegt von *J. V. A. Eckhard* 12 S. 140. (16 Schilling) Vorhin wurde daffelbe von einem Buchdrucker *Bülow*
in Altona verlegt, und erft am 15 Julius 1785. bekam erwähnter *Ekhardt* darüber für fich und feine Erben einen ausfchliefsenden Freybrief. Er hat aber folchen nicht lange benutzt, indem der Jahrgang 1786 wegen Mangels an Abfatz der
letzte geblieben ift. Diefer enthält ohne alle ftatiftifchen Zufätze: *a*) fämtliche Kriegscollegien, Commiffariate und Audi-

Herzogthümern Curland und Semgallen.

Daher ift auch in *Krebel's Genealogifchem Hand-*
buch 1792. Th. 1. S. 114. die Curländifche Diener-

toriate; *b*) das Ingenieur- und das Artilleriecorps; *c*) die Cavallerie und *d*) die Infanterie in Dännemark und Norwegen;
e) die Garnifoncompagnien; *f*) die Feftungsbediente, auch in
den Iürftenthümern und *g*) die Miliz in Bornholm.

Auch ift feitdem von dem oben S. 103 angezeigten S c h l e s -
w i g - Hollfteinifchen Specialcalender der Jahrgang
1792 (S. 173 Poftpapier 16 Schill.) abgedruckt, aus welchem hier
blofs ein Auffatz des Herrn Prof. *E h l e r s : Ueber das Rechtver-*
hältnifs, worin der Altonaifche und Kielfche Calenderverlag zu
einander ftehen. S. 49-58. anzuzeigen ift, dem nachher in einer
aufserordentlichen Beylage zu Nr. 44 des Altonaifchen Mercurs
16 *März* 1792 eine *Erklärung der Inhaber der Altonaifchen*
Calenderprivilegien S. S. 8vo entgegengefetzt worden. Diefe
Auffätze werfen einiges Licht auf die Authenticität beyder
Staatscalender und auf den Gang des Rechtsftreits, welcher wefentlich auf folgendem beruhet. Die Altonaer erwarben gegen
Bezahlung im Jahr 1767 den ausfchliefsenden Calenderverlag in
allen deutfchen Staaten des Königs, welche damals bekantlich in
einem Theile von Hollftein, der itzt der altköniglich e heifst,
und in den Graffchaften Oldenburg und Delmenhorft beftanden.
Nach dem Taufch von 1773 verlohren fie den Verkauf in letztern, welche ein Surrogat an dem oben S. 371 angezeigten
Lenzfchen Calender bekamen, dagegen erftreckten fie ihn
aber auf den Grofsfürftlichen und itzt neuköniglichen
Theil, um fo mehr, da die Deutfche Canzley in Copenhagen,
welche ihnen das Manufcript jährlich zufchickt, darin auch
deffen Beamtenlifte aufgenommen hatte. Im grofsfürftlichen
war dem Schulmeifterfeminar der Calenderverlag con-
cedirt, und die deshalb von den Altonaern erhobene Klage

ſchaft ausgelaſſen. Bekanntlich iſt in Curland gar keine Buchhandlung, und nur eine ſich kümmerlich erhaltende Druckerey, in welcher ſeit 1775 folgender Zeitcalender herauskömmt:

Neuer und Alter Kurländiſcher Kalender, (auf das 1791ſte Jahr, welches ein gemein Jahr iſt und 365 Tage hat), nach dem kurländiſchen Horizont alſo eingerichtet, daſs er auch in Liefland, Litthauen, Pohlen und andern Orten mit Nutzen zu gebrauchen iſt. Unter der Auffſicht der Hochfürſtl. Petriniſchen Akademie. Mitau, gedruckt bey J. F. Steffenhagen, Hochfürſtl. Hofbuchdrucker. 4.

welcher unter andern den Alt-Ruſſiſchen Calender und die Liſte der Geburtstage der Kaiſerlich-Ruſſiſchen nnd der Curländiſchen Familie, auch des Königs von Pohlen als Oberlehnsherrn, und ein Fürſtliches Nahmenverzeichniſs enthält.

war fruchtlos. Vielmehr wurden in den Kieler Staatscalender, welcher in Kopenhagen revidirt wird, gegenſeitig die Beamten der übrigen Staaten des Königs eingetragen, und alſo wegen dieſer Erweiterung des Inhalts beyde Staatscalender in ſämtlichen Landen des Königs verkauft. Die Altonaer ſahen dieſes als einen Eingrif in ihre Freyheit an und verlangten die Einſchränkung des Debits vom Specialcalender innerhalb des neuköniglichen, welches Herr Profeſſor *Ehlers* als Geſchäfsführer des Seminars verweigerte. Es kam zu miſsverſtandenen Erklärungen und Gegen-Erklärungen und zu Vergleichsverſuchen, bey deren Vereitelung die Altonaer den Streit der gerichtlichen Entſcheidung übergaben, die itzt (im März 1792) noch nicht erfolgt iſt.

In der Nachbarfchaft der zu Ungarn geho-
rigen Reiche, deren gedruckte Beamtenliften
auch nur fummarifchen Inhalts find, findet man
diefelbe Lücke bey der

Republik Ragufa,

obgleich es von diefer ein gelehrtes Ragufa
unter folgenden Titel gibt: *Fafti litterario-Ragufini
five virorum litteratorum, qui usque ad annum 1766 in
Ragufina claruerunt ditione, profpectus. Auctore P. F.
Sebaftiano Dolci a Ragufio. Venetiis. 1766. 8.*

In Italien find nicht ganz fo viele Lücken
als obige Bibliographie anzuzeigen fcheint; wenigftens haben Parma, Mayland und Lucca Staatscalender. Indefs fehlt es daran zu

Malta.

Auffer dem *Varrentrappfchen* Handbuch
1790. Th. 1. S. 143. pflegen indefs einzelne Com-
mendatoren und Ritter des Ordens, in fremden
Territorialcalendern angezeigt zu werden; z. B. im
Pohlnifchen Kalendarz Polityczny von Gröll (1792) S.
187-189. *Kawalerowie Maltanscy w Polszcze.* — im
Almanac de Lorraine 1786. S. 137. — im *Osnabrückfchen Stiftscalender.* 1791. — im *Augsburgifchen Kir-
chen- und Hofcalender.* 1789. — im *Almanach de Lisboa* (1787) S. 191. — im *Helvetifchen Calender* (1792)
S. 96.

Eben diefen Mangel theilt mit dem Malthefer-
Orden das

Grofspriorat von Deutfchland und das Herren-
meifterthum der Mark Brandenburg.

Vom letztern befinden fich blofs in den hiftorifchen Werken von *Beckmann* (1726. 4.) *Dith-*
mar (1728. 1737. 4.) und *Haffe* 1767.) die Nahmenverzeichniffe der Ritter nach den einzelnen in
Sonnenburg vorgenommenen Schlägen *) und in
Krebel's genealogifchem Handbuch (1792. Th. 1. S. 261)
die der Commenthure. Von erfterm führt *Kre-*
bel Th. 1. S. 264 die Capitularen, Grofskreutze,
Commandeure und Ritter an.

Die *Schweiz* ftellt weniger Lücken dar, als
man vielleicht erwartet. Auffer den S. 250-262 angezeigten Regimentscalendern, foll es deren auch
zu *Lucern, Zug, Glaris, Fryburg, Solothurn* und in
den zugewandten Orten *St Gallen, Biel, Mülhaufen*
und *Genf*, ja felbft in der Municipalftadt *Laufanne*
geben. Alfo gehören blos die Cantone *Uri, Swyz*
und *Unterwalden*, und das *Walliferland* in diefe Abtheilung.

In Deutfchland **) vermifst der Statiftiker
einen Staatscalender vom ,

─────────

*) S. meine *Abhandlung über das Herrenmeifterthum des*
Johanniterordens in der Mark Brandenburg im *Hannöveri-*
fchen Magazin 1790 St. 89 und 90.

**) Von folgenden Supplementen zu dem Sechsten Ab-
fchnitt finden fich die Titel in Bücherverzeichniffen. *Oefter-*
reichifcher Ritterorden-Almanach auf das Jahr 1780. 8. Wien
und Prefsburg. *Calendarium Jaurinenfe t tulare & hiftoricum*

Herzogthum Braunſchweig-Wolfenbüttel,

einem Staat der 94 Quadratmeilen, 185,000 Seelen,
1,500,000 Rthlr. Einkünfte, und die anſehnlichſten
Landesſtellen hat, deren Organiſation in *Norrmann's Geographiſchem und Hiſtoriſchem Handbuch
der Länder- Völker- und Staatenkunde* (1787. 8.) B.
1. Abth. 4. S. 1736. beſchrieben iſt. Vielleicht werden bald die bis itzt nicht genehmigten Privat.or-
ſchläge zu deſſen Bearbeitung Eingang bey einem
Fürſten finden, deſſen groſse Verdienſte um wiſſenſchaftliche Cultur unverkennbar ſind. Ein ſehr
partielles Surrogat liefert der ſeit einigen Jahren
jährlich fortgeſetzte *Braunſchweigiſche Kaufmannsca-
lender* des Hrn Obercommiſſärs *Ribbentropp*
(1791. 12. S. 366. 12 Ggr.) welcher die Nahmen
der Meſsverkäufer, Kauf- und Handelsherren, und
der Künſtler und Handwerker in Braunſchweig enthält.

Die zweyte Lücke gibt das

Fürſtenthum Zweybrücken.

welche aber theils des mindern Gewichts, theils
wegen der nahe bevorſtehenden Verbindung der
Beamtenliſte mit dem Churpfälziſchen Staatscalender, weniger gefühlt wird. Von der Einrichtung
der Landesſtellen gibt *Norrmann* B. 1. Abth. 2.
S. 551. einen kurzen Abriſs.

ad annum 1784. 8. *Akademiſcher Adreſscalender von Erlangen, bey Palm. K. K. Ober-Oeſterreichiſcher Hof- und Lan-
deſstellen Schematismus pro anno 1779.*

Unter den übrigen Lücken möchte allenfalls auffer den Reichsstädten, der Mangel eines Staatscalenders

a) in der Graffchaft Waldeck. (die Organifation der Aemter befchreibt *Norrmann* 1. B. 5 Abth. S. 2772.)

b) in den Befitzungen der Fürften von Schwarzburg. (*Norrmann* ibid. S. 3109.)

c) in den Ländern des fürftlichen Haufes Anhalt (deren Perfonale füglich zufammengefafst werden könnte), und

d) in den Hohenlohefchen Befitzungen, (welche 54 Prinzen und Prinzeffinnen mit Einfchlufs der eingeheiratheten ernähren)

Erwähnung verdienen. Aufferdem fehlen noch zur Vollftändigkeit des Ganzen, die Staatscalender von den Hochftiftern Speyer (S. *Krebel* 1792. Th. 1. S. 228.) Strafsburg (ebendafelbft S. 230.) Trient und Brixen (daf. S. 243-245.) und Bafel (S. 245.), von Sachfen-Hildburghaufen, von den Fürftenbergifchen, Hohenzollerfchen, Lippe-Detmoldfchen, Naffau-Weilburgifchen und Saarbrückfchen Landen.

Gedruckt in der Königlichen Hofbuchdruckerey.